Von Landfrauen erprobt 

„GUTES AUS GOTTES GARTEN“

„Bäuerliche Küche rund um den Bussen“

Impressum:

Herausgeber:	Landfrauen, Bezirk Riedlingen
Idee und Konzept:	Ortsbäuerinnen
Redaktion:	Elfriede Elser, Sauggart
	Peter Heidtmann, Tettnang
Ortsbeschreibungen:	Bearbeitet von Hanna Nuber
Gestaltung und Satz:	Digitaldruck Schmid, Betzenweiler
Gesamtherstellung:	Druckerei Geiselmann, Laupheim
Buchbinderei:	Koch, Tübingen
Fotos:	CMA (10) Ketchum PR (2) alle übrigen Gemeinden und Winfried Aßfalg

ISBN 3-00-007131-8

Grusswort

Wie von Gottes Hand geschaffene Weiler und Gehöfte, Dörfer und Städte mit großem Wurf dazwischen gestreut. Mittendrin ragt der Bussen auf, das weithin sichtbare Zeichen Oberschwabens. Aus der Ferne grüßt der silbern glänzende Federsee mit seinen Mooren. Weiter südlich dominiert die „schönste Dorfkirche der Welt", ein barockes Juwel, die Dorfansicht von Steinhausen. Den Rahmen, der die Kostbarkeiten Oberschwabens und sein fruchtbares Kornland umfaßt, bildet im Norden die Donau, im Osten die Iller und im Süden das Allgäu und der Bodensee.

Trefflicher kann man unsere Heimat Oberschwaben nicht porträtieren. Wo anders sollte man leben als hier?

Nirgendwo sonst hat man die Landschaft mit ihrer einzigartigen Prägung so im Blick – oder soll man sagen zu Füßen – als auf dem Bussen.

Fürwahr, eine gottgesegnete Gegend!

Auch wenn es den Anschein erweckt, unsere Heimat sei eine Insel der Glückseligkeit, so müssen wir mit Blick auf die oberschwäbische Esskultur mit beiden Beinen auf dem Boden bleiben.

Unser Essen und Trinken war früher von ökonomischen und gesellschaftlichen Zwängen diktiert. Außerdem war es stark abhängig von der Höhe der landwirtschaftlichen Produktion und davon, was man produzieren konnte.

Früher sah ein Sonntagessen folgendermaßen aus:

Nach der Supp' kamen Schweinebraten mit brauner Soß', Spätzle, dazu Kartoffelsalat und Apfelmus und als Getränk Moscht.

Auch in Oberschwaben haben sich wie überall neue Gewohnheiten niedergeschlagen. Unsere Ess- und Trinkgewohnheiten hängen heute weitgehend von unserem Geschmack, unserer Lust nach etwas Bestimmtem ab. Um jeder Hausfrau diese Lust nach etwas Bestimmten zu ermöglichen, haben wir Landfrauen vom Bezirk Riedlingen uns entschlossen, dieses Kochbuch zusammenzustellen.

Unser Kochbuch soll zur kulinarischen Wanderung durch unsere schöne Heimat anregen. Die Rezepte sind aus der Region und von uns Landfrauen erprobt.

Jede Gegend und jede Ortschaft bringt sich mit ihren Besonderheiten ein, was zur jeweiligen Kultur und Tradition unserer Heimat passt.

Möge dieses Kochbuch als Kulturgut für unsere kostbare Heimat angesehen und erhalten bleiben.

Elfriede Elser
Bezirksvorsitzende
Landfrauen Riedlingen

Grusswort

Es ist eine erfreuliche Entwicklung, dass man sich bei uns in Oberschwaben wieder auf die altüberlieferte oberschwäbische Küche besinnt. Dass man bei uns gut isst, hat ja alte Tradition. So schreibt schon im Jahre 1865 Dr. Michael Richard Buck – seinen Landsleuten besser als Michel Buck bekannt – über den Oberschwaben: „Nicht minder viel als auf das Trinken hält er auf das Essen. Keine Kirchweih, keine Taufe, keine Leiche, keine Sichel- oder Flegelhenke ohne reichliches Essen und Trinken. Kein Anlaß zu leiblicher Letze wird unbenützt vorübergelassen." Über die Gegend um den Bussen berichtet er: „Am meisten Fleisch und Speck wird in der Gegend um den Bussen vertilgt, weshalb die reisenden Handwerksburschen jenen Berg nicht ohne Witz den Speckbuckel nennen, um welchen für Leute ihres Gelichters gut herum zu reisen sei. So schlachtet man dort in einem mittelgroßen Bauernhaus jährlich für etwa zehn Personen sechs Schweine und ein oder zwei Rinder."

Die Rezepte in diesem Buch überliefern aber nicht nur althergebrachte Spezialitäten unserer Heimat: dieses Essen schmeckt auch gut. Nichts gegen Pizza oder Gyros; doch sind mir eine gute Dünette frisch aus dem Backofen oder echte schwäbische Saure Kutteln lieber.

Dem Kochbuch der Landfrauen des Bezirkes Riedlingen wünsche ich viel Erfolg und weite Verbreitung. Gilt doch auch heute noch der alte Spruch:

„Gut essen und trinken -
hält Leib und Seele zusammen!"

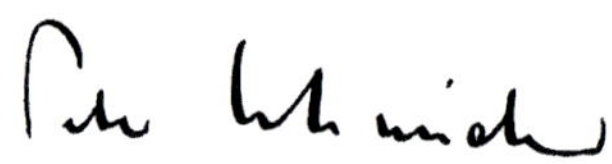

Peter Schneider, Landrat

Der Bussen

Der Bussen, der „Heilige Berg Oberschwabens", ist mit seinen 767 m NN eine von weit her sichtbare Erhebung in der Landschaft. Seine Kuppe aus Süßwasserkalk hat ihn vor der Abtragung bewahrt. Um ihn floss der Rißgletscher und schob Ablagerungen bis 705 m hinauf. Oben von der Turmruine aus geht an hellen Tagen der Blick von den Bayrischen Alpen bis zu den Schweizer Alpen und von der Spitze des Ulmer Münsters weit der Schwäbischen Alb entlang.

Der „Heilige Berg Oberschwabens" darf sich einer langen Wallfahrtstradition rühmen. Hier war wohl eine der Urkirchen in der Christianisierung im 7. Jh., im Jahr 805 ist sie urkundlich erwähnt. Der gotische Chor und der Turm grüßen seit 1516 ins Land. Die Statue der Schmerzhaften Mutter Gottes im Altarraum stammt aus dem Jahr 1584. Die Marienwallfahrt selbst ist sicherlich älter, wie das im Eingangsbereich angebrachte Votivbild der Truchsessen von Waldburg aus dem Jahr 1521 belegt. Von 1960 bis 1963 wurde die Kirche grundlegend erneuert. Die Fenster hat Prof. Hermann Geyer entworfen, die Steinarbeiten Prof. Josef Henselmann ausgeführt, den Gesamtplan entwickelte Architekt Lütkemeier.

„Gott zur Ehr, Maria zum Preis" kommen Wallfahrer an Marienfesttagen, zu den Maiandachten, am Pfingstmontag, zur „Wallfahrt der Treue" die Heimkehrer am 1. Septembersonntag mit ihren Anliegen. Alle sind willkommen, ganze Gemeinden aus dem Umland, Pilger mit Bus, Fahrrad, zu Fuß, im Rollstuhl oder mit Kinderwagen. Sie Alle verbinden gerne den Blick übers Heimatländle mit religiöser Besinnung.

Im Bussenheim neben der Kirche stehen Schwestern, Franziskanerinnen von Sießen zu Gesprächen und Führungen bereit.

Der Turm auf dem Bussen erinnert an eine lange geschichtliche Tradition: Auf dem Bussen war wohl ein Heiligtum der Kelten in vorchristlicher Zeit. Das Land rundum gehörte im 8. Jh. zum Hausgut der schwäbischen Herrschergeschlechter. Daher finden sich in der Kirche historische Gemälde und Fensterbilder der „Bussenheiligen".

Der Berg kam um 1290 in den Besitz der Habsburger. Später wurde er an die Truchsessen von Waldburg verpfändet. Nur noch der Rest des Burgfrieds bezeugt die einstige Größe der 1633 im Dreißigjährigen Krieg zerstörten Burganlage. Seit 1996 weht auf der renovierten Burgruine die Fahne des Landkreises Biberach, die Wälder unterhalb sind Eigentum des Hauses Thurn und Taxis.

„Steig nuf da Berg, guck naus ens Land, was mir für a schöne Hoimet hand", so hat August Lämmle einst gedichtet. Nehmen Sie sich Zeit, eine Wanderung oder Wallfahrt zum Bussen zu machen und von oben die Heimat zu schauen.

Ferdinand Kramer

Inhaltsübersicht

SPRENGEL I

SPRENGEL II

SPRENGEL III

SPRENGEL IV

Inhaltsübersicht

Munderkingen

Siegel aus dem Jahr 1286

In einer Schleife der Donau liegt Munderkingen auf einem Hügel am Südrand der Schwäbischen Alb. Das malerische Altstadtbild mit seinen engen Gassen, den hohen Giebelhäusern, den repräsentativen Kirchen- und Profanbauten und seinen Brunnen weist auf eine geschichtsträchtige Vergangenheit hin.

Funde aus der Römer- und Alemannenzeit zeugen von der frühen Besiedlung in diesem Donauraum. Bereits 792 wird Munderkingen erstmals urkundlich erwähnt. Um 1230 wird es Stadt, um 1285 geht sie in den Besitz des Hauses Habsburg über.

Mehr als 500 Jahre gehörte Munderkingen zu den fünf vorderösterreichischen „Donaustädten". Verschiedene Male wurde es verpfändet, zuletzt fast 300 Jahre lang von 1384 – 1680 an die Truchsessen von Waldburg. Die Bedeutung der Stadt wurde durch eine Vielzahl von Privilegien bestätigt. 1375 wurde freier Ab- und Zuzug für „Jedermann" gewährt und 1379 das Recht, dass kein Bürger von Munderkingen vor ein auswärtiges Gericht geladen werden dürfe. Hinzu kamen 1405 das Recht zum Bau eines Rat- und Kaufhauses, 1417 das für den ersten Jahrmarkt, 1442 die Belehnung mit dem Blutbann, also der hohen Gerichtsbarkeit. In der Zeit der Zugehörigkeit zu Vorderösterreich hatte die Stadt fast alle Rechte einer freien Reichsstadt. Der 30jährige Krieg und die nachfolgenden kriegerischen Auseinandersetzungen bis ins frühe 19.Jahrhundert beeinträchtigten die Finanzkraft der Stadt erheblich. 1806 ging Munderkingen an Württemberg über, ein Ereignis, das die gewohnte Selbständigkeit nahm und den Bürgern manche Demütigung durch die neuen Herren brachte.

Der Bau der Donautalbahn (1870) ermöglichte auch in Munderkingen erste Ansätze der Industrialisierung. Während die Stadt vor dem letzten Weltkrieg nur 1.850 Einwohner zählte, wuchs nach 1950, auch durch die Aufnahme von Vertriebenen, die Zahl der Einwohner rasch auf den heutigen Stand von rund 5.100. Gewerbliche Neugründungen und Erweiterungen ließen die Zahl der Beschäftigten schnell ansteigen. Die neuen Wohngebiete dehnen sich heute im Süden und im Norden der Stadt aus, während die Altstadt in der Mitte trotz eines regen Geschäftslebens ihren heimeligen Charakter behalten hat.

Der Veranstaltungskalender von Munderkingen reicht von monatlichen Vieh- und Krämermärkten über den Fasnachtsumzug mit historischem Brunnensprung bis zum international besetzten Reit- und Fahrturnier, von regem Vereinsleben bis zu den vielfältigen Angeboten der Volkshochschule.

Wer mehr über die Geschichte, die Sehenswürdigkeiten und die Gastfreundlichkeit der Stadt Munderkingen erfahren möchte, ist bei zahlreichen Stadtführungen und Veranstaltungen herzlich willkommen und eingeladen, die Geschichte und Gegenwart der Stadt zu erleben.

OBERMARCHTAL

Weithin sichtbares Wahrzeichen der Gemeinde sind die zwei Barocktürme der Klosteranlage inmitten urspüngli-cher Landschaft. Zur Gesamtgemeinde mit 1.250 Einwohnern gehören die Ortsteile Reutlingendorf, Datthausen, Mittenhausen, Gütelhofen und Luppenhausen.

Der historische Soldatenfriedhof bei Obermarchtal ist Zeuge einer bewegten Geschichte; entstanden in napoleonischer Zeit, als hier fünfmal Lazarette für verwundete Soldaten eingerichtet wurden. Bis 1816 mußte dieser Friedhof immer wieder tote Soldaten aufnehmen, denn die Heerstraße südlich der Donau (heutige B 311) war eine wichtige Achse. Hier marschierten Soldaten fast aller europäischer Nationen Sieg oder Niederlage entgegen. Soldaten aus Russland, Ungarn, Polen, Frankreich und Österreich wurden hier beerdigt.

Die ehemalige Prämonstratenser-Reichsabtei St. Peter und Paul in Obermarchtal (gegr. 1171) darf sich rühmen, die einzige architektonisch in sich geschlossene, vollendete und komplett erhaltene Anlage Oberschwabens zu sein. Die Klosterkirche St. Peter und Paul (Baubeginn 1686) wurde von namhaften Künstlern ausgestattet. Das Klostergebäude mit Kapitel- und Spiegelsaal ist mit bemerkenswerten Deckengemälden und Stuckarbeiten versehen. Die Säkularisation teilte 1803 das barocke Kloster dem Haus Thurn und Taxis zu; es wurde ein fürstliches Schloss. Im Jahre 1973 kaufte die Diözese Rottenburg-Stuttgart das ehemalige Kloster für eine symbolische Summe und richtete in einem Teil der Gebäude die „Kirchliche Akademie der Lehrerfortbildung" ein. Als „Marchtaler Plan" ist das hier entwickelte pädagogische Konzept für Freie Katholische Schulen inzwischen weit über die Diözese hinaus bekannt. Zu den Grundzügen des Marchtaler Plans gehört ganzheitliches Lernen. Ausgehend vom christlichen Menschenbild werden die Schüler nicht nur in ihren intellektuellen Fähigkeiten, sondern auch in ihren emotionalen und sinnlichen Möglichkeiten angesprochen und gefördert.

Der Prämonstratenserpater Sebastian Sailer, Vater der schwäbischen Mundartdichtung, war ein gefragter, weitgereister Kanzelredner. Er wirkte im 18. Jahrhundert im Kloster Obermarchtal und als Pfarrherr in Reutlingendorf und in Dieterskirch. Aus seiner Feder stammen neben religiöser Literatur eine ganze Anzahl Komödien und Schwänke in Mundart. Sein populärstes Stück „Die schwäbische Schöpfung – Adams und Evens Erschaffung und Sündenfall" wird jedes Jahr bei den Sebastian-Sailer-Tagen aufgeführt. Weitere Werke von ihm sind „Der Fall Luzifers", die „Bauernpredigt" und viele Komödien, Kantaten und Gedichte. Folgende überlieferte Geschichte gibt Zeugnis seiner Schlagfertigkeit:

„Einst war Pater Sailer im Begriffe auszureiten, und das gesattelte Pferd stand vor der Thüre". Der eben dazukommende Ortsschultheiß sagte: „Als Christus seinen Einzug in Jerusalem hielt, ritt er nur einen schlechten Esel, und Sie Herr Pfarrer ein so schönes Pferd. Wie reimt sich das zusammen?" Sailer: „Ihr habt recht; denn seither sind alle Esel so hoch geschätzt, daß man aus ihnen lauter Schultheißen gemacht hat. In Abgang eines Esels muß ich also auf einem Pferde reiten."

Pater Sixt Bachmann, 1819

Rechtenstein

Rechtenstein ist zwar politisch eine selbständige Gemeinde mit 305 Einwohnern, von der Kirchengemeinde her gehört es aber zum benachbarten Obermarchtal. Rechtenstein liegt malerisch auf einem steilen Felsen über und direkt an der Donau. Die mittelalterliche Bebauung eng gedrängter Häuser mit schmucken Giebeln unterhalb der Ruine der ehemaligen Burganlage ist bis heute erhalten. Die Überreste der Burg mit ihrem Aussichtsturm, dem „Burgfried", bilden noch heute eine erkennbare Gesamtheit. Mit gut 200 m Länge zählt sie zu den umfangreichsten der Region Schwäbische Alb. Für Interessierte ist der Schlüssel zum besagten Aussichtsturm im benachbarten Bauernhof, beim „Schloßbauern" zu erhalten.
Unmittelbar unter der Burganlage steht die barocke Kirche St. Georg (erb. 1744). Vor wenigen Jahren wurde sie renoviert. Das Äußere zeigt eine typische Pilastergliederung, den Turm auf viereckigem Unterbau zum Achteck übergehend, krönt ein barocker Zwiebelturm. Im Kircheninneren gibt es ein schönes Spiegelgewölbe. Die Wappen der Stifter namens Stein und Freiberg sind über den Seitenaltären angebracht.
Eine weitere Besonderheit Rechtensteins ist die „Geisterhöhle". In der Felswand gleich bei der Donaubrücke gelegen, kann sie von unerschrockenen Abenteurern besichtigt werden. Der Schlüssel für den Zugang zur Höhle ist im Gasthaus Brücke nebenan deponiert. Bei der örtlichen Narrengruppe der „Felsenschlotzer" spielt die Höhle beim „Fasnetvergraben" am Fasnachtsdienstag eine wichtige Rolle. Außer der Brauchtumsgruppe der Narren gibt es auch eine erfolgreiche Laientheater-Spielgruppe mit jährlicher Aufführung wechselnder Stücke.
Wunderschöne Wanderwege entlang der Donau und ihrer Felslandschaft laden zum Spaziergang ein. Am Weg in Richtung Hayingen ist ein Wildgehege mit Lamas, Eseln, Ziegen, Wildschafen, Damhirschen, Pfauen und weiteren Tieren. Die Landschaft bei der Braunsel, einem kleinen Donau-Zufluß der von einer Karst-Quelle bei Rechtenstein gespeist wird, ist als Naturschutzgebiet ausgewiesen.

Reutibach

Grundsheim

Grundsheim, eine der südlichsten Gemeinden im Alb-Donau-Kreis, liegt in einer landschaftlich reizvollen Tallage am Reutibach. Dominiert wird der Ort von der um 1720 erbauten Pfarrkirche St. Martin. Neben der neugestalteten Ortsmitte mit Rathaus, Dorfplatz, Dorfbrunnen und Spielplatz lädt der auf einer Gesamtlänge von 1,8 km ökologisch renaturierte Reutibach zu einem Besuch in Grundsheim ein. Besonders ist auf eine Grabhügelgruppe aus der Hallstattkultur (8.-5. Jahrh. v. Chr.) hinzuweisen. Diese Grabhügelgruppe (ca. 50 Hügel) im Gewann Galgenhau gilt als eine der besten erhaltenen Grabhügelgruppen im Regierungsbezirk Tübingen und ist als archäologisches Kulturdenkmal ausgewiesen.

Oberstadion

Schon von weitem, aus allen Richtungen, ist der 63 m hohe und einzigartige Kirchturm von St. Martinus in Oberstadion zu sehen. Das Gotteshaus ist ein bemerkenswertes und besonderes Baudenkmal, das nicht nur durch seine äußere Form den Betrachter in seinen Bann zieht. In Kunstführern wird die Kirche als „reich wie keine andere im Lande an Denkmälern altdeutscher Kunst" bezeichnet. Insgesamt befinden sich in dem einschiffigen Langhaus mit fünf Seitenkapellen elf Altäre. Sieben davon sind gotische Flügelaltäre aus der sogenannten „Ulmer Schule", den berühmten Holz- und Steinbildhauern des 15. Jahrhunderts. Die Bilder des Hochaltares beispielsweise stammen von Jörg Stocker. Eingebunden ist der Hauptaltar wie die anderen Altäre auch in früh- bzw. spätgotische Holzummantelungen mit gotischen Holztürmchen. Das Chorgestühl stammt von Syrlin dem Älteren (12. Jh.). Sehenswert sind auch zwei Kirchenfenster neueren Datums von Professor Geyer. Kirchenführungen sind nach vorheriger Anmeldung in Pfarrhaus oder Rathaus möglich. Das renovierte Pfarrhaus mit seinen Stufengiebeln stammt aus dem 15. Jahrhundert.

Eine weitere Besonderheit ist der historische Dorfkern von Oberstadion mit der sanierten Ortsmitte und den Fachwerkhäusern aus dem 15. und 19. Jahrhundert. In dem ehemaligen Brauereiareal sind Gasthof, Fremdenzimmer, Bürgersaal, Rathaus (1452), Bücherei, Ladengeschäfte und die „Christoph-von-Schmid-Gedenkstätte" eingerichtet. Christoph von Schmid ist vor allem bekannt als Urheber des Weihnachtsliedes „Ihr Kinderlein kommet...". Heute noch ist er in Gesangbüchern mit anderen kirchlichen Liedern vertreten. Die von ihm geschriebenen Bücher wurden in 24 Sprachen veröffentlicht. Außerdem befindet sich in der Gedenkstätte eine große, wertvolle Tonkrippe mit 70 Figuren; geschaffen von Julie Deininger-Eggert, Ulm. Die Gedenkstätte mit Originalbüchern, -bildern und -möbeln ist täglich nachmittags (außer Samstag) geöffnet.

Weitere Sehenswürdigkeiten beim Rundgang durch die Gemeinde sind der Grafen-Aufgang zur Kirche, die Gruft der Grafen von Stadion wie auch deren Schloss. Letzteres ist in Privatbesitz und kann im Inneren nicht besichtigt werden. Führungen durchs Dorfzentrum sind nach vorheriger Anmeldung im Rathaus Oberstadion möglich.

Zwischen den Teilorten Hundersingen, Rettighofen, Mundeldingen, Mühlhausen, Moosbeuren und dem Hauptort bestehen ideale Radfahr- und Wanderbedingungen. Über sanfte Hügel und Täler hinweg reicht der Blick von Ehingen über Munderkingen bis zum Bussen. An besonders schönen Tagen kann man von hier aus sogar das Ulmer Münster sehen. Empfehlenswert in den genannten Teilorten ist auch eine Besichtigung der Kirchen und Kapellen.

Zwiebelrostbraten

Zutaten

750 g Rindslende
Knoblauch, Salz, Pfeffer
30 g Mehl, 80 g Butter
2–3 Zwiebeln, etwas Brühe

Das gut gelagerte Fleisch in 2 cm dicke Scheiben schneiden. Am Rand einschneiden, klopfen, mit Knoblauch einreiben, salzen und pfeffern. Auf einer Seite in Mehl wenden, bemehlte Seite ins Fett legen, rasch anbraten, wenden und dann die ringelig geschnittenen Zwiebeln dazugeben. Alles gut braunbraten (8–10 Minuten). Mit wenig Brühe aufgießen, dünsten lassen, bis das Fleisch mürbe ist. Bratensaft abschmecken.
Garzeit: 15 Minuten

Beilagen:

Kartoffelbrei, Petersilienkartoffeln, Reis, Teigwaren, grüner Salat, Gemüse.

Für's Neue Jahr

Immer wieder

Der Winter ging, der Sommer kam.
Er bringt aufs neue wieder
Den vielbeliebten Wunderkram
Der Blumen und der Lieder.

Wie das so wechselt Jahr um Jahr,
Betracht' ich fast mit Sorgen.
Was lebte, starb, was ist, es war,
Und heute wird zu morgen.

Stets muß die Bildnerin Natur
Den alten Ton benützen
In Haus und Garten, Wald und Flur
Zu ihren neuen Skizzen. *W. Busch*

Pfeffersteak

Zutaten:

4 Filetsteaks vom Rind (je 200 g)
3 El Öl, 1 El Butter, Salz
1/8 l Weißwein, 1/2 l Sahne
2 El grüner Pfeffer
frisch gemahlener Pfeffer

Öl in einer Pfanne erhitzen, die Steaks darin auf beiden Seiten kräftig anbraten. Hitze reduzieren, Butter hinzufügen und die Steaks unter mehrmaligem Wenden etwa 10–15 Minuten braten. Die Steaks aus der Pfanne nehmen, beidseitig salzen und in Alufolie verpackt warm stellen. Bratfett aus der Pfanne abgießen und den Bratensatz mit Wein loskochen. Flüssigkeitsmenge auf die Hälfte reduzieren, mit Sahne abgießen und nochmals 2/3 reduzieren. Grünen Pfeffer in die Sauce geben, die Sauce mit Salz und Pfeffer abschmecken. Die Steaks mit der Sauce überziehen und servieren.

Dreikönigskuchen

Zutaten

400 g Mehl
200 g Butter
100 g Zucker
2 Eier
2 Teel. Backpulver
1 Vanillezucker
Zitronenschale
500 g Äpfel
100 g ger. Mandeln
Guß:
250 g Puderzucker
3–4 Eßl. heißes Wasser

Alle Zutaten zusammen vermischen und verkneten, 1/2 Stunde kühlstellen. Die Äpfel schälen, mit wenig Wasser und etwas Zucker dämpfen und abtropfen lassen. Das Apfelmus schaumig schlagen und die geriebenen Mandeln daruntermischen.

Gut die Hälfte des Teiges in eine gefettete Springform geben und aus Teig einen Rand bilden.

Die Apfelmasse einfüllen, mit dem restlichen Teig einen Deckel formen, darüber geben und am Rand gut andrücken. Dann bäckt man den Kuchen langsam bei Mittelhitze. Aus restlichem Teig 3-4 Sternchen ausstechen und gleichfalls hell backen. Der Kuchen wird nun mit einem Guß dick überzogen und die mit Schokoguß überzogenen Sternchen legt man in den noch weichen Kuchenguß. Die Sternchen können noch mit buntem Streuzucker verschönert werden.

Sauerbraten

Zutaten:

1 kg Ochsenfleisch

zur Beize:
1/2-3/4 l Wassser
1/8-1/4 l Essig
Salz
1 Zwiebel
Wurzelwerk
1 Gewürzdosis
2 Wacholderbeeren
2 Zitronenscheiben
40 g Speck
2 El Mehl

zum Braten:
40 g Fett
3/4 l Beize

Zuckereinbrenne:
20 g Fett
1 Pr. Salz
20 g Mehl
1/2 Tasse saure Sahne
2 El Rotwein

Fleisch waschen, häuten, Beizzutaten kalt drübergießen; das Fleisch unter täglichem Wenden etwa 3 Tage darin liegenlassen; Fleisch herausnehmen, abtrocknen, spicken oder mit Speckscheiben umwickeln; in Mehl wenden, in heißem Fett auf beiden Seiten rasch anbraten, Zwiebeln mitbräunen und mit wenig verdünnter Beize aufgießen. Im heißen Bratrohr unter öfterem Nachgießen von Beize braten.
Garzeit 1 1/2 bis 2 Stunden

Tafelspitz mit Apfel-Meerrettich

Zutaten:

1 kg Tafelspitz (Rinderhüfte)
1 Zwiebel
2 Lorbeerblätter
4 Nelken
1 Teel. Pfefferkörner
1 1/2 l Salzwasser
300 g Sellerieknolle
400 g Möhren
400 g Lauch
2 Äpfel
Saft 1/2 Zitrone
125 g Meerrettich
1/4 l Schlagsahne

Zwiebeln schälen und einritzen. Die Lorbeerblätter und die Nelken in die Zwiebel stecken, mit den Pfefferkörnern und dem Fleisch in kochendes Salzwasser geben.
Alles kurz aufkochen lassen und zugedeckt 1 1/2 Stunden bei schwacher Hitze kochen.
Das Gemüse putzen. Sellerie in Stifte, Möhren in Scheiben und den Lauch in 2 cm lange Stücke schneiden. Das Gemüse zum Fleisch geben und 1/2 Stunde weiterkochen.
Die Äpfel schälen, reiben und mit Zitronensaft mischen. Meerrettich schälen, fein reiben, mit den Äpfeln und steif geschlagener Sahne mischen. Mit etwas Salz abschmecken.
Fertig gegartes Fleisch aus der Brühe nehmen, kurz ruhen lassen und quer zur Faser in 1 cm dicke Scheiben schneiden. Mit dem Gemüse auf einer Platte anrichten.
Die Brühe kann für eine Suppe verwendet werden.

Als Beilage Salzkartoffeln und den Meerrettich.

Rinderbraten nach Hausfrauenart

Zutaten:

1 kg Rinderbraten gespickt
Zwiebel
Suppengrün
Knoblauchzehe
Salz
Pfeffer
Rosmarin
Lorbeerblatt
Nelken
1/8 l Rotwein
Mehl oder Soßenbinder
1/8 l Sahne oder Dosenmilch

Den Rinderbraten rundherum anbräunen.
Zwiebel, Knoblauch und Suppengrün kleinhacken und zum Braten geben.
Mit Rotwein ablöschen. Den Wein etwas vorkochen lassen. Das Fleisch erst dann mit Salz, Pfeffer und Rosmarin würzen.
Das Lorbeerblatt und die Nelken zugeben.
50–60 Min. bei niedriger Temperatur garen.
Das Lorbeerblatt und die Nelken aus dem Bratenfond nehmen. Bratenfond einmal aufkochen, binden und die Sahne unterziehen.

Eine gute Decke Schnee
bringt das Winterkorn in die Höh.

Rinderbrust nach Wildbretart

Zutaten:

1 kg Rindfleisch
in einer Beize aus:
Buttermilch
Zitronenschale
je 1 Zweiglein Rosmarin
Fichtennadel
Beifuß
Estragon
je 5 Gewürznelken
Pfefferkörner
Wachholderbeeren
2 Lorbeerblätter
1–2 Tage einlegen

Das Fleisch aus der Beize nehmen, trockentupfen und in reichlich Butterschmalz anbraten. Wurzelwerk (gelbe Rüben, Sellerie, Lauch) kurz mitbräunen. Mit je 1/4 l Buttermilch, Rotwein und Brühe ablöschen. Unter Begießen fertig braten. Soße binden, mit Sahne, Preißelbeeren und Rotwein verfeinern.

Schwäbisches Tischgebet:

Eisa Herr em Hemmel doba
mir send do ond wand di loba
Du labescht eis mit Speis ond Trank
drom saget mir Dir Lob und Dank.
Amen

Stuttgarter Topf

Zutaten:

2 El Kräuter (Schnittlauch, Basilikum, Dill, Petersilie)
60 g Butter
40 g Mehl
3/8 l Fleischbrühe
Salz, Zitronensaft
1 Eigelb
1/8 l süße Sahne
500 g Rinderfilet
Bratenfett, Salz, Pfeffer
1 Port. Spätzle

Kräuter fein hacken, in Butter anschwitzen, mit Mehl bestäuben, gut durchrühren, nach und nach mit Brühe auffüllen und gut durchkochen.
Mit Salz und Zitrone abschmecken.
Eigelb mit süßer Sahne verquirlen, die Soße damit binden. Filets in der Pfanne in heißem Fett braten, würzen mit Salz und Pfeffer. Spätzle in eine gefettete Auflaufform geben, mit den Filets belegen, die Soße übergießen und 10 Minuten im vorgeheizten Ofen überbacken.

Leberknödel

Zutaten:

100 g Rindsleber
20 g Butter
1 Ei
Paniermehl
1 Knoblauchzehe
Majoran, Salz
abger. Zitronenschale

Die Rindsleber waschen, häuten und durch den Fleischwolf drehen. Die Butter schaumig rühren, Leber, Ei, Paniermehl sowie die Gewürze zugeben und alles untereinander mischen. Es muß eine feste Masse entstehen. Aus ihr mit kleinen Löffeln kleine Klöße formen und diese in kochemdem Wasser fünf Minuten garen. In heißer Fleischbrühe servieren.

Gefüllter Rouladenbraten

Zutaten:

2 kg Rindfleisch aus der Keule (vom Fleischermeister für 2 große Rouladen zuschneiden lassen)
500 g gemischtes Hackfleisch
300 g rohen Schinken, in Scheiben geschnitten
2 Zwiebeln
4 Essl. Butter
Salz, weißer Pfeffer
je 2 rote und grüne Paprikaschoten
1 1/2 Eßl. grüner Pfeffer
2 Eier
2 Stg. Lauch
300 g Champignons
1 Bund Suppengrün
1/2 l heiße Fleischbrühe
1/2 l heißes Wasser
2 Eßl. Crème fraîche

Zwiebeln schälen und würfeln. Butter zerlassen, Zwiebelwürfel und Hackfleisch zugeben und unter Wenden ca. 2 Minuten dünsten. Leicht salzen und pfeffern, abkühlen lassen.
Schinken und Paprikaschoten in dünne Streifen schneiden, Pilze abtropfen lassen, Lauch putzen und in Ringe schneiden.
Hackfleisch, Ei und grünen Pfeffer gut miteinander mischen. Die Fleischscheiben gut mit Salz und Pfeffer bestreuen. Etwas Hackfleisch auf die Rouladen geben. Schinken, Paprikastreifen und Lauchringe längs darauf verteilen. Dazwischen das restliche Hackfleisch und die Champignons geben. Das Fleisch rechts und links etwas einschlagen, dann die Fleischscheibe aufrollen. Mit Küchengarn zu einer Roulade zusammenbinden.
Butter erhitzen, die Rouladen darin ringsherum anbraten. Geputztes Suppengrün zugeben. Mit Brühe aufgießen. Bei 200° C etwa 95–100 Minuten braten.
Fleisch aus dem Bratfond nehmen und warmstellen. Den Fond mit Wasser loskochen. Noch einmal aufkochen lassen. Mit Crème fraîche binden. Den Rouladenbraten vom Küchengarn befreien und mit etwas Soße begießen. Die restliche Soße separat servieren.

Hackfleischpfanne

Zutaten:

Teig:
400 g Hackfleisch (Rind)
1 Zwiebel (fein gehackt)
1 Knoblauchzehe (zerdrückt)
4 Scheiben Vollkorntoast
2 Essl. Milch
1 Ei verquirlt
Salz
Pfeffer
Muskat

Sauce:
2 Essl. Öl
1 Zwiebel in Ringe geschnitten
1 grüne Paprikaschote in Streifen geschnitten
1 Möhre in Scheiben geschnitten
1 Lauch in Ringe geschnitten
Pizzagewürz
1 Essl. Mehl zum Stäuben

Hackfleisch, Zwiebeln, Knoblauch gut verkneten. Den Toast in der Milch einweichen, ausdrücken und in Stücke zerpflücken und mit den Eiern unter den Hackfleischteig mischen. Mit Salz, Pfeffer und Muskat kräftig abschmecken. Aus dem Fleischteig Bällchen formen und diese mit heißem Öl anbraten. Aus der Pfanne nehmen. Das vorbereitete Gemüse zugeben und etwa 10 Minuten dünsten. Tomatenmark und Mehl dazugeben und mit einem 1/2 l Brühe ablöschen. Mit den Gewürzen kräftig abschmecken. Hackfleischbällchen wieder zugeben und ca. 25 Minuten garen.

Kalbsnierenbraten

Zutaten:

etwa 1 kg Kalbsnierenbraten
Salz
weißer Pfeffer
Paprika edelsüß
2 Bund Suppengrün
1 Zwiebel
1 Tomate
1 Lorbeerblatt
4 Essl. Sahne
1/2 l Fleischbrühe (Instant)

Das Fleisch mit Salz, Pfeffer und Paprika einreiben. Das Suppengrün grob zerkleinern, die geschälte Zwiebel achteln, die Tomate vierteln. Den Backofen auf 220° C vorheizen. Das Bratfett erhitzen und das Fleisch von allen Seiten darin anbraten, dann im Backofen auf der untersten Schiene 1 1/2 Stunden braten. Nach 30 Minuten das kleingeschnittene Gemüse und das Lorbeerblatt dazufügen. Den Braten nach und nach mit der Fleischbrühe übergießen. Nach 1 Std. Bratzeit den Backofen auf 200° C zurückschalten.
Den fertigen Braten auf einer vorgewärmten Platte anrichten, den Bratfond mit Fleischbrühe aufgießen, abseihen, mit der Sahne verrühren und abschmecken.

Dazu passen Kartoffelkroketten und Buttergemüse.

Zutaten:

500-750 g Kalbfleisch (Brust, Schulter, Halsgrat oder Bug)
Salz
zum Dünsten:
30 g Fett
Wurzelwerk
1 Zwiebel
2 Zitronenscheiben
etwa 1/2 l Flüssigkeit
etwas Liebstöckel oder Basilikum
helle Einbrenne:
40 g Butter
40 g Mehl
1/2 l Dünstbrühe
etwas Zitronensaft
1 Prise Zucker
etwas Weißwein
Rahm
1-2 Essl. Kapern

Eingemachtes Kalbfleisch

Vorbereitetes Fleisch in gut abgeschmecktem Sud aus 3/4 l Wasser, Salz, Wurzelwerk, 1 Zwiebel und 2 Zitronenscheiben sowie Liebstöckel und Basilikum zusetzen, bei mäßiger Hitze leise kochend knapp garen. Helle Einbrenne herstellen, mit Kochbrühe aufgießen, 5 - 10 Minuten kochen lassen. Verbesserungszutaten zugeben, nochmal abschmecken, Fleisch in Soße anrichten.

Hausmittel bei Erkältungen

Bei Husten und Heiserkeit:

1/2 helles Bier mit 1 Teelöffel Zucker, 1 Prise Muskat und Gewürznelken aufkochen. In der Zwischenheit 2 Eigelb mit 1 Teel. Zucker schaumig schlagen, dann unter ständigem Rühren in das heiße Bier einlaufen lassen.

Zutaten:

1 kg Kartoffeln
200 g Leberwurst
200 g Blutwurst
1 kl. Zwiebel
1 Essl. Öl
2 Eier
Gewürze nach Geschmack

Schwäbischer Bauernschmaus

Kartoffeln in der Schale kochen, abkühlen lassen, pellen und in dünne Scheiben schneiden. Zwiebel fein hacken und in heißem Öl glasig dünsten. Blut und Leberwurst würfeln, zu den Zwiebeln geben und leicht anbraten. Zuletzt Kartoffeln und Eier zugeben, unter Rühren anbraten und nach Geschmack würzen.
Tipp: Dazu serviert man Kopfsalat mit Gurken und Tomaten gemischt.

Zungenragout

Zutaten:

800-1000 g gepökelte Rinderzunge
Suppengrün
Pfefferkörner und Piment
300 g Gehacktes
1 eingeweichtes Brötchen
1 Ei
1 kleingehackte Zwiebel
Salz, Pfeffer
80 g Fett
100 g Mehl
1 Essl. Zitronensaft
3 Essl. Madeira
oder 5 Essl. Rotwein
300 g kleine Würstchen
2 Dosen Champignons
2 Scheiben Blätterteig (TK)
Zitronenachtel
Petersilie

800-1000 g gepökelte Rinderzunge wässern, in 1 1/2 l Wasser mit Suppengrün, Pfefferkörner und Piment in ca. 2 1/2 bis 3 Stunden garen. Die Zunge ist gar, wenn sich die Haut von der Spitze abziehen läßt. Haut, Knorpel und Fett entfernen. Zunge zuerst in Scheiben schneiden und dann in mundgerechte Stücke teilen. (Rest eignet sich vorzüglich als Brotbelag!)
Aus 300 g Gehacktem, einem eingeweichten Brötchen, einem Ei und einer kleingehackten Zwiebel, Salz und Pfeffer einen Teig bereiten und mit feuchten Händen kleine Klößchen formen. In Salzwasser garen.
80 g Fett im Topf leicht bräunen, 100 g Mehl zufügen, rühren, bis die Einbrenne eine schöne braune Farbe hat. Unter ständigem Rühren mit 1 l Brühe ablöschen – gut durchkochen lassen.
Mit Salz, Pfeffer, einer Prise Zucker, 1 Essl. Zitronensaft und 3 Essl. Madeira pikant abschmecken.
Vorbereitete Zunge, Hackfleischklößchen, Würstchen und abgetropfte Champignons in der Soße erhitzen – nicht mehr kochen.
2 Scheiben Blätterteig ausrollen, Halbmonde ausstechen und im heißen Ofen goldgelb abbacken. Zungenragout mit den Blätterteig-Fleurons, Zitronenachteln und Petersilie garnieren.

Nur wer für den Augenblick lebt, lebt für die Zukunft.

Katzeng'schrei

Zutaten:

500 g gekochtes Suppenfleisch
4 Eier
1 Essl. Schmalz
1 Zwiebel
Salz nach Belieben

In reichlich Fett feingewiegte Zwiebel goldgelb anbraten. Das gekochte, kalte Rindfleisch, in kleine Scheiben geschnitten, wird mit den verquirlten Eiern und Salz vermengt und in der Pfanne herausgebraten.
Man reicht dazu gerne Preiselbeeren und grünen Salat.
Ein beliebtes Montagessen im schwäbischen Hauswesen.

Gefüllte Kalbsbrust

Zutaten:

(Festtagsbraten)

1 Kalbsbrust
Salz, Pfeffer
Kalbsknochen
1 Stengel Lauch
2-3 Karotten
2 Zwiebeln
Bratensauce
Füllung:
500 g Brät
2 alte Semmeln
1/2 Tasse Milch
2 Scheiben Räucherspeck
1 Zwiebel
3 Eier
Salz, Pfeffer, Muskat
Petersilie
1 Essl. Fett

Die Semmeln mit heißer Milch übergießen, den Räucherspeck und die Zwiebel kleinschneiden, im Fett glasig dünsten. Das Brät mit den Eiern und den Gewürzen vermengen, die ausgedrückten Semmeln mit dem Räucherspeck und den Zwiebeln dazugeben und alles gut durcharbeiten.
In die Kalbsbrust eine Tasche schneiden, mit der Brätmasse füllen, zunähen, mit Salz und Pfeffer einreiben. Im Backrohr mit den Kalbsknochen, Karotten, Lauch und Zwiebeln knusprig anbraten. Die Bratensoße mit Wasser anrühren und die Kalbsbrust ablöschen, unter häufigem Begießen noch eine gute Stunde braten.

Mit Kartoffelsalat servieren.

Bussenkirche im Winter

Schwalbennester

Zutaten:

4 Kalbschnitzel
4 Scheiben Schinken
4 hartgekochte Eier
Mehl
Fett
1 Becher Sahne

Hartgekochte Eier mit einer rohen Schinkenscheibe und einem Kalbsschnitzel umwickeln und binden.
In Mehl wenden und im Fett anbraten. Etwas Wasser zugießen. Die Soße am Schluß mit Sahne verbessern.

Die Schwalbennester vor dem Anrichten quer durchschneiden.

Mit Kartoffeln und Salat reichen.

Champignon-Rindfleisch-Roulade

Zutaten:

480 g Rindfleisch (Rohgewicht) in Form einer großen Scheibe schneiden
200 g frische Champignons
120 g roher Schinken
100 g Zwiebeln
4 Teelöffel Öl
1/2 l Bouillon (2 kl. Würfel)
Salz, Pfeffer, Thymian, Senf
70 g süße Sahne
4 Teelöffel Stärke

Die Pilze putzen und in Scheiben schneiden, rohen Schinken und Zwiebeln würfeln und alles in heißem Öl anbraten. Die Fleischscheiben auf eine Arbeitsplatte legen und dünn ausklopfen. Mit Salz, Pfeffer und Thymian bestreuen und mit Senf bestreichen. 3/4 der Pilzmischung darauf verteilen. Die Roulade aufrollen und mit einem Faden umwickeln. In einer Kasserolle rundum anbraten, mit Bouillon ablöschen und langsam schmoren lassen. Zwischendurch das Fleisch wenden. Die restliche Pilzmischung 5 Minuten in der Sauce köcheln lassen, dann die flüssige Sahne einrühren und mit der angerührten Stärke binden.

Rindsfiletscheiben mit Kräuterkäse-Füllung

Zutaten:

16 Scheiben Rindsfilet à ca. 80 g
300 g Frischkäse
2 Bund Petersilie
1 Bund Schnittlauch
Gartenkresse
1 Zweig Basilikum
Pfeffer, Salz
2 Essl. Portwein oder Sherry
8 große Scheiben durchwachsener Räucherspeck (ca. 350 g)

Den Käse mit den feingehackten Kräutern und dem Portwein verrühren. Mit Pfeffer und Salz abschmecken. 8 Scheiben vom Fleisch mit der Käsemasse bestreichen, die restlichen Fleischscheiben darauflegen und an den Rändern gut andrücken. Mit den Speckscheiben umlegen, mit Rouladengarn umwickeln und leicht pfeffern. In einer Pfanne Fett erhitzen und auf jeder Seite 2-4 Minuten je nach Garzeit braten, salzen und auf vorgewärmten Tellern servieren.

Mitternachtssuppe

Zutaten für 8 Personen

2 Zwiebeln
500 g grüne Paprikaschoten
5 Essl. Öl
1 kg mageres Rinderhackfleisch
1 Teel. (gestr.) Salz
1/2 Teel. Pfeffer
2 Essl. (gestr.) edelsüßes Paprikapulver
1 Dose Maiskörner
2 kl. Dosen Tomatenmark
2 l Wasser
2 Eigelbe
1 Tasse saure Sahne
1 Teel. Instant-Fleischbrühe
1 Prise getrockneter Majoran
1/2 Tasse kleingeschn. Petersilie

Die Zwiebeln schälen und in kleine Würfel schneiden. Die Paprikaschoten halbieren, von Rippen und Kernen befreien, die Schotenhälften waschen und in Streifen schneiden.
Das Öl in einem genügend großen Topf erhitzen, die Zwiebelwürfel unter Rühren darin anbraten, das Hackfleisch zufügen und ebenfalls unter Rühren anbraten. Das Hackfleisch mit dem Salz, dem Pfeffer und dem Paprikapulver würzen und die Paprikastreifen hineingeben. Die Maiskörner abtropfen lassen und mit dem Tomatenmark zum Rindfleisch geben. Alle Zutaten gut miteinander mischen, mit dem Wasser auffüllen und zugedeckt 30 Min. bei milder Hitze kochen lassen.
Die Eigelbe mit der sauren Sahne verquirlen. Die Instant-Fleischbrühe und den Majoran in die Suppe rühren. Einige Löffel der heißen Suppe in die Eigelb-Sahne-Mischung rühren.
Die Suppe vom Herd nehmen und die Eigelb-Sahne-Mischung unterziehen. Die Pusztasuppe mit der Petersilie bestreuen und gleich möglichts heiß servieren.

Omas Fleischsalat

Zutaten:

3-4 gr. gekochte Kartoffeln
2 säuerliche Äpfel
400-500 g gekochtes Rindfleisch
5 Gewürzgurken
1 Zwiebel
150 g Joghurt
2-3 Essl. Mayonnaise
2-3 Essl. Weinessig
1 Teel. Senf
Salz
1 Prise Zucker
Pfeffer

Kartoffeln und Äpfel schälen und mit Rindfleisch und Gewürzgurken in kleine Würfel schneiden. Zwiebel fein wiegen und zugeben. Für die Marinade den Joghurt verrühren, Mayonnaise, Essig zufügen und mit Senf, Salz, Zucker und Pfeffer würzig abschmecken. Salat mit der Marinade anmachen, etwas durchziehen lassen. Vor dem Servieren mit Petersilie oder Kresse hübsch garnieren.

Ochsenschwanzragout

Zutaten:

1 1/2 kg Ochsenschwanz,
in 5 cm lange Stücke geschnitten
je 1 gestr. Teel. Salz und Knoblauchsalz
1/2 Lorbeerblatt
10 Wacholderbeeren
1 Zitrone
2 gestr. Teel. Zucker
je 1 Teel. getrockneter Rosmarin und Majoran
1 gestr. Teel. Pilzpulver
2 Essl. Weinbrand
4 gestr. Essl. Mehl
4 geh. Essl. Schmalz oder 6 Essl. Öl
1 Tasse Rotwein
2 Essl. Tomatenmark
1 gestr. Essl. edels. Paprikapulver

Die Ochsenschwanzstücke in eine flache Schale legen. Die Zutaten von Salz bis Weinbrand mischen (Lorbeer zerbröseln), über das Fleisch gießen und zugedeckt 1 Stunde ziehen lassen.
Die Schwanzstücke in dem Mehl wenden. Das Schmalz oder Öl erhitzen und die Stücke darin unter ständigem Wenden in 10 Minuten dunkelbraun rösten. Den Wein mit dem Tomatenmark und dem Paprikapulver mischen und das Ragout damit angießen, dazu 1 Tasse heißes Wasser. Das Ragout zugedeckt 1 1/2 Stunden schmoren. Mit den Knochen servieren.

Dazu passen: Bandnudeln mit Butter, Kopfsalat und Rotwein.

Ein Leben ohne Freunde,
ist eine weite Reise ohne Gasthäuser.

Ministrantenbraten

Zutaten:

1 kg Rindfleisch
Rindfleisch in zwei große Scheiben schneiden lassen
500 g Kalbsbrät
4 Wiener
4 Debrecziner
1 kl. Dose Erbsen
1 Zwiebel
1 gr. gelbe Rübe
Petersilie
etwas Sahne
Rotwein zum Abschmecken

Jeweils eine große Scheibe Rindfleisch von etwa 500 g mit Salz, Pfeffer und Paprika würzen; 250 g Kalbsbrät aufstreichen, kleingeschnittene Zwiebel und gelbe Rüben, Petersilie und Erbsen mischen und auf das Kalbsbrät streuen. Ein Wiener, ein Debrecziner, wieder ein Wiener und ein Debrecziner nebenenanderlegen und nochmals leicht würzen und zusammenrollen, zusammenbinden oder -klammern, mit Öl bestreichen und bei 220° C. im Backofen etwa 90 Minuten garen. Zwischendurch aufgießen und mit Bratenfond bestreichen.

Nach dem Garen den Braten herausnehmen, Soße abseihen, mit Stärkemehl andicken, aufkochen lassen und mit Rotwein und Sahne abschmecken.

Schwäbischer Bauerneintopf

Zutaten:

700 g geräuchertes Rindfleisch
100 g durchwachsener Speck
1 1/2 l Wasser
Salz, Pfeffer
1/2 Kopf Weißkohl
1/2 Sellerieknolle
3 Möhren
4 Kartoffeln
1 Petersilienwurzel
2 Weißbrotscheiben
gehackte Petersilie

Rindfleisch blättrig schneiden, Speck fein würfeln, beides mit dem Wasser aufgießen, mit Pfeffer und wenig Salz würzen und 45 Min. köcheln lassen. Gemüse putzen, Kartoffeln schälen, alles in feine Würfel schneiden, zum Fleisch geben und zugedeckt bei geringer Hitze garen. Weißbrot in schmale Streifen schneiden, rösten und mit der Petersilie vor dem Servieren über den Eintopf streuen.

Hans düngte seinen Acker schlecht,
war Ackermann, jetzt ist er Knecht.

Leberspätzle

Zutaten:

Für den Spätzleteig:
250 g Mehl
250 g Rinderleber
2 Eier
1 Zwiebel
1 Teelöffel Majoran
Muskat, Salz,
Pfeffer aus der Mühle

Das Mehl, die durch die feine Scheibe des Fleischwolfs gedrehte Leber und die Eier zu einem Teig vermengen. Die Zwiebeln feinhacken, dämpfen und dann zugeben. Den Teig abschmecken und wie beim Spätzle-Grundrezept gut schlagen, bis er Blasen wirft. 10-15 Minuten ruhen lassen und dann in kochendes Salzwasser schaben.

Die fertigen Leberspätzle in Butter leicht anrösten, die Eier darüber aufschlagen und langsam zum Stocken bringen. Auf einer Platte omelettartig anrichten.
Als Beilage Endivien-Kartoffelsalat mit feingeschnittenen Gurkenscheiben untermengt reichen.

Schwäbische Kalbsröllchen

Zutaten:

8 dünne Kalbsschnitzel
weißer Pfeffer
2 Eier
500 g Brät
1 Zwiebel
25 g Räucherspeck
1 Teel. Tomatenmark
1/4 l Brühe
1/8 l Weißwein
Champignons
2 gehäufte Essl. Mehl
Muskat
Butterschmalz
4 Essl. süße Sahne

Die Eier hartkochen und vierteln. Die Schnitzel dünnklopfen, salzen und pfeffern. Brät mit Sahne und Muskat verrühren. Damit werden die Schnitzel dünn bestrichen und mit je einem Eiviertel belegt. Das Fleisch aufrollen und mit Holzspießchen feststecken. Die Kalbsröllchen in heißem Butterschmalz anbraten und beiseite stellen. Nun Speckwürfel auslassen und gehackte Zwiebel darin hellgelb rösten. Tomatenmark zugeben, mit Mehl überstäuben, bräunen lassen und mit Weißwein und der Brühe aufkochen. Kalbsröllchen in der Soße etwa 30 Minuten schmoren lassen. Champignonscheiben dazugeben, mit Sahne verfeinern und nachwürzen.
Zu den Röllchen schmecken Spätzle und Salat.

„Raus mit'm Gole"

Lebhaft wird es ab dem Dreikönigstag rund um den Bussen. Fast überall wird das Häs, wie man das Narrenkostüm nennt, abgestaubt und aus dem Schrank geholt: Die Fasnet beginnt. Eigentlich bedeutet Fasnet die Nacht vor dem Fasten und ist kulturgeschichtlich ein zeitlich eng begrenzter Zeitraum, in dem Menschen, genehmigt von der weltlichen und kirchlichen Obrigkeit, sich verkleiden und ausgelassenem Treiben hingeben durften. Natürlich gab es Vorschriften, die einzuhalten waren und bei Übertretung streng geahndet wurden.

Während es auch in heutiger Zeit noch immer sich zu Zünften zusammenschließende Brauchtumsfreunde gibt, die ihre Masken und Gestalten, ihr fasnächtliches Treiben auf örtliche Gegebenheiten zurückführen, gilt die Fasnet in Riedlingen als „historisch". Jedoch war es früher in der ehemals vorderösterreichischen Donaustadt nicht anders als anderswo mit dem närrischen Treiben an den Tagen vor Aschermittwoch, geduldet von Magistrat und Kirche, aber streng reglementiert. Es geschah im ausgehenden 18. Jahrhundert, als die Riedlinger mit Genehmigung des Magistrats sogar Fastnachtsumzüge abhalten durften, zu denen die Bewohner der Umgebung in die Stadt gezogen kamen. Allerdings war das Schnalzen mit Geißeln und das Umhergehen im Maskenkleid verboten. Und wer sich nicht daran hielt oder gar beim „Jauchzen, Schreien oder Johlen" erwischt wurde, konnte zur Strafe mit Straßenarbeit belegt werden oder wurde kurzerhand dem Militär übergeben.

In diesem Spannungsfeld zwischen weitreichenden, obrigkeitlichen Verboten und vermutlich weitgehend unerfüllt gebliebenen menschlichen Bedürfnissen sind die Ausformungen fastnächtlichen Treibens entstanden und haben sich bis heute am Leben erhalten. Ebenso kristallisierte sich eine Institution heraus, die Gleichgesinnte und „Lusttragende" zusammenbrachte. 1865 kam es zur Gründung des Fastnacht-Vereins Riedlingen, der heutigen Narrenzunft Gole. Nach und nach entstanden die heute bekannten Masken: Alter Gole, neuer Gole, Gelbsucht. Sie werden begleitet von weiteren Großmasken wie Doppelgesicht, Mohr und Storch. Daneben gibt es die Kupfernäs und Boppele als große Maskengruppen. Überall, wo die Riedlinger mit ihren Großkopfmasken auftreten, werden sie bestaunt und grüßen archaisch zurück. Zu Hause aber, am Fasnetsdienstag, dem Haupttag der Riedlinger Fasnet und nach dem Froschkuttelnessen, werden sie von den „Weiber der Stadt" herausgefordert, was zu einer lebhaften Straßenfasnet führt.

Winfried Aßfalg

Gulaschsuppe

Zutaten:

250 g Rindfleisch
250 g Zwiebeln
2 Tomaten
oder/und
rote Paprika
1 Knoblauchzehe
100 g Speck
2 Essl. Tomatenmark
je 1 Teel. Paprikapulver, Majoran, Kümmel und Salz
3/4-1 l Brühe
2-3 Kartoffeln
Rotwein
1 Dose rote Kidneybohnen

Rindfleisch und Speck klein würfeln, Tomaten häuten, Paprika entkernen und mit dem Speck und Zwiebeln in Würfel schneiden. Speck auslassen, Fleisch gut anbraten, Gemüse mitbraten, würzen, ablöschen und eine 3/4 Stunde garen. Kartoffeln würfeln, zugeben, fertiggaren.
Kurz vor Ende der Garzeit Kidneybohnen zugeben und mit etwas Rotwein und Sahne abschmecken.

Gedünstete Kutteln

Zutaten:

500 g weichgekochte Kutteln
750 g gekochte Kartoffeln
1-2 Essl. Fett
1 Zwiebel
Salz

In dem heißen Fett dünstet man erst die feingeschnittenen Zwiebeln, dann die weichgekochten, in schmale Streifen geschnittenen Kutteln, zuletzt die gekochten, geschälten und in Scheiben geschnittenen Kartoffeln. Danach wird mit Salz gewürzt und läßt alles zusammen zugedeckt noch ein Weilchen durchziehen.
Garzeit: 20 Minuten.

Beilage: Grüner Salat

Geröstete Kutteln

Zutaten:

500 g gekochte, feingeschnittene Kutteln
1-2 Essl. Fett
1 Ei
Salz

Mit dem verquirlten Ei vermischt man die vorgerichteten Kutteln und bäckt sie in heißem Schmalz wie geröstete Spätzle.
Garzeit 10–15 Minuten.

Beilage: Grüner Salat

Saure Kutteln

Zutaten:

500 g Kutteln, in feiner Streifen geschnitten (kann man beim Metzger fertig kaufen)
Soße.
3 Essl. Schmalz
3 Essl. Mehl
1 l Wasser oder Fleischbrühe
1 Lorbeerblatt
Salz, 1 Nelke, Pfeffer
1 Teel. Zucker
2-3 Essl. Essig

Man bereitet eine braune Soße, indem man Schmalz zergehen läßt, Mehl einrührt und bräunt. Mit Wasser aufgießen, mit Lorbeerblatt, Salz und Pfeffer, Nelke sowie Zucker und Essig würzen und kurz aufkochen lassen. Anschließend Kutteln dazugeben.

Tipp:
Als Variante kann statt der Kutteln Spätzle oder 1 kg gekochte Kartoffelrädle verwendet werden.

Käse-Fleisch-Strudel

Zutaten:

300 g Tiefkühl-Blätterteig
200 g grüne Paprikaschote
3 Essl. Öl
400 g Rinderhackfleisch
1 feingehackte Zwiebel
2 Essl. Ketchup
Salz, Pfeffer

125 g Chester oder
Chester Schmelzkäse
1 Eigelb

Blätterteig aufgetaut auf ein Rechteck von 45 auf 45 cm ausrollen. Paprikaschoten fein-hacken und 10 Minuten dünsten.
Hackfleisch, Zwiebel, Ketchup, Salz, Pfeffer, gedünsteten Paprika zu einer Masse verarbeiten.
Auf den Blätterteig streichen und den Käse über die Masse geben und den Teig von der schmalen Seite her aufrollen.
Mit Eigelb bestreichen und im vorgeheizten Ofen bei 220° C 10 Minuten und bei 175° C 25 Minuten backen.
Nach 5 Minuten Standzeit aufschneiden.

Riedlinger Froschkuttla

Zutaten:

500 g Kutteln (Rinderpansen)
250 g Leber und Nierle v. Schwein

Zwiebel leicht anschmelzen, die fein geschnittenen Kutteln, Leber und Nierle anrösten und mit etwas Fleischbrühe und Bratensaft ablöschen und köcheln lassen, mit Salz, Pfeffer und Gewürzen sowie Zitronenschale abschmecken. Zum Schluß etwas Rotwein oder Most zugeben.

„Guten Appetit".

Rezept: Hotel Mohren, Riedlingen

„KUTTLA REI, DO REI . . ."

Ein „Quak, quak" erschallt am Fasnetsdienstag gegen 10.21 Uhr aus einer Kehle[1] und dröhnt nach wie ein Donnerhall mit den Stimmen 325 heiserer Männer[2]: „Kuttla rei, do rei . . ." Es ist an der Zeit, die Froschkuttla aufgetischt zu bekommen.

Der Reihe nach:

Ob Sie etwas mit den Störchen in der Donaustadt zu tun haben oder und den unvermeintlich dazugehörigen Fröschen, ist und bleibt ebenso ein Geheimnis wie die Zusammensetzung dieses Essens, bei dessen Namen sich schon so mancher Magen umgedreht haben soll. Nur Männer, so die Zunftregeln, kommen in den Genuss dieser Köstlichkeit, die in einem tiefen Teller zusammen mit einem halben Liter Württemberger Wein und einem Wasserwecken serviert wird. Böse Zungen behaupten gar, das Unaussprechliche sei deshalb flüssig und nur mit dem Löffel zu essen, weil aus Platzgründen eben nur mit einer Hand gegessen werden könne.

Das könnte tatsächlich ein Argument sein, wenn am meist kalten Fasnachtsdienstag, der manches Narrengesicht noch (k)älter erscheinen läßt, etwas über dreihundert Männer sich auf dem Rathaus zunächst eine Zigarre abholen, um dann im Kantelmarsch, voraus die Stadtkapelle, gefolgt von dem Gole und anderen Maskenträgern um den Stock zu ziehen. Einlass in den „Mohren" erhält nur, wer männlich und behütet ist. Dort angekommen, übernimmt der Zunftmeister mit Schelle das Sagen und wer dagegenredet, wird zur Ordnung und dann zur Kasse gebeten. Viel Prominenz gibt es jeweils zu begrüßen, das jahres-kommunalpolitische Geschehen wird in Reimen glossiert und dazwischen sind die orignellen Riedlinger Fasnetslieder zu schmettern.

Dann aber und in jedem Jahr fast auf die Minute zur selben Zeit (um 10.21 Uhr) während der rund zweieinhalb Stunden des Eingepferchtseins ist aus dieser und jahrelang jeweils derselben rauhen Kehle das „Quak, quak" zu hören, gefolgt von dem vielstimmigen Ruf: „Kuttla rei, do rei!" Kam diese fast drohend klingende Aufforderung in der Küche an, dürfen jetzt auch Frauen offiziell den Versammlungsraum betreten, um in tiefen Tellern das Küchengebräu an jeden noch so entfernten Platz im Saale reichen zu helfen ...

Immer noch Vorträge, immer noch Gesang, bis von außen der wohlklingende Chor erschallt: „Wir sind die Wei, Wei, Weiber von der Stadt ...", was soviel heißen mag wie: „Kommet bloß ra", ihr Manna". Und dann folgt neben den Großkopfmasken das andere Einmalige Riedlingens in der schwäbisch-allemannischen Fasnet: Das Lokal im ersten Stock darf nur über eine Rutsche verlassen werden und jeder Abrutschende wird mit Beifall der wartenden Weiber empfangen.

Übrigens, das Froschkuttelnessen fand bereits zum 150. Mal statt.

Winfried Aßfalg

[1] In den vergangenen Jahrzehnten war dies Rudi Rößlers Stimme.

[2] Die Zahl kann um +/- 1 schwanken.

Jägerschüssel

Zutaten:

Die Angaben der folgenden Zutaten sind variabel.
300 g Rindfleisch, gekocht, kalt
2 Zwiebeln, in Scheiben
2 Äpfel, säuerlich, in Scheiben
30-40 g Butter oder Margarine
3/4-1 kg Kartoffeln, gekocht, kalt
Salz, Pfeffer, Muskatnuss
ca. 100 ml Fleischbrühe
Weißbrotkrumen
Butterflöckchen

Das Fleisch in kleine Stücke schneiden. Die Kartoffeln in Scheiben schneiden. In zerlassener Butter zuerst die Zwiebeln andünsten, herausnehmen und dann die Apfelscheiben darin andünsten.
Nun eine Auflaufform einfetten und folgendermaßen füllen:
Zwiebeln, Fleisch, Äpfel, Kartoffeln.
Die geschichteten Zutaten mit Fleischbrühe übergießen, Weißbrotkrumen und einige Butterflöckchen darüber geben.
Die Form auf Schiebeleiste 3 in den Ofen geben, die Heißluftstufe auf 175°C einstellen und 45-50 Min. garen lassen.

Fasnachtsküchla oder ausgezogene Küchla

Zutaten:

500 g Mehl
1/2 Hefe
2 Essl. Zucker
knapp 1/4 l Milch
1 Teel. Salz
1-2 Eier
50-80 g Butter
Ausbackfett

Aus den Zutaten einen Hefeteig herstellen und gehen lassen. Nach ungefähr 30-40 Minuten den Teig auf einem Nudelbrett fingerdick auswellen und Vierecke ausschneiden.
Im heißen Fett backen, bis sie zartbraun sind!

Fastenbrezel

Zutaten:

500 g Mehl
1 Würfel Hefe
1/4 l Milch oder Wasser
1 Ei
130 g Fett
Salz

Aus den Zutaten und mit der Hälfte des Fettes einen Hefeteig herstellen und gehen lassen. Dann mit dem restlichen Fett nochmals gut durcharbeiten, eine Rolle formen, gleichmäßige Stückchen abschneiden und Brezeln formen. Nochmals gehen lassen. Etwas anfeuchten, mit Salz bestreuen und bei Mittelhitze hellgelb backen.

Schlosserbuben

Zutaten:

20 g getrocknete Pflaumen
50 g Marzipanrohmasse
30 g Puderzucker
1 cl Kirschwasser
10 g Speisestärke
25 g Zucker
50 g geraspelte Bitterkuvertüre

Für den Ausbackteig:
2 Eigelb
60 ml Weißwein
1 Essl. Pflanzenöl
70 g Mehl
2 Eiweiß
1 Teel. Zucker
1 Prise Salz
500 ml Öl zum Frittieren

Marzipanrohmasse, Puderzucker und Kirschwasser verkneten und die Pflaumen damit füllen. In Speisestärke wenden und einzeln auf Schaschlikspieße stecken. Für den Weinteig Eigelbe, Weißwein, Öl und Mehl verrühren.
Eiweiße, Zucker und Salz steifschlagen und unterheben. Öl auf etwa 180° C erhitzen, Pflaumen durch den Weinteig ziehen und im heißen Fett ausbacken. Auf Küchenkrepp abtropfen lassen. Zucker und Bitterkuvertüre mischen und die Schlosserbuben mehrmals darin wenden.

Fluigt a Vögele übers Feld,
gamer au a Fasnetsgeld.

Most-Küchla

Zutaten:

200 g Mehl
3 Eier
1/4 l Milch
1 Prise Salz
4 Semmeln
Backfett

1 l Most
Zucker
1 Zimtstange

Aus den Zutaten einen Pfannkuchenteig herstellen, die Semmeln in Scheiben schneiden, in den Teig tauchen und im heißen Fett schwimmend goldgelb ausbacken. Mit Zucker und Zimt bestreuen.
Den Most (eventuell verdünnen) mit der Zimtstange erhitzen, mit Zucker nach Geschmack abschmecken und heiß dazu servieren.
Schmalzgebackenes ist bekömmlicher, wenn Sie dem Teig einen Esslöffel Rum hinzufügen. Das Gebäck nimmt dann nicht so viel Fett auf.

Apfelküchle

Zutaten:

250 g Mehl
2 Eigelb
1 Prise Salz
1/4 l Milch
1/2 Teel. Backpulver
2 Eischnee
5 mittelgroße Äpfel
Zucker
Zimt

Die Äpfel schälen, das Kernhaus ausstechen und 1 cm dicke Scheiben schneiden.
Aus Mehl, Salz, Milch und Backpulver einen Pfannkuchenteig herstellen, Eigelb dazugeben, zuletzt den Eischnee unterheben.
Die Apfelringe einzeln in dem Teig wenden, schwimmend in heißem Fett goldbraun backen, abtropfen lassen, noch heiß mit Zucker und Zimt bestreuen.
Mit Vanillesoße servieren.

Holderküchla oder Holderstraubete

Zutaten:

125 g Mehl, 2 Eier
1 Prise Salz, 1 gestr. Essl. Zucker
Milch nach Bedarf
Holderblüten

Das Mehl wird mit Milch, Eigelb, Zucker, Salz zu einem dickflüssigen Teig angerührt und der steife Eischnee darunter gemengt.
Die Holderblüten waschen und auf einem Tuch abtropfen lassen. Dann nimmt man die Sträußchen am Stiel, taucht sie in den Teig und legt sie ins heiße Fett.
Die Küchle werden schwimmend goldgelb gebacken und anschließend mit Zucker bestreut.

Heiß servieren.

Quarkhockerle

Zutaten:

1/4 l Milch, 50 g Butter
200 g Mehl, 4 Eier
1 Prise Salz, 250 g Quark

Aus Milch, Butter, Mehl und Eier wird ein Brandteig hergestellt.
Milch und Butter in einem Topf zum Kochen bringen. Mehl zugeben, abbrennen. Eier nach und nach unterrühren. Quark zum Schluß zugeben.
Mit einem Esslöffel Bällchen formen und im schwimmenden Fett ausbacken.
In Zucker und Zimt wenden.

„Nonnenfürzle"

Zutaten:

125 g Mehl
50 g Butter
1/4 l Milch
1 Prise Salz
3 Eier
1 gestr. Teel. Backpulver
1 Essl. Zucker

Aus Mehl, Butter, der Milch und 1 Prise Salz wird ein Brandteig gefertigt:
Milch, Salz und Butter werden zum Kochen gebracht. Nach kurzem Aufwallen wird das Mehl im Ganzen eingerührt und zwar so lange, bis der Teig sich vom Topfboden löst. Er wird dann vom Feuer genommen und mit den Eiern, 1 Esslöffel Zucker und dem Backpulver (Backpulver mit etwas Mehl vermischt) verrührt. Mit einem Teelöffel werden kleine Knödel geformt, die schwimmend in Fett goldgelb gebacken werden.
Die Bezeichnung Nonnenfürzle soll von dem zischenden Geräusch herrühren, das entsteht, wenn der Teigknödel ins heiße Fett gelangt !!!

Radlkrapfen

Zutaten:

1 Ei
2 Eigelb
30 g Zucker
250 g Mehl
70 ml lauwarme Milch
20 g Hefe
3 Essl. Rum
2 Essl. Öl
1 Prise Salz
abgeriebene Schale von 1 Zitrone
500 g Butterschmalz

Ei, Eigelb und Zucker im heißen Wasserbad schaumig schlagen. Mehl, Milch, Hefe, Rum, Öl, Salz und Zitronenschale zugeben und in der Küchenmaschine zu einem Teig verkneten. Abgedeckt an einem warmen Ort zur doppelten Größe aufgehen lassen. Teig auf einer bemehlten Arbeitsfläche nochmals kneten und ausrollen. In Rauten mit 5 cm Kantenlänge schneiden und mit dem Teigrädchen in der Mitte zweimal einschneiden. Nochmals kurz gehen lassen. Butterschmalz auf 180° C. erhitzen. Radlkrapfen in heißem Schmalz goldgelb ausbacken, auf Küchenkrepp abtropfen lassen, dann mit Puderzucker besträuben.

Natronkränze

<u>Zutaten:</u>

60 g Butter
75 g Zucker
1 Ei
1 Essl. saure Sahne
300 g Mehl
1 Msp Natron

Butter, Zucker und Ei schaumig rühren. Die übrigen Zutagen nach und nach beimischen. Teig 30 Minuten ruhen lassen, danach auf 1 cm Dicke ausrollen. Kränze ausstechen. In heißem Fett ausbacken und nach dem Abtropfen mit Zucker bestreuen.

Rezept für ein gutes neues Jahr

Man nehme: 12 Monate – putze sie sauber von Bitterkeit – Geiz –
Angst und Neid und zerlege jeden Monat in 30 oder 31 Teile,
sodass der Vorrat genau für 1 Jahr reicht.

Es wird jeder Teil einzeln angerichtet:
Aus 1 Teil Arbeit und 2 Teile Frohsinn und Humor.
Man füge 3 Esslöffel Optimismus hinzu,
1 Teelöffel Toleranz
1 Körnchen Ironie
1 Prise Takt und
1 Gramm Gottvertrauen.
Dann wird die Masse sehr reichlich mit Liebe übergossen.

Das fertige Gericht schmücke man mit einem Sträußlein
kleiner Aufmerksamkeiten und serviere es täglich mit Heiterkeit.

Dazu passt 1 Glas guter würziger Wein!

Dürmentingen

Dürmentingen mit seinen Teilorten Burgau, Hailtingen und Heudorf liegt im Kanzachtal zwischen Bussen und Federsee. In der Gesamtgemeinde leben 2.575 Einwohner. Ein besonderes Merkmal der Gemeinde ist die frühe Industrialisierung. So bietet der Ort heute ca. 1.100 Arbeitsplätze im Maschinenbau, in der elektrotechnischen Fertigung, im Aufzugsbau, in der Möbelfertigung sowie in verschiedenen Handwerksbetrieben. Um eine weitere Industrieansiedlung zu forcieren, wurde ein neues, 37 Hektar umfassendes, Gewerbegebiet ausgewiesen.

Die Besucher erleben eine liebenswertländliche Atmosphäre, denn die Bewohner werden eingebunden in ein lebendiges Dorfleben. So wird das aktive „Bürgerschaftliche Engagement" dieser lebendigen Gemeinde vom Sozialministerium als Modellstandort unterstützt, und durch die Veröffentlichung des „Dürmentinger Modells" fällt der Gemeinde eine beispielgebende Rolle zu. Unter dem Motto: „Die Gemeinde sind wir – wir tun etwas dafür" entstanden in den vergangenen Jahren viele Projekte, die von Bürgern für Bürger geschaffen wurden. Über die Sommerferien gestalten engagierte Dürmentinger das beliebte Ferienprogramm, das mit seinen 55 Angeboten von mehr als 1.400 Teilnehmern genutzt wird. Die Palette reicht von der Floßfahrt auf der Donau, kunsthistorischen Lehrfahrten und über einen Überlebenstrainingskurs auf der Schwäbischen Alb bis zu wöchentlich organisierten Radtouren. Für jedes Alter und jeden Geschmack ist etwas dabei. Rad- und Wanderwege durchs Kanzachtal und ein Trimm-Dich-Pfad laden zu weiteren Aktivitäten ein. Brauchtumspflege wird hier großgeschrieben, so zum Beispiel bei der altüberlieferten Fasnet in Dürmentingen und Heudorf mit verschiedenen Maskengruppen und den traditionellen „Gabeln" in der Fasnetszeit. Das Dorffest mit Jahrmarkt am 1. Mai ist eine Demonstration aktiven Vereinslebens mit vielen Attraktionen und zieht viele Besucher an.

Das Mutter-Kind-Kurhaus in Dürmentingen – eine Einrichtung des paritätischen Wohlfahrtverbandes – bietet Rehabilitation und Prävention für Mütter und Kinder. Die Schlossanlage in Heudorf beherbergt heute das Heim St. Josef und die Edith-Stein-Schule für lernschwache und sozial benachteiligte Kinder und Jugendliche.

Zu den Sehenswürdigkeiten zählen u. a. die Lorettokapelle Dürmentingen (1668) mit ehemaligem Leprosenhaus (Bilder vom 17. bis 20. Jahrhundert), die Kirche St. Georg in Hailtingen, ursprünglich spätgotisch, 1758 nach barocken Vorstellungen umgestaltet, sowie die Kirche St. Oswald in Heudorf (1626) und das Schloss Heudorf (1536).

Historische Hängegärten - Schloss Neufra

Die historischen Hängegärten vom Schloss Neufra bei Riedlingen locken jedes Jahr viele Besucher an. Von der Terrasse vor dem Schloß überblickt man das weite Schwarzach- und Donautal. Oft taucht bei Führungen die Frage auf, was der Begriff „hängende Gärten" eigentlich bedeute? Wir wollen dieser Frage mit einem kleinen geschichtlichen Rückblick nachgehen.
Graf Georg von Helfenstein, ein weitgereister Diplomat und Offizier des Erzherzogs Ferdinand, schuf von 1569 bis 1573 mit Hilfe seiner 202 Leibeigenen für seine Gattin Apollonia von Zimmern diesen Lustgarten. Natürlich hängt dieser Garten ebenso wenig wie einst die Gärten der assyrischen Königin Semiramis (eines der sieben Weltwunder des Altertums). Er ruht auf gewaltigen Stützmauern und auf vermutlich sechzehn Gewölben, jeweils zwischen neun und elf Meter hoch, gefertigt aus Bruch- und Backsteinen. Heute sind davon wieder sieben begehbar, nachdem tonnenweise Schutt ausgeräumt und schadhafte Stellen ausgebessert wurden. Die übrigen Gewölbe sind aufgefüllt, sie stellen eine Verbindung zur Bergnase her. So betrachtet „hängt" der Garten also an der Bergnase, auf der Schloss und Schlosskirche stehen. Letztendlich war dieser Unterbau auch erforderlich, um das gesamte Ensemble vor dem Abrutschen ins Tal zu bewahren. Eigentlich ist der Hängegarten ein Terrassengarten bzw. ein Dachgarten.
In zehnjähriger enormer Arbeit sind von den heutigen Besitzern, der Familie Johannsen, Mauern und Gewölbe entwässert und saniert worden. Nach der baulichen Sicherung wurde der Garten nach alten Plänen wieder angelegt. Nicht weniger als 2.200 Buchspflanzen, 230 Taxus und 120 Rosenstöcke mussten gepflanzt werden, damit der Garten heute wieder in seinem historischen Zustand präsentiert werden kann. Im Jahre 1994 wurde das Projekt in eine gemeinnützige Stiftung umgewandelt.
Einer der beiden Ecktürme wurde im Inneren umgebaut und ist heute Deutschlands „Kleinstes Schlosshotel". Nach einer Führung oder einem Ausstellungsbesuch bietet sich eine Einkehr im Garten oder der gemütlichen Turmstube des Restaurants an. Hier haben es den Gästen besonders die Mehlspeisen wie Kaiserschmarrn oder Pfannkuchen – deftig mit Speck oder Pilzen – oder mit Süßem wie z.B. „Chaudeau", einer Weinschaumsauce nach altem Rezept angetan.
Die Anlage ist geöffnet von Ostern bis Ende Oktober und nach Vereinbarung.
Führungen täglich außer Montag
nach telefonischer Anmeldung.

Riedlingen

Die Geschichte Riedlingens beginnt früh. 835 bereits in einer Urkunde als Dorf erwähnt, wird es 1255 als civitas (Stadt) bezeichnet. Die Grafen von Veringen waren die Stadtgründer. Noch vor 1300 traten sie ihren Besitz an Habsburg ab. 1334 hatten sich die Riedlinger, nach dem Willen Kaiser Ludwigs, nur vor ihrem Amman zu rechtfertigen. Bald darauf durften sie ein Rathaus bauen und erhielten immer mehr Rechte, unter anderem 1434 das Recht, Todesurteile zu fällen. Für das Umland war der Markt in Riedlingen immer von großer wirtschaftlicher und sozialer Bedeutung zwischen Land- und Stadtbevölkerung, zwischen Leibeigenen und freien Bürgern, zwischen Christen und Juden, die vorwiegend aus Buchau zum Markt kamen. Die Altstadt verfügt über vier Plätze, auf denen von einst bis heute Märkte abgehalten werden. Im 18. Jh. lassen sich rund 60 Wirtshausnamen nachweisen. Zentrum war die Schranne mit Fruchthandel, 1447 als Kaufhaus erwähnt, 1553 als Kornhaus bezeichnet. Noch 1861 stand die Riedlinger Schranne umsatzmäßig an dritter Stelle in Oberschwaben. Große Bedeutung hatten die Pferde- und Viehmärkte, bis heute Treffpunkt der Züchter aus ganz Oberschwaben. Monatlich stattfindende Krämermärkte üben noch immer ihre Anziehungskraft auf die Bevölkerung aus.

Riedlingen kam 1806 zum Königreich Württemberg und wurde Oberamtsstadt. Seine Märkte hatten geradezu eine Sogwirkung auf das Umland. Einen solchen Eindruck vermitteln auch die Besucher am traditionellen, jahrhundertealten Gallusmarkt am zweiten Montag im Oktober. Auch junges Marktgeschehen hat sich zu überregional außerordentlicher Bedeutsamkeit entwickelt: Der Flohmarkt in der gesamten Altstadt an einem Samstag im Mai zieht mehr als zehntausend Besucher an. Und der Fohlenmarkt, der größte in Baden-Württemberg, am letzten Donnerstag im August, hat sich zum wichtigen Treffpunkt der Pferdeliebhaber und -züchter entwickelt. Ein weiterer Höhepunkt im Jahreslauf ist die schwäbisch-alemannische Fasnet, die in Riedlingen einen besonderen Stellenwert hat.

Besonders sehenswert in Riedlingen sind die historische Altstadt mit Türmen und Wehrgängen, das Rathaus (1447), die Stadtpfarrkirche St. Georg (Erweiterung 1486), das Wegscheiderhaus, die Alte Kaserne (1686), die „Schöne Stiege" (1580), und der „Kleine Lichtenstein", ferner das Zwiefalter Tor mit Zellemeesturm, das Spital zum Hl. Geist, die Weilerkapelle, das ehem. Kapuzinerkloster mit Werken von Joseph Christian, Franz Joseph Spiegler und Johann de Pay und die Kreiskrankenhauskapelle mit Werken von J. Henselmann und G. Meistermann. Sämtliche Teilorte, so Bechingen, Daugendorf, Grüningen, Neufra, Pflummern, Zell und Zwiefaltendorf haben sehenswerte Kirchen. Eine Besichtigung wert sind das Evangelische Pfarrhaus in Pflummern, wo 1829 Eduard Mörike als Pfarrverweser wirkte, Schloss Grüningen und die Hängenden Gärten von Schloss Neufra.

Ertingen

Die Gemarkung des 819 urkundlich erstmals unter dem Namen Eritgau erwähnte Ertingen war schon in frühgeschichtlicher Zeit besiedelt. Dies beweisen gefundene Geräte aus der Steinzeit, ein Bronzedolch der Hügelgräberepoche und der „Rauhe Lehen", ein Grabhügel aus der Hallstattzeit.

Das ehemals sehr stark landwirtschaftlich geprägte Haufendorf Ertingen, am Übergang von der Schwarzach- zur Donauniederung, hat sich in den vergangenen Jahrzehnten stark verändert. Die Gemeinde mit der beachtlichen Infrastruktur wirkt inzwischen eher kleinstädtisch. Durch eine überdurchschnittliche Ausweitung von Baugebieten stieg die Einwohnerzahl in relativ kurzer Zeit extrem an. Vielleicht ist dies aber auch mit ein Verdienst der äußerst aktiven Storchenpaare von dem sehr dominanten, mitten im Ortskern auf einem Geschäftshaus platzierten Storchennest, wer weiß das schon?

Bei der Gemeindereform kamen die bis dahin selbständigen Gemeinden Binzwangen und Erisdorf als Teilorte zu Ertingen. Inzwischen leben in der Gemeinde rund 5.500 Einwohner. Die örtliche Industrie, mehrere kleine und mittlere Gewerbebetriebe und einige Ladengeschäfte bieten Arbeitsplätze.

Ertingen ist Geburtsort des Dichters und Volkskundlers Michel Buck (1832 – 1888). Der Bauernsohn, der später als Arzt in Munderkingen, Königseggwald, Hohentengen, Altshausen, Aulendorf und Ehingen wirkte, machte sich vor allem mit Büchern über Sagen, Flurnamen und Volksglauben einen Namen. Sein bekanntestes Werk ist „Bagenga", mit Gedichten zum Zeitenlauf in der ursprünglichen schwäbischen Mundart seines Heimatdorfes. Die Gedenkstätte „Michel-Buck-Stube", kann besichtigt werden.

Ein barockes Kleinod ist die im Jahre 1754 von Johann Martin und Josef Schneider erbaute Marienkapelle. Das Kircheninnere wurde seinerzeit von dem Riedlinger Maler Joseph Ignaz Wegscheider gestaltet, zu dessen bekanntesten Werken die farbenprächtigen Deckengemälde der Klosterkirche Beuron gehören. Weitere Sehenswürdigkeiten in Ertingen sind das Gefallenen-Ehrenmal auf dem Friedhof von Maria Elisabeth Stapp und der hl. Nepomuk auf der Donaubrücke bei Binzwangen von Prof. Erich Koch; Skulpturen neueren Datums sind der Krähbrunnen auf dem gleichnamigen Dorfplatz, der Marienbrunnen und die Schirmdame beim Seniorenzentrum von dem gebürtigen Ertinger Künstller Gerold Jäggle.

Freizeitwert wird in Ertingen groß geschrieben, bietet es doch für jeden etwas, so zum Beispiel Rad- und Wanderwege (internationaler Donauradweg), den Waldlehrpfad bei der ehemaligen „Wundertanne" und das Freizeitzentrum Schwarzachtalseen als Anziehungspunkt für die nähere und weitere Umgebung. Die örtlichen Sportvereine bieten Angebote für jeden Geschmack. Weiter gibt es die aktive Fasnet-Brauchtumsgruppe „Gloggasäger" mit der Maskengruppe „Daiberhexen", das Amateurtheater und vieles mehr. Traditionelle Dorffeste im Jahreslauf sind im Ortsteil Binzwangen das „Zwetschgenfest" und in Erisdorf das „Nudlafest".

Pfitzauf

Zutaten:

200 g Mehl
400 g Milch
(1/2 l = 500 g)
30 g Zucker
4 Eier
50 g Butter
etwas Salz

Mehl mit Milch, Zucker und den Eiern verrühren. Zuletzt die lauwarme Butter zugeben. Man füllt die Pfitzaufformen (kleine Schüsseln aus Ton) halbvoll und bäckt bei mittlerer Hitze.
Ergibt 6 Formen.

Eierfrikassee

Zutaten:

3-4 Eier
20 g Margarine
1 kl. Zwiebel
125 g Champignons
1/4 l Brühe
Salz, Pfeffer, Suppenwürze,
süße Sahne oder Kondensmilch
50 g gekochter Schinken
Petersilie

Die Eier werden gar gekocht, abgeschreckt, geschält und halbiert. Nun wird für die Soße das Fett zerlassen, in dem man die feingeschnittene Zwiebel und die Champignons kurz dünstet. Man füllt mit heißer Brühe auf, läßt das Ganze gut durchkochen und bindet mit Sahne angerührtem Mondamin. Man schmeckt mit Salz, Pfeffer, Suppenwürze ab, gibt die halbierten Eier und den in Würfel geschnittenen Schinken in die Soße und erhitzt alles nochmals, es soll aber nicht kochen. Vor dem Servieren mit gehackter Petersilie bestreuen.
Hierzu schmecken am besten Butterreis und grüner Salat.

Eier-Käse-Rolle

Zutaten:

1 Pack. 300 g TK-Blätterteig
5 Eier
2 Bund gemischte Kräuter
200 g Broccoli
2 Essl. saure Sahne
200 g geriebener Emmertaler
2 Eiweiß
Cayennepfeffer
Salz

Teig 25 x 25 cm auswellen und mit dem Eiweiß bestreichen. Sahne, Käse, Kräuter kochen, geschälte Eier der Reihe nach mit dem Broccoli auflegen, zusammenrollen und mit der Naht nach unten auf ein mit Wasser benetztes Blech geben. Mit Eigelb bestreichen 25-30 Min. bei 200° C backen.

Dazu grünen Salat reichen.

Eier in grüner Soße

<u>Zutaten:</u>

Für 4 Personen:
500 g Joghurt
1/4 l saure Sahne
1/8 l Buttermilch
1 Essl. Mayonnaise
1 Eigelb
Salz, Pfeffer
1 Prise Zucker
Saft einer halben Zitrone
250 g Kräuter (Petersilie, Pimpinelle, Schnittlauch, Kerbel, Borretsch, Liebstöckel)
12 hartgekochte Eier

Joghurt, saure Sahne, Buttermilch, Mayonnaise und Eigelb in einer Schüssel gut verrühren. Mit Salz, Pfeffer, Zucker und Zitronensaft abschmecken. Kräuter sorgfältig waschen, putzen und fein hacken und unter die Soße mengen. Die Eier schälen, halbieren und in die Soße legen.

Beilage: Pellkartoffeln

Jedes Ding
an seinen Ort,
spart viel Zeit,
Verdruss und Wort.

Eier in Schinken-Sauce

<u>Zutaten:</u>

8 hartgekochte Eier
150 g gekochter Schinken
20 g Mehl
20 g Butter
1/2 Tasse Fleischbrühe
1 Tasse Sahne
1 Teel. Paprika edelsüß
Salz, schwarzer Pfeffer
1 Bund Schnittlauch

Den in kleine Würfel geschnittenen Schinken in Butter leicht anbraten ohne ihn zu bräunen. Mehl und Paprikapuder anstäuben und mit Würfelbrühe ablöschen. Die Sahne nach und nach einrühren. 5 Minuten auf kleiner Hitze kochen lassen. Mit Salz und Pfeffer abschmecken und die Schnittlauchröllchen zugeben. Die halbierten Eier auf Portionsteller legen und mit der heißen Soße übergießen.

Eier-Meerrettichsoße

Zutaten:

3 hartgekochte Eier in Scheiben
2-3 Essl. saure Sahne
2 Essl. gerieb. Meerrettich
Salz
Curry
Schnittlauch fein schneiden

Alle Zutaten vermischen und abschmecken.
Mit restlichem Schnittlauch bestreuen.

Als Beilage zu Braten oder als Fonduesauce.

Gemüse-Eier-Pfanne

Zutaten:

50 g Zwiebeln
100 g Möhren
150 g Staudensellerie
150 g Erbsen
2 Tomaten
200 g gekochter Schinken
20 g Butter
Salz, Pfeffer
4 Eier
1 Teel. gehackte Petersilie

Das gewaschene Gemüse abtrocknen und putzen. Zwiebeln in Ringe, Möhren in Stifte, Staudensellerie in Scheiben schneiden. Mit den Erbsen in wenig Salzwasser nicht zu weich kochen. Tomaten kurz in kochendes Wasser tauchen, häute, entkernen und in Stücke schneiden. Schinken würfeln. Butter bei milder Hitze in einer großen Pfanne zerlassen, Zwiebeln darin anschwitzen. Das vorgekochte Gemüse zugeben und einige Minuten dünsten, dabei mehrmals durchrühren. Zum Schluss Tomaten und Schinkenwürfel kurz mitdünsten, mit Salz und Pfeffer würzen. Aufgeschlagene Eier darüber geben, mit dem Gemüse verrühren und stocken lassen. Mit Petersilie bestreut als Beilage zu kurzgebratenem Fleisch reichen.

Kräuterei-Schinkenrollen

Zutaten:

8 Eier
1 Teel. Salz
Muskat
2 Essl. gehackte Petersilie
2 Essl. geschn. Schnittlauch
50 g Butter
4 Scheiben Schinken
Paprikapulver

Die Eier mit Salz und Muskat verquirlen. In einer Pfanne Butter zerlassen, Eier hineingeben und die Kräuter einstreuen. Stocken lassen und wenden.
Die Schinkenscheiben mit Paprika bestreuen. Die Rühreier darauf verteilen und zu Rollen drehen.

Dazu passen: Pellkartoffeln und Salat.

Dürmentinger Dennete

Zutaten:

Teig:
500 g Mehl vom Typ 812
1/2 Würfel Hefe
1 Teel. Salz
warmes Wasser

Aus den Zutaten einen Hefeteig kneten, so viel warmes Wasser verwenden, bis der Teig trocken und geschmeidig ist. 1/2 Stunde gehen lassen.
Daraus vier gleich große Stücke formen und nochmals 10 Minuten gehen lassen.
Dann ein Stück zum Fladen ziehen. Am besten den Teigfladen über eine bemehlte Faust legen und mit der anderen Hand den Teigrand gleichmäßig nach allen Seiten ziehen. Darauf wird der dickflüssige Bäbbes gestrichen.

Bäbbes:
3 Essl. Mehl
1 Ei
1 Becher Sauerrahm
1/2 Teel. Salz
etwas Milch

Belag nach Geschmack:
- angedämpfte Zwiebelringe und Rauchfleisch, Kümmel, Zwiebelrohr, Schnittlauch
- feine geschnittene Apfelschnitze, Zimt und Zucker

Nach 20 Minuten bei 250° C heißt es dann guten Appetit.

Kaiserschmarrn Franz Joseph

Zutaten:

8 Eier
4 gestr. Essl. Zucker
1 Tasse Milch
250 g Mehl
1/2 Teel. Salz
60 g Rosinen
6-8 Essl. Butter
3 gest. Essl. Puderzucker

Die Eier in Eigelbe und Eiweiße trennen. Die Eigelbe mit dem Zucker, der Milch, dem Mehl und dem Salz mit einem Schneebesen glattrühren. Die Eiweiße steif schlagen und den Schnee unter den Teig rühren. Die Rosinen heiß überbrühen, abtropfen lassen, in den Teig schütten – nicht rühren! Teig 10 Minuten ruhen lassen.
Eine Pfanne mit glattem Boden erhitzen, 1 Essl. Butter darin zerlassen, aber nicht bräunen. 1/4 des Teiges hineingießen und bei Mittelhitze 2 Minuten backen. Dann den Eierkuchen umdrehen, etwas Butter zufügen und weitere 2 Minuten backen. Den Eierkuchen in der Pfanne mit zwei Gabeln in kleine unregelmäßig Stücke zerreißen und noch 1/2 Minute rösten. Den Schmarrn auf einer vorgewärmten Platte anrichten und mit Puderzucker bestäuben. Die restlichen 3 Portionen ebenso backen.

Dazu passen:
Kompott und Kaffee oder Kaba

SCHWÄBISCHE DENNETE

Bei eis geits no Backhäusla en manche Ort,
do bachet ma jede Woch Dennet ond Brot.
S'geit viele Bezoichnonga für dia Dennet,
i möchte's dene erklära, wo's noit kennet:
Em Allgäu duat ma's als „Zelta" fenda,
als Bretschala" am Albrand dohenda,
em Badischa ma „Flada" drzua sait,
„Zwiewelplotz" es bei de Pfälzer geit.
Em Onderland dand se „Salzblatz" macha,
henderm Bussa duat ma a „Wäha" bacha,
Z'Aitenga dann saget se d'rzua „Betabrot",
Ihr seahnet, wiaviel Näma so an Dennet hot.
„Schwäbische Pizza" d'Preußa oft saga dand,
em Vergleich mit ra Dennet hält alles it stand.
A schwäbische Dennet ischt allaweil guat,
weil ma it sparet bei dem wa ma obadruff duat.
Zur Dennet macht ma en Doig wia zom Brot
ond duat – solang dea Doig noch goht -
viel Zwiebala schneida, bis ma heinet
ond beim Dämpfs gucka, daß se it bräunet.
Als nächstes goht's ans Doigle macha,
ma braucht a Mehl ond weitre Sacha,
Milch, Oier ond Sauerrahm kommet nei,
d'Konsistenz sott wia vom Flädlesdoig sei.
Als „Bebbes" isch des Doigle au bekannt,
so sait ma zom Beispiel em Onderland.
Isch dea Heffteig noch richtig ganga,
ka ma mit Dennetabacha afanga,
namm a Handvoll Doig us dr Schüssel raus
ond ziah'n uf dr Schaufel zo ma Flada aus,
duat Zwiebel- ond Speckbröckala nauf,
Salz ond Kemme strait ma oba drauf,
au Zwiebelröhrle drauf schmeckat fei,
no schiebt ma dia Dennet en Ofa nei.
A Viertelstond bacha muaß se schau
hot ma se bei dr rechta Hitz neidau,
noch ißt ma se us'm Ofa raus ah so hoiß,
so schmeckt se am Beschta, wia jeder woiß.
Für d'Kender macht ma a Epfeldennet,
's konnt g'hörig Zucker nauf ond Zemmet,
no'm Metzga ma frische Gruiba naufduat,
a Gruibadennet schmeckt b'sonders guat.
So a echte Dennet ka ma sich munda lau,
Kenner land dr'für a 5-Gang-Menü stau.

Hanna Nuber
Januar 1986

Gefüllte Eier

Zutaten:

Für 4-6 Personen
6 hartgekochte Eier
30 g Butter
200 g Frischkäse
je 1/2 Teel. Senf und Tomatenmark,
Salz, Paprika
gehackte Kräuter

Gepellte Eier halbieren und auf eine mit Salatblätter ausgelegte Platte legen. Das Eigelb herausnehmen, durch ein Sieb streichen und mit weicher Butter, Frischkäse sowie Geschmackszutaten cremig rühren. Masse in Spritzbeutel füllen und in die Eihälften spritzen. Diese mit Paprika- und Salamistreifen, Petersilie, Essiggurken garnieren.

Eierstich

Zutaten:

2 Eier
1/8 l Milch
Salz
Muskat

oder
1 Teel. Tomatenmark

Zutaten gut verquirlen, nicht schaumig schlagen, in ein mit Butter ausgestrichenes Gefäß gießen und zugedeckt in heißem, nicht stark kochendem Wasser oder im Backofen bei 150° C 30 Minuten stocken lassen. Die festgewordene Masse stürzen, in Würfel schneiden, in das vorgewärmte Geschirr geben und mit heißer Fleischbrühe übergießen. Mit Schnittlauch oder gehackter Petersilie anrichten.

Schweizer Eiergericht

Zutaten:

125 g geriebener Käse
8 Eier
1/4 l süße oder saure Sahne
Salz
Majoran
2 Essl. kleingeschn. Schnittlauch
Butterflöckchen

Die Hälfte des Käses in eine gefettete flache Auflaufform verteilen. Eier nebeneinander darüber aufschlagen. Sahne mit Gewürzen und Schnittlauch vermischen und über die Eier gießen. Schnittlauch darüber streuen, Butterflöckchen darauf verteilen und das Gericht bei mittlerer Hitze 25 Minuten backen.

Porree-Eier-Kuchen

Zutaten:

Teig:
250 g Mehl
100 g Butter
1 Ei
1 Essl. Wasser
Salz
Belag:
4 gekochte Eier
4 rohe Eier
1 kg in Stücke geschnittener und in Salzwasser gekochter Porree
2 rote Paprikaschoten in Stücke
200 g geriebener Goudakäse
2 Becher saure Sahne
100 g gewürfelter Räucherspeck

Knetteig herstellen und eine Springform Ø 26 cm auslegen. Den Rand hochziehen.
Porree und Paprika und die angebratenen Speckwürfel darauf geben.

Die Eier-Käse-Sahne-Masse darüber gießen. Die halbierten Eier darauf verteilen.

Bei 180° – 1 Std. backen.

Zigar-Nudla

Zutaten:

1 kg Mehl
1 Hand voll Zucker
1 Vanillzucker
1 gute Prise Salz
1 Löffel Butter
1/4 l Milch, gut warm
1 Würfel Hefe, darin auflösen
2 Drucker heiße Kartoffeln
1 Ei

Alle Zutaten auf einem Nudlabrett zusammen kneten und zu Zigarren formen. In gut warmem Raum ca. 1 Std. aufgehen lassen.
Man backt sie im schwimmenden heißen Fett aus.
In Zucker und Zimt wälzen.
Dazu reicht man Apfelmus

Spezilitäten am Nudlafest:
Nudlasupp mit und ohne Siedfleisch
Zigarnudla
Krautnudla
Breite Nudla m. Leberkäs u. Apfelmus
Spaghetti Bolognese

(Dinkel-) Seelen

Zutaten:

300 g Dinkel-
oder Weizenfeinschrot
200 g Dinkel- oder Weizenmehl
60-70 g Butter oder
Reformmargarine (Raumtemp.)
1 Teel. Salz
1 Teel. Kümmel gemahlen
30 g Hefe
1/8 l Milch (Vorteig)
1/2 l Butter- oder
Sauermilch (Hauptteig)

I.

Feinschrot mit dem Mehl und den Gewürzen in eine Schüssel geben und miteinander vermischen. In der Mitte eine Vertiefung für den Vorteig machen. Hefe mit lauwarmer Milch auflösen und einen flüssigen Vorteig herstellen, zugedeckt an einem warmen Ort ca. 15 Min. gehen lassen.

Danach den Hauptteig kneten und dazu so viel Flüssigkeit zugeben, dass ein geschmeidiger Teig entsteht. Zuletzt das zimmerwarme Fett einarbeiten. Sollte der Teig kleben, zusätzlich etwas Mehl unterkneten.

Den Hauptteig ca. 40–60 Min. gehen lassen, danach den Teig 1-4 mal zurückschlagen.

Bevor die Seelen geformt werden, Teig nochmal gut durchkneten. Ca. 100 g schwere Stücke abschneiden und ausrollen und auf das gefettete Backblech legen. Noch ca. 5–10 Min. gehen lassen. Vor dem Backen Seelen mit der Eigelbmilch bestreichen und beliebig bestreuen.

II.

Die 200 g Mehl durch 200 g Weizen- oder Dinkelfeinschrot ersetzen.

Quarktaschen, Schinken-Käsetaschen

Zutaten:

Schneller Quarkblätterteig:

200 g Magerquark
200 g Mehl
180 g Butter
je 1 Msp. Salz und Backpulver

Gekühlte Zutaten zum Teig rasch zusammenkneten, ausrollen, mehrfach übereinander klappen und zur offenen Seite hin wieder ausrollen. Diesen Vorgang noch 2-3 mal wiederholen, anschließen 30 Minuten kalt stellen. Teig 1 cm dick ausrollen, Vierecke abrädeln, teilen.

1. Hälfte Quarktaschen

Zutaten:

125 g Quark
30 g Zucker
1 Ei
30 g Kokosraspel
Aprikosenhälften
frisch oder aus der Dose

Quark, Zucker und Ei verrühren. Kokosflocken auf der Mitte der Vierecke verteilen, darauf die Quarkmasse geben; Ecken einschlagen, jeweils auf die Mitte eine Aprikose setzen.

2. Hälfte Schinken-Käsetaschen

Zutaten:

100 g Schinken
100 g Käsewürfel
1/2 Zwiebel
Petersilie

Petersilie in etwas Butter andünsten, Käse dazugeben und auf den Vierecken verteilen. Eine Hälfte überschlagen, so dass ein Dreieck entsteht. Taschen mit Eigelb bestreichen, Käse aufstreuen. Bei 210° C 15–20 Minuten backen.

Flachswickel

Zutaten:

500 g Mehl
knapp 1 Würfel Hefe
80-100 g Butter
1-2 Eier
1 Prise Salz
etwa 1/4 l warme Milch

Hefeteig ohne Zucker zubereiten, sofort nach dem Kneten in 16-20 Stücke teilen, in Kristallzucker zu fingerdicken Strängen rollen und zusammenschlingen. Auf ein gefettetes Backblech setzen und gehen lassen.
Backzeit etwa 15-20 Minuten bei 190 ° C.

Anmerkung:
Dieser gebackene Flachswickel ist eine Nachahmung von echten Flachswickeln. Nach dem Hecheln wurden die Flachsstänge auf solchen Wickeln in Körben ordentlich aufbewahrt, bis der Flachs im Winter versponnen wurde.

Apfelbrot

Zutaten:

1 kg Äpfel
200 g Zucker
200 g Rosinen
3-4 Essl. Rum
200-250 g ganze Haselnüsse
2 Teel. Zimt
1/2 Teel. gemahlene Nelken
1 Essl. Kakao
2 Teel. Lebkuchengewürz
500 g Mehl
2 Teel. Backpulver

Äpfel grob raspeln, mit Zucker mischen und 5-6 Stunden durchziehen lassen (über Nacht stehen lassen). Ebenfalls Rosinen mit Rum vermengen und ziehen lassen.

Alle Zutaten gut untereinander mit den Äpfeln und Rosinen vermengen. Masse auf zwei Kastenformen verteilen, bei 175° C ca. 90 Minuten backen.

Ist eine liebe Frau im Haus,
dann lacht die Freude zum Fenster raus.

Windbeutel Oma Lisa

Zutaten:

Für 4 Personen
1 Pfund Äpfel
50 g Rosinen
50 g Zucker
30 g Butter
1/4 l Schlagsahne
4 vorgebackene Windbeutel

Äpfel schälen, Kernhaus entfernen, in 1 cm große Würfel schneiden. Butter zerlassen, Zucker zugeben, leicht bräunen, mit 1/8 Liter Wasser ablöschen, aufkochen bis Zucker gelöst ist. Äpfel und Rosinen darin dämpfen, wenn die Äpfel weich sind, gut auskühlen lassen. Dann unter geschlagene Sahne mischen und in Windbeutel füllen.

Laugenweckle oder -stangen

Zutaten:

500 g Weizenmehl
6 Essl. Öl
1 Teel. Salz
1/2 Würfel Hefe
1/8-1/4 l Wasser
5 %ige Natronlauge
grobes Salz

Aus den Zutaten einen mittelfesten Hefeteig herstellen, gut gehen lassen. Danach eine Rolle formen, in gleichgroße Stücke schneiden und zu Weckle formen. Jedes einzeln mit dem Schaumlöffel in Natronlauge tauchen und auf ein gefettetes Backblech setzen. Weckle mit einer Küchenschere kreuzweise einschneiden und mit grobem Salz bestreuen. Nochmals gehen lassen, bei 200° C ca. 20 Minuten backen.

Natronlauge für Kinder unzugänglich aufbewahren und nur in Glas oder Porzellangefäße gießen.

Quarksemmeln

Zutaten:

500 Weizenschrot (sehr fein)
2 Teel. Backpulver
2 Teel. Salz
2 Essl. Honig
1 Messerspitze Fenchel gem.
300 g Quark
100 ml Milch
2 Eier

Schrot, Backpulver, Salz Honig und Fenchel mischen. Den Quark und die Eier mit der Hand einarbeiten, bis ein glatter, geschmeidiger Teig entsteht. Kleine Kugeln formen und auf das gefettete Blech setzen. Im vorgeheizten Ofen ca. 20-25 Minuten backen.

Käseweckle

Zutaten:

ergibt ca. 16 Stück

500 g Schwarzmehl
1 Würfel Hefe
250 g Buttermilch
1 Teel. Salz
100 g geriebener Käse

Hefeteig zubereiten und gehen lassen. Weckle formen, mit Wasser-Öl-Gemisch oder Dosenmilch bestreichen und mit geriebenem Käse und Paprikapulver bestreuen.
Bei 200° C ca. 15–20 Minuten backen.

Würzige Kräuter-Hefeschnecken

Zutaten:

500 g Mehl (mögl. Typ 550)
1/2 Teel. Salz
1/2 Teel. Zucker
1/2 Würfel Hefe
25 g Butter
1 Ei
lauwarme Milch
Füllung:
250 g Champignons
1 Bund Lauchzwiebel
20 g Butter
Salz, Pfeffer
1 gr. Bund Petersilie
1 Bund Kerbel
100 g geriebenen Emmentaler

Aus den ersten Zutaten einen Hefeteig bereiten und gut gehen lassen. Anschließend zu einem Rechteck von etwa 25 x 30 cm ausrollen.
Für die Füllung die Pilze und die Lauchzwiebel (ohne Grün) kleinschneiden und in der Butter andünsten, kräftig würzen, dann abkühlen lassen.
Petersilie und Kerbel nicht zu fein hacken, das Lauchzwiebelgrün in feine Ringe schneiden und die Kräuter zusammen mit dem Käse unter das Gemüse mischen.
Die Füllung auf der Teigplatte verteilen, diese von der Längsseite her aufrollen und in etwa 2 cm breite Scheiben schneiden.
Die Schnecken auf ein Blech setzen, nochmals gut gehen lassen und dann bei 200° etwa 15 Minuten goldbraun backen.

Wer langes Leben will erringen,
der halte Maß in allen Dingen.

Krokant

Zutaten:

10 Essl. Zucker
4 Essl. Wasser
100 g ganze geschälte Mandeln

Krokant ist leicht herzustellen und kann mehrere Wochen aufbewahrt werden. In einem Topf Zucker und Wasser sprudelnd kochen lassen, bis der Zucker hellbraun ist. Mandeln hineingeben und so lange rühren, bis sie von dem karamelisierten Zucker umschlossen sind. Auf einem Blech abkühlen lassen und mit dem Nudelholz zerkleinern. In Gläser füllen und gut verschließen.

Buttermilchwaffeln

Zutaten:

125 g Butter
50 g Zucker
4 Eier
1 Päck. Vanillezucker
1 Prise Salz

250 g Mehl
1 Teel. Backpulver
1/8-1/4 l Buttermilch

Butter, Zucker, Eier, Vanillezucker und Salz schaumig rühren, Mehl mit Backpulver vermischt und Buttermilch dazugeben. Teig muß dünnflüssig sein. Im gut heißen Waffeleisen herausbacken.

Kleine schwäbische Waffeln

Zutaten:

375 g Mehl
250 g Zucker
125-200 g Margarine
1/2 l Wasser
3 Eier
3 Päck. Vanillezucker
Zimt

Zucker in kochendem Wasser auflösen und Margarine darin zergehen lassen. Die abgekühlte Flüssigkeit langsam zum Mehl geben, in dem vorher der Zimt gut verteilt wurde. Die Eier und Vanille dazugeben und gut rühren! Waffeleisen einfetten und Waffeln auf niederer Stufe ausbacken. Deckel vorsichtig anheben!
Die Waffeln werden hart und können in Blechdosen aufbewahrt werden.

Herrenschnitten

Zutaten:

250 g Butter
200 g Zucker
6 Eier
300 g gemahlene Nüsse
3 Essl. Mehl
1 Päck. Backpulver
Belag:
3 Be. Sahne
2 Päck. Sahnesteif
1 Glas Johannisbeerkonfitüre
40 Stück Butterkekse
etwas Weißwein
Glasur: Schokoglasur

Aus den genannten Zutaten einen Rührteig herstellen. Ein Backblech mit Backpapier auslegen, den Teig daraufstreichen und backen.
Backzeit:
ca. 15-20 Minuten bei 200° C.

Die Sahne mit Sahnesteif fest schlagen, Johannisbeerkonfitüre unterrühren. Die Masse auf den erkalteten Kuchen streichen. Die Kekse auf der Unterseite mit Wein bepinseln und daraufsetzen.
Zu guter Letzt die Kekse mit Schokoglasur bestreichen.

Die Erinnerung ist das einzige Paradies,
aus dem wir nicht vertrieben werden können.

Feine Kümmelstangen

Zutaten:

250 g Mehl
90-125 g Butter
20 g Hefe
Salz
4 Essl. saurer Rahm
1 Ei zum Bestreichen
Salz und Kümmel zum Bestreuen

Gebröselten Hefemürbteig herstellen: Mehl auf Brett sieben, kalte Butter einschneiden, abbröseln, Salz zugeben, Hefe glatt rühren und im kalten Rahm lösen, in Mehlgrube einrühren und alle Zutaten zu glattem, festem Teig verarbeiten, zugedeckt etwas ruhen und kalt gehen lassen. Dann bleistiftdicke und kleinfingerlange Strängerl drehen, mit verquirltem Ei bestreichen und mit Salz oder Kümmel bestreuen. Bei Mittelhitze (190-200° C) lichtgelb backen.

Sehr gut zu Käseplatten, auch zu Wein.

Süßes Hefekleingebäck

Zutaten:

Teig:
1 kg Mehl (1/2 Vollkornmehl)
100 g Butter oder Margarine
100 g Zucker
2 Eier
1/2 Teel. Salz
1 Würfel Hefe
3/8-1/2 l Milch
Geschmackszutaten

Aus den Zutaten einen mittelfesten Hefeteig herstellen, gut gehen lassen. Den Teig teilen und 2 verschiedene Gebäckvarianten herstellen:

a) Kopenhagener

Zutaten:

Füllung:
100 g weiche Butter
100 g Marzipan-Rohmasse
75 g Zucker
200 g geriebene Mandeln
1 Eiweiß

Butter, Eiweiß und Marzipan-Rohmasse verrühren, Zucker und Mandeln darunter geben. Die Hälfte des Teiges zu einem Rechteck auswellen, Füllung aufstreichen und die Teigplatte von der Längsseite her aufrollen, mit einem scharfen Messer die Teigrolle in 0,5 cm breiten Abständen 2 mal fast und das 3. mal ganz durchschneiden.
Die aneinanderhängenden Scheiben als „3-er Schnecke" ausformen.

b) Mohnschnecken

Zutaten:

Füllung:
1/8 l Milch
20 g Butter
125 g gemahlenen Mohn
70 g Zucker
50 g gebrühte Rosinen
1 Ei
50 g Nüsse
1 Essl. Rum
1 Teel. Zimt

Milch und Butter zum Kochen bringen, gemahlenen Mohn und Zucker zugeben, einige Minuten kochen lassen, danach die übrigen Zutaten unterrühren. Die zweite Teighälfte ebenfalls zum Rechteck ausrollen. Füllung aufstreichen und von der Längsseite her aufrollen. Die Rolle in 3-4 cm breite Stücke schneiden. Die Scheiben mit in Mehl getauchtem Kochlöffelstiel in der Mitte durchdrücken.
Das geformte Gebäck auf ein mit Backpapier ausgelegtes Backblech legen, nochmals gehen lassen.
Bei 200° C 15-20 Minuten backen.
Das Gebäck nach Belieben glasieren oder aprikotieren.

Käsefüßle – Käsemürbteig

Zutaten:

250 g Mehl
1 gestr. Teel. Backpulver
1 Prise Salz
1 Messerspitze Paprika edelsüß
1 Ei
125 ml. Sahne
125 g kalte Butter
200 g Gouda oder
Emmentaler gerieben

Alle Zutaten zu einem Knetteig verarbeiten. 15 Minuten kalt stellen. Teig 1/2 cm dick ausrollen, Füße ausstechen und mit Eigelb bestreichen. Mit Sesam, Mohn, Kümmel usw. verzieren.
Bei 180° C ca. 12-15 Min. backen.

Käsfüßle – (Quarkmürbteig)

Zutaten:

250 g Mehl
1 Päck. Backpulver
250 g Speisequark (gut auspressen)
250 g kalte Butter
150 g geriebener Emmentaler

Alle Zutaten „ohne den Käse" zu einem Knetteig verarbeiten, mind. 1 Stunde kalt stellen.
Teig 1/2 cm dick ausrollen, Füße ausstechen und mit Eigelb bestreichen. Geriebenen Käse daraufstreuen und mit Sesam, Mohn, Kümmel usw. verzieren.
Bei 200° C ca. 10-12 Min. backen.

Storchenpaar

Bunte Käsekränze

Zutaten:

Brandteig:
350 ml Wasser
125 g Butter
250 g Mehl
5 Eier
150 g geriebener junger Gouda
1/2 Teel. Backpulver
Zum Bestreuen:
50 g geriebener Gouda
etwas Paprikapulver
Füllung:
mit Paprika, gefüllte Oliven
Räucherlachs
Lachsschinken
Dillzweige

Die Butter mit dem Wasser aufkochen. Von der Herdplatte nehmen und das Mehl auf einmal einrühren, bis es glatt ist. Auf den Herd zurückstellen und rühren, bis sich am Topfboden eine dünne Haut bildet und der Kloß sich vom Topf löst. Den Kloß in eine Schüssel geben. Nach und nach die Eier unterrühren. Der Teig muss nach jedem Ei wieder glatt und geschmeidig sein. Danach den Käse und das Backpulver untermengen. Den Teig in einen Spritzbeutel füllen. Ein Backblech mit Trennpapier auslegen. Kleine Ringe mit dem Spritzbeutel auf das Blech spritzen. Der innere Durchmesser der Kränze sollte so groß sein, daß eine Olive Platz hat. Mit dem Gouda und mit etwas Paprikapulver bestreuen. Im vorgeheitzten Ofen bei 180° C etwa 35 Minuten backen. Auskühlen lassen. In die Öffnungen der Kränze entweder drei Olivenscheiben, Räucherlachsröllchen oder gerollten Lachsschinken füllen. Mit je einem Dillzweiglein garnieren.
Schmeckt ausgezeichnet zu Weißwein.

Apfelstrudel

Zutaten:

Teig:
250 g Mehl
1 Prise Salz
1 Essl. Essig
1 Ei
2 Essl. Öl
4 Essl. warmes Wasser
Füllung:
1 kg Äpfel
2-3 Essl. Rum
100 g grob gehackte Mandeln
100 g überbrühte Rosinen
100 g Zucker
1 Teel. Zimt

Zutaten zum Teig mit dem Knethaken vom Handrührgerät rasch zu einem weichen, geschmeidigen Teig verkneten, zugedeckt 1/2 Std. ruhen lassen.
Äpfel schälen, feinblättrig schneiden, mit Rum übergießen, leicht mischen. Mandeln, Rosinen, Zucker und Zimt untermengen, abdecken, kurz durchziehen lassen.
Strudelteig sehr dünn ausziehen, zerlassene Butter aufstreichen und mit 50 g geriebenen Nüssen bestreuen, Apfelmasse verteilen, Ränder einschlagen, aufrollen, mit dem Teigrand nach unten auf das Backblech legen, mit zerlassener Butter oder Sahne bepinseln.
Eventuell während des Backens mehrmals mit Butter bepinseln.
Bei 200° C 45 Min. backen.

Johannisbeertorte

Zutaten:

1/2 Biskuitboden

Füllung:
6 Blatt Gelatine
50 g gefrorene Himbeeren
3 Essl. Zucker
oder 1/2 Glas Himbeermarmelade
1/2 l Sahne
2 Vanillinzucker
250 g Johannisbeeren

Tortenring um den Biskuitboden legen, Himbeeren oder Himbeermarmelade erhitzen, eingeweichte Gelatine darin auflösen, erkalten lassen. Sahne steif schlagen, Fruchtmasse sowie angetaute Johannisbeeren unterheben und in Tortenring einfüllen. Im Kühlschrank fest werden lassen. Tortenring entfernen, Kuchenrand mit Marmelade bestreichen und mit Mandelblättchen oder Kokosflocken bestreuen. Als Verzierung Sahnetuffs und Johannisbeeren verwenden.

Speckschrauben

Zutaten:

Knetteig:
500 g Mehl
375 g Butter
10 Essl. saure Sahne
Zum Bestreichen:
Eiweiß
Belag:
1-2 cm breite und 7-8 cm lange Scheiben von durchwachsenem Speck

Den Teig kräftig kneten und ausrollen. Mit verschlagenem Eiweiß bestreichen. Die Speckscheiben nebeneinander darauflegen. Den Teig um die Speckscheiben herum ausrädeln. Die Scheiben dann 2 x um sich selbst drehen, mit Eiweiß bestreichen und auf ein gefettetes Blech legen. Bei mittlerer Hitze backen.
Frisch verzehren.

Donauwellen

Zutaten:

250 g Butter
250 g Zucker
6 Eier
400 g Mehl
1 Päck. Backpulver
3 Essl. Kakao
1 Glas Sauerkirschen
1 Päck. Vanillepudding
1/2 l Milch
100 g Zucker
250 g Butter
etwas Kirschwasser
50 g Palmin
2 Tafeln halbbittere Schokolade

Butter schaumig rühren. Abwechselnd Zucker und Eier zugeben. Rühren, bis der Zucker vergangen ist. Mehl und Backpulver unterheben. Die Hälfte des Teiges auf das gefettete Backofenblech geben.

In den Rest des Teiges den Kakao rühren. Den dunklen Teig auf den hellen streichen. Sauerkirschen darauf verteilen und etwas eindrücken.

Bei 180°–190° 30 Minuten backen.

Den Pudding kochen und während des Erkaltens ab und zu umrühren, damit sich keine Haut bildet. Die Butter schaumig rühren, den erkalteten Pudding esslöffelweise dazugeben.

Kirschwasser muß nicht sein, da Kinder die Donauwelle sehr mögen!

Die Buttercreme auf die dunkle Seite des Kuchens streichen. Schokolade und Palmin vorsichtig im Wasserbad schmelzen. Mit einem Esslöffel auf der Creme verteilen. Erkalten lassen!

Die Donauwelle in kleine Quadrate schneiden. Darauf achten, dass das Messer immer heiß ist, sonst bricht die Schokolade.

Funkenfeuer

Quarkkuchen mit Mandarinen

__Zutaten:__

200 g Mehl
100 g Butter
50 g Zucker
1 Ei
1 Teel. Backpulver
Belag:
500 g Quark
2 Eier
140 g Zucker
1 Päck. Vanillepudding
1/2 Be. Sauerrahm
1/2 Tasse Öl
1 1/2 Tassen Milch
1 kl. Dose Mandarinen
1 Päck. klarer Tortenguß

Aus Mehl, Butter, Zucker, Ei und Backpulver einen Mürbeteig herstellen. Für den Quarkbelag alle Zutaten verrühren und daraufgießen, Mandarinen darauf verteilen.
Bei 180° C ca. 50 Minuten backen, abgekühlt mit Tortenguß überziehen.

Schmandkuchen

__Zutaten:__

Mürbeteig:
80 g Zucker
75 g Butter
1 Ei
200 g Mehl
1/2 Teel. Backpulver
Masse:
1 Glas Sauerkirschen
2 Päck. Vanillepudding
1 Be. Sahne
2 Be. Schmand
80 g Zucker
1 Ei

Mürbteig herstellen, Backform, 28 cm, damit auslegen und Rand hochziehen. Sauerkirschen mit 1 Päckchen Vanillepudding andicken und etwas auskühlen lassen. Schmand, Zucker, Ei und 1 Päckchen Vanillepudding miteinander verrühren und die geschlagene Sahne unterheben. Zuerst Kirschmasse auf den Mürbteig verteilen und auf die Kirschmasse die Schmandmasse schütten und ein wenig verstreichen. Bei 180° C ca. 40–45 Minuten backen. Gut auskühlen lassen.

Uttenweiler Apfelkuchen

<u>Zutaten:</u>

200 gr. Magerquark, 100 gr. Zucker, 1 Päck. Vanillezucker, 2 Eier, 1 Prise Salz, 6 Essl. Milch, 1/8 l Öl, 500 gr. Mehl, 1 Päck. Backpulver, Margarine zum Einfetten
Für den Belag:
100 gr. Sultaninen, 1500 gr. Äpfel. 80 gr. Zucker, 1/2 Teel. gem. Zimt
Für den Guss:
250 gr. Magerquark, 80 gr. Zucker, 3 Eier, 1/8 l saure Sahne, 1 Essl. Rum

Für den Teig Quark, Zucker, Vanillezucker, Eier, Salz, Milch und Öl in einer Schüssel glatt rühren. Mehl und Backpulver mischen, unter die Quarkmasse rühren und schnell zu einem glatten Teig kneten. Backblech mit Margarine einfetten, Teig darauf ausrollen. Sultaninen unter heissem Wasser abspülen, abtropfen lassen. Äpfel schälen, vierteln und Kerngehäuse entfernen, in dünne Spalten schneiden und den Teig damit belegen. Zucker und Zimt mischen und mit den Sultaninen über den Teig streuen.
In den vorgeheizten Ofen auf die mittlere Schiene schieben und bei 200° 25 Minuten backen. In der Zwischenzeit für den Guss Quark, Zucker, Eier, Sahne und Rum in einer Schüssel verrühren. Vorgebackenen Kuchen aus dem Ofen nehmen, Guss darüber giessen, glattstreichen und in weiteren 20 Minuten bei 200° Grad fertig backen.

Rumbombe

<u>Zutaten:</u>

Biskuitboden aus 6 Eiern
für die Rummasse:
1/4 l Milch
1 Päck. Vanillezucker
30 g Butter
2 Eier
125 g Zucker
1 Dose Birnen (Sauerkirschen)
200 g Butter
8 Essl. Rum
150 g Schokoladenglasur

Biskuitboden backen. Den Boden auseinanderschneiden und 2/3 in eine Schüssel bröckeln. Die Zutaten für die Rummasse in einem Topf mischen und einmal aufwellen lassen. (Vorsicht – brennt leicht an!)
Den restlichen Boden mit Fruchtsaft tränken und mit eingeweichten Birnenachteln belegen. Nun 200 g Butter schaumig rühren, 8 Essl. Rum und die abgekühlte Rummasse dazugeben. Das Ganze unter die Biskuitwürfel geben und gut vermischen. Die Masse über die Birnen geben und zu einer „Kuppel" oder „Bombe" formen.
Zum Schluss mit 150 g Schokoladenglasur überziehen und etwa 24 Stunden durchziehen lassen.

Schoko-Mousse-Torte mit Beeren

Zutaten:

1 dunkler Biskuit von 4 Eiern
1/2 l Sahne
2 Tafeln Bitterschokolade
1 Tafel Vollmilchschokolade
ca. 300 g gemischte Beeren
2 Päck. Tortenguß
Mandelblättchen zum Verzieren

Sahne mit der Schokolade kurz aufkochen – über Nacht in den Kühlschrank stellen. Am nächsten Tag zu einer dicken Creme aufschlagen.
Beeren auf der Torte verteilen, Tortenguß aus zwei Päckchen darübergeben, mit Mandelblättchen verzieren.

Himmelskuchen

Zutaten:

Boden und Deckel:
100 g Margarine
125 g Zucker
4 Eigelb
150 g Mehl
1/2 Päck. Backpulver
Guß:
4 Eiweiß
150 g Zucker
120 g gehobelte Mandeln
1 Glas Stachelbeeren oder Himbeeren, Sauerkirschen oder Johannisbeeren
1/4 l Saft davon
1 Tortenguß
2 Becher Sahne
2 Päck. Sahnesteif

Aus Margarine, Zucker, Eigelb, Mehl und Backpulver einen Teig herstellen und in 2 Springformen verteilen.
Eiweiß zu Schnee schlagen, den Zucker mitschlagen. Die Masse je zur Hälfte auf den Teigböden verteilen.
Jeweils 60 g Mandeln darüberstreuen.
Nach dem Backen einen Boden sofort in Stücke schneiden!

Den Fruchtsaft mit dem Tortenguß aufkochen, die Früchte unterziehen, etwas erkalten lassen, evtl. nachsüßen! Masse auf den Boden geben.
2 Becher Sahne mit Sahnesteif schlagen und über der Früchtemasse verteilen.
Deckelstücke daraufsetzen.
Ring von der Backform darüberstülpen, sonst läuft alles aus!
Kühl stellen!

Maulwurf-Sahne-Torte

Zutaten:

für den Rührteig:
6 Eier
140 g weiche Butter
200 g Zucker
1 Päck. Vanillezucker
100 g Mehl
1/2 Päck Backpulver
1 Päck. (100 g) Schokoladenraspel
Fett für die Form
Belag:
1 Dose (314 ml) Mandarinen
2 mittelgroße Bananen
Saft von 1 Zitrone
750 g Sahne
1 Sahnesteif
2 Päck. Vanillezucker
1 Teel. Puderzucker
1 Teel. Kakao

Eier trennen, Fett, Zucker, Vanillezucker cremig rühren, Eigelb einzeln unterrühren, Mehl, Backpulver, Schokoraspel unterrühren, Eiweiß steif schlagen und unterheben.
Teig in Form (26 cm) füllen, im vorgeheizten Backofen E-Herd: 175° C, Umluft: 150° C, Gas: Stufe 2, 45–50 Minuten backen. Kalt stellen.

Tortenboden bis auf ca. 1 cm breiten Rand mit einem Löffel aushöhlen, Kuchen zerkrümeln, Bananen in Scheiben schneiden, mit Zitronensaft einreiben, Früchte auf den Boden verteilen, Sahne darauf, mit Kuchenbrösel verzieren.

Ein Freund ist ein Mensch,
vor dem man laut denken kann.

Pfarrhaus-Kuchen

Zutaten:

150 g Zucker
6 ganze Eier
250 g Nüsse gemahlen
1 Prise Zimt
Rum-Aroma
1 Glas Preisel- und Blaubeeren
2 Becher Sahne
Schokoraspeln
2 Päck. Sahnesteif

Eier und Zucker schaumig rühren. Nüsse und Zimt unterheben und in eine gefettete Form geben.
Bei 180° C im vorgezeizten Backofen 30-40 Minuten backen. Auf der untersten Schiene!

Boden mit Rum tränken, mit Blaubeeren bedecken. Obendrauf die steifgeschlagene Sahne geben. Mit Schokostreusel verzieren.

Schneeballtorte

Zutaten:

Biskuitboden:
3 Eiweiß
100 g Zucker
3 Eigelb
1 Päck. Vanillepuddingpulver
100 g Mehl
1. Füllung:
6 Blatt Gelatine
600 g Schmand
2 Päck. Vanillezucker
2 Essl. Zucker
1/8 l Mandarinensaft
2. Füllung:
6 Blatt Gelatine
600 g Sahne
3 Päck. Vanillezucker
100 g Getränkepulver Orange

Biskuitboden herstellen, dabei Vanillepuddingpulver bis auf 100 g Mehl aufwiegen, ca. 15 Minuten backen bei 170° C.

Für die 1. Füllung:
6 Blatt Gelatine einweichen und auflösen.
Schmand mit Vanillezucker und Zucker mit Schneebesen verrühren. Aufgelöste Gelatine und Mandarinensaft langsam unterheben. Ring um den ausgekühlten Biskuit legen und Mandarinen darauf verteilen, dann den Schmand aufbringen.

Für die 2. Füllung:
6 Blatt Gelatine einweichen und auflösen, Sahne schlagen und Vanillezucker zufügen.
Getränkepulver Orange in 1/2 Tasse kaltem Wasser auflösen und langsam dazugeben, ebenfalls die aufgelöste Gelatine; ca. 2 Stunden kühl stellen. Danach mit Eislöffel Kugeln formen und auf die erste Füllung setzen. Mit Kakao etwas bestäuben.

Tipp:
Zum Schneiden einer Torte tauchen Sie das möglichst lange scharfe Messer vor jedem Schnitt in lauwarmes Wasser.

Apfel-Biskuit

Zutaten:

Für 4 Personen:
Biskuit:
ca. 100 g Zucker
1/8 l Sahne
1 kg Äpfel

Äpfel schälen, entkernen, in Stücke schneiden, mit etwas Wasser dämpfen, nicht ganz zu Mus verkochen, nach dem Erkalten gleichmäßig auf Biskuit verteilen (Zucker nach Belieben). Auf die Apfelmasse geschlagene Sahne geben, darauf geriebene Block- und Borkenschokolade.

Walnusstorte

Zutaten:

Teig:
4 Eigelb
125 g Butter od. Margarine
220 g Zucker, 300 g Mehl
1/2 l Milch
1 Päck. Backpulver
50 g Kakao
100 g Walnüsse gemahlen
4 Eiweiß
Füllung:
1/2 Päck. Vanillepuddingpulver
1/2 l Milch
50 g Zucker
150 g gem. Walnüsse
125 g Butter
1 Becher Sahne

Eigelb, Butter oder Margarine und Zucker cremig schlagen, Milch zugießen. Mehl mit Backpulver und Kakao mischen und unterrühren. Eiweiß steif schlagen, gem. Mandeln unterheben.
Backen:
E-Herd 175° C, 60-70 Minuten
Pudding mit Walnüssen kochen, abkühlen lassen. Butter schaumig rühren, Walnusspudding unterrühren. Sahne steif schlagen und unterheben. Ausgekühlten Boden 2x durchschneiden, mit Creme füllen. Torte mit Schokoguss überziehen und mit Walnusshälften und Schokodekor garnieren.

Gelingt immer!

Aprikosen-Hefe-Blechkuchen

Zutaten:

500 g Mehl
1 Würfel Hefe, 1 Teel. Salz
50 g Zucker, 1 Vanillezucker
Sahne
1/2 geriebene Zitronenschale
1 ganzes Ei, 1 Eigelb, 60 g Butter
1/4 l Milch (reichlich)
Belag:
2 Eigelbe, 100 g Zucker
1 Vanillezucker, 1 Be. Schmand
2 Essl. Quark
1 kg Aprikosen frisch oder aus dem Glas

Hefeteig herstellen und gehen lassen. Auf Blech auswellen und nochmals gehen lassen. Mit 1 kg Aprikosen belegen.
Für den Belag Eigelbe, Zucker, Vanillezucker, Schmand, Quark gut verrühren und über die Aprikosen geben. Zimt und Streußel nach Belieben.
Den Kuchen backen bei 180° C ca. 30 Minuten.

Mohnguglhupf (Tante Hilda)

Zutaten:

250 g Butter, 250 g Zucker
4 Eier
etwas Bittermandelaroma
Rum
Butter-Vanille, Salz
450 g Mehl
1 Päck. Vanillinpudding
1 Päck. Backpulver
etwa 1/8 l Milch
150 g gemahlenen Mohn
1/8 l Milch
2 Päck. Vanillinzucker
100 g Zucker
1/2 Fläschchen Bittermandel

Butter und Zucker rührt man mit 4 Eiern, Bittermandelaroma, Rum, Butter-Vanille, sowie Salz schaumig und fügt Mehl, Vanillinpudding, Backpulver und etwa 1/8 l Milch hinzu. Dann läßt man den Mohn in reichlich 1/8 l Milch, Vanillinzucker, und Zucker aufkochen und gibt Bittermandelöl dazu. 1/4 Mohnfülle unter den Teig (Teil) rühren, den Rest auf dem Teig verteilen und mit einer Gabel spiralförmig verrühren.
Backtemperatur:
200° C, Backzeit: 60-70 Minuten

Waffelröllchentorte

Zutaten:

Boden:
3 Eigelb, 90 g Zucker
70 g Mehl
20 g Kakaopulver, 3 Eiweiß
Belag:
3 Eigelb, 100 g Butter
100 g Puderzucker
2 Vanillezucker
3 Essl. Wasser, 1/4 l Eierlikör
8 Bl. Gelatine
3 Eiweiß
2 Be. Sahne
3 Packungen Waffelröllchen

Aus Eigelb, Zucker, Mehl, Kakaopulver und Eiweiß einen Biskuit herstellen und bei 200° C 15-20 Minuten backen.
Für den Belag Eigelb mit Butter, Puderzucker, Vanillezucker und Wasser schaumig rühren. Eierlikör und aufgelöste Gelatine unterrühren. Wenn die Masse anfängt zu gelieren, steif geschlagene Eiweiß und Sahne unterheben. Springformrand um den Boden legen. Etwas Likörsahne am Bodenrand verteilen. Die Röllchen abwechselnd mit der Schokoseite nach oben und unten dicht an dicht daraufstellen. Likörsahne auf den Biskuitboden geben. (Zum Bestreuen Waffelröllchen zerdrücken oder vom Boden etwas wegschneiden und zerbröseln.)

Himbeer-Charlotte

Zutaten:

Biskuitroulade:
Teig: 4 Eier
150 g Zucker
4 Essl. Wasser
150 g Mehl
50 g Stärkemehl
1 Msp. Backpulver
1/2 Glas Himbeerkonfitüre
Füllung:
3 Eigelb
150 g Zucker
1/4 l Milch
8-9 Blatt Gelatine
abgeriebene Zitronenschale
500 g Quark, 1/2 l Sahne
200 g Himbeeren

Mürbteigboden oder 1 dünner Biskuitboden, evtl. 1 1/2-faches Rezept Biskuitteig herstellen und zusätzlich einen Boden ausbacken. Backblech mit Papier auslegen, Biskuitteig aufstreichen. Bei 200° C ca. 12 Minuten backen. Sofort auf ein mit Zucker bestreutes Tuch stürzen, aufrollen, abrollen und mit verrührter Marmelade bestreichen, aufrollen und erkalten lassen. Inzwischen die Füllung herstellen: Gelatine einweichen; Eigelb, Zucker und Milch verrühren und am Herd abschlagen, Gelatine darin lösen, Quark dazurühren. Masse kalt stellen, sobald diese zu steifen beginnt, geschlagene Sahne unterheben. Biskuitrolle in Scheiben schneiden und eine kuppelförmige Schüssel auslegen; Quarkcreme einfüllen, dazwischen angetaute Himbeeren schichten. Einige Stunden kalt stellen. Chalotte auf Mürbteig- oder Biskuitboden stürzen.

Biskuitroulade mit Muster
Teig wie bei Himbeer Charlotte. Biskuitteig auf das Backblech streichen, jedoch 3 Essl. in der Schüssel lassen und 1 gehäufter Essl. gesiebten Kaba unterheben. In eine Backspritze (mit glatter Tülle), oder in eine Plastiktüte füllen, am Eck die Spitze abschneiden und auf den glattgestrichenen Teig Schlangenlinien aufspritzen. Mit einem Zahnstocher die Linien durchziehen. Bei 210° C ca. 12 Minuten backen. Sofort auf ein mit Zucker bestreutes Tuch stürzen und aufrollen. Nach dem Erkalten beliebig mit Zitronen-, Himbeer- oder Schokoladensahne füllen.

Diplomatentorte

Zutaten:

200 g Butter, 170 g Zucker
etwas Rum, 4 Eier
170 g gemahlene Nüsse
1 Teel. Zimt, 65 g Mehl
3 Teel. Backpulver
Füllung:
3 Becher Sahne
3 Päck. Sahnesteif
6 Teel. Puderzucker
6 Scheiben Ananas aus der Dose
1 Tasse Schokoraspel

Aus den angegebenen Zutaten einen Rührteig herstellen. Den Teig in eine mit Backpapier ausgelegte Springform geben und bei 175° C ca.40 Minuten backen.
Die dünne obere Schicht des Bodens abschneiden und zerbröckeln. Eine Tasse Schokoraspeln dazugeben und vermischen. Sahne mit Sahnesteif und Puderzucker sehr steif schlagen. Die Ananasscheiben gut abtropfen lassen, sehr klein schneiden und unter die Sahne heben. Um den Boden einen Tortenring stellen und die Ananassahne daraufgeben.
Die Krümel darauf verteilen und leicht andrücken.

Fruchtige Sekttorte

Zutaten:

3 Eier, 100 g Zucker
150 g gemahlene Haselnüsse
130 g geriebene Schokolade
1 Essl. Milch, 1 geh. Essl. Mehl
1 Teel. Backpulver
Für den Belag:
1 Dose Pfirsiche
in Schnitze schneiden
2 Kiwi, Erdbeeren
3/4 l Sahne
1 Päck. Vanillezucker
1 Päck. Aranca Creme
Pfirsich-Aprikosen Geschmack
1 Piccolo Sekt
7 Blatt Gelatine

Aus den Zutaten einen Teig rühren, in eine gefettete Springform füllen und im vorgeheizten Ofen bei 175° C ca. 30 Minuten backen. Den Boden auskühlen lassen. Die Früchte vorbereiten, bevor man mit der Füllung beginnt. Tortenring um den Boden legen. Sahne steif schlagen, Sekt in ein hohes Gefäß geben und das Aranca-Creme-Pulver hinzufügen und ca. 3 Minuten schaumig schlagen, vorsichtig in die Sekt-Creme rühren und zuletzt die aufgelöste Gelatine unterrühren. Sofort die Hälfte der Masse auf den Boden geben, die Früchte darauf verteilen und die restliche Creme darüber streichen. Im Kühlschrank über Nacht stehen lassen. Am nächsten Tag den Tortenring abnehmen und nach Belieben mit Sahne verzieren.

Fcucrwehr-Kuchen

Zutaten:

Mürbteig:
250 g Mehl
125 g Butter oder Margarine
100 g Zucker, 1 Ei
1 Teel. Backpulver, 1 Prise Salz
Belag:
1 Päck. Vanillepuddingpulver
1 Glas Kirschen
1/4 l Kirschsaft (Glas)
2 Essl. Zucker
Strcuscl:
75 g Butter, 75 g Zucker
75 g Mchl, 75 g gemahlene Nüsse
1 Vanillezucker

Aus Mehl, Butter oder Margarine, Zucker, Ei, Backpulver und 1 Prise Salz rasch einen Mürbteig zusammenkneten und kühlstellen.
Anschließend ausrollen und in eine gefettete Springform geben.
Aus dem Vanillepuddingpulver, Kirschsaft und Zucker einen Pudding bereiten und 1 Glas Sauerkirschen darunter rühren. Die Masse auf dem Mürbteig verteilen.
Butter, Zucker, Mehl, gemahlene Nüsse und Vanillezucker zu Streusel verarbeiten und auf den Kirschen verteilen.
Den Kuchen bei 175° C ca. 45 Minuten backen.
2 Becher Sahne auf dem Kuchen verteilen und Kakao darübersieben.

„Nach jedem Tortenstückle iss i jetzt en Quark" hat die Bäuerin g'sagt. – „weil der schlank macht"!

Erdbeer-Vanille-Sahnetorte

Zutaten:

4 Eier, 60 g Mehl
120 g Zucker
1 gestr. Teel. Backpulver
1 Essl. Kakao
60 g Speisestärke
Belag:
500-800 g Erdbeeren
3 Be. Sahne à 200 g
1/2 Päck. Galetta
Vanille Geschmack

Aus Eier, Mehl, Zucker, Backpulver, Kakao und Speisestärke Biskuit herstellen. Sahne mit 1/2 Päckchen Galetta Vanille Geschmack aufschlagen und auf dem halben Tortenboden verteilen, andere Hälfte wird nicht benötigt. Dann die Erdbeeren in Scheiben schneiden, auf die Creme verteilen. 2 Päckchen Tortenguß nach Vorschrift zubereiten, auf die Torte verteilen.

Käse-Kuchen, einmal anders

Zutaten:

375 g Mehl
1 Päck. Trocken-Backhefe
75 g Zucker
Salz, 1 Ei
200 ml lauwarme Schlagsahne
100 g zerlassene, abgekühlte Margarine
Für die Füllung:
250 g gedünstete Pfirsiche
300 g Doppelrahm-Frischkäse
75 g Zucker
1 Päck. Vanillinzucker
1 Eigelb
3 Essl. Pfirsichsaft
1 Eiweiß

Mehl in eine Rührschüssel sieben, mit Trocken-Backhefe sorgfältig vermischen. Zucker, Salz, Ei, lauwarme Schlagsahne und zerlassene Margarine hinzufügen. Die Zutaten mit einem Handrührgerät mit Knethaken zunächst auf niedrigster, dann auf höchster Stufe in etwa 5 Minuten zu einem Teig verarbeiten; sollte er kleben, noch etwas Mehl hinzufügen (aber nicht zu viel, Teig muß weich bleiben). Den Teig so lange an einem warmen Ort stehen lassen, bis er sich sichtbar vergrößert hat.

Pfirsiche abtropfen lassen. Doppelrahm-Frischkäse mit Zucker, Vanillin-Zucker, Eigelb und Pfirsichsaft gut verrühren. Die Pfirsiche in kleine Würfel schneiden. Eiweiß steif schlagen. Die Zutaten unter die Käsecreme rühren. Den gegangenen Teig auf höchster Stufe nochmals gut durchkneten.

Knapp die Hälfte des Teiges auf 2/3 eines gefetteten Backblechs (etwa 35 x 30 cm) ausrollen, am Rand etwas hochdrücken, die Füllung gleichmäßig darauf streichen, dabei an der offenen Seite des Blechs etwa 2 cm Teig frei lassen, die überstehenden Teigränder auf die Füllung schlagen. Den Rest des Teiges als Decke ausrollen, auf die Füllung legen, die Ränder gut andrücken. Den Teig nochmals so lange an einem warmen Ort gehen lassen, bis er sich sichtbar vergrößert hat, in den Backofen schieben.

Bei 200-225° C 25 Minuten backen.

Mit 30 g zerlassener Butter bestreichen und Zucker bestreuen.

„Hosanna, dem Sohne Davids"

Der Palmsonntag im katholischen Oberschwaben ist zum Ereignis geworden. Von Dorf zu Dorf, von Stadt zu Stadt hat sich das schöne Brauchtum des Palmentragens wieder heimisch gemacht. In Erinnerung an den Einzug Jesu in Jerusalem ziehen die Gläubigen in Prozessionen durch die Straßen und tragen prächtig geschmückte „Palmen" mit sich. Palmprozessionen sind bereits seit dem 10. Jahrhundert aus Augsburg überliefert.

In Ermangelung echter Palmzweige greifen die Teilnehmer der Palmsonntagsprozessionen auf winterharte, heimische Pflanzen zurück. Grün bedeutet Leben! Zudem wird diesen winterharten Pflanzen seit alters her besondere Heilkraft nachgesagt. Buchs, Wacholder, Palmweide mit Kätzchen („Dr Palma bliaht!" ruft Adam in Sebastian Sailers „Schwäbischer Schöpfung" aus), Thuja, Taxus (Eibe), Sefe oder Föhre, Stechpalme, Haselruten mit Würstchen, Holunder, Hergottsnägel (Berberitze), Eichen- und Buchenlaub. Übrigens sollten es zwölf verschiedene Arten sein, denn zwölf Jünger saßen beim Abendmahl!

Hölzer und Grünzeug, zu einem Buschen oder an Ruten und Stangen zusammengebunden, ergeben einen einfachen Palmen, wie er von Landschaft zu Landschaft verschieden ausgeformt, getragen wird. So erfährt dieses Brauchtum trotz einheitlicher Grundausstattung interessante Variationen. Als Ursprung der oberschwäbischen Palmenform ist ein Fichtenwipfel aus dem Winterreisigteil anzusehen. Er sollte nach Möglichkeit drei Kronen haben mit je vier Ästen, was wieder die Zahl zwölf ergibt. Das geschälte Tännchen wurde sodann mit geschälten Holunderhölzchen bestückt, zwischen die je Ast drei Äpfel oder ausgeblasene Eier geschoben wurde, um erneut die Zahl zwölf je Krone zu erreichen. Die hochgebundenen Kronen ergaben kugelförmige Gebilde. Den Wipfel zierte ein Kreuzchen aus Reisig. Heute werden die Kronenäste durch Draht ersetzt, die Bestückung kann jedoch in gleicher Weise erfolgen und der Übersteigerung sind keine Grenzen gesetzt: Für einen sechs- bis siebenstöckigen Palmen braucht man etwa 1000 Holunderhölzchen und 120 Eier.

Eier als Symbol für den auferstandenen Christus und damit Symbol für das Leben durften an keinem Palmen fehlen. Um das Ei als Zeichen hervorzuheben, wird es gefärbt. Rot war die vorherschende Farbe. Rot bedeutet Blut, Leiden und Leben. *Winfried Aßfalg*

Brombeerkuchen

Zutaten:

Mürbteig:
200-250 g Mehl
100-125 g Butter
50 g Zucker
1 Vanillinzucker
1/2 Teel. Backpulver,
1 Ei
2-3 Essl. rote Marmelade
1 dünner Biskuitboden
500 g Brombeeren
frisch oder angetaut
Guß:
3 Eier, 70 g Zucker
1 Vanillinzucker
125 g Sauerrahm 20 %
50 g geriebene Mandeln
60 g Biskuitbrösel
1/2 Teel. Zimt

Mehl, Butter, Zucker, Vanillinzucker, Backpulver und Ei mit dem Knethaken des Handrührers vermengen, kurz zusammenkneten, auswellen, eine Springform damit auslegen und kalt stellen.
Auf den Mürbteig Marmelade aufstreichen, Biskuitscheibe auflegen, mit den Brombeeren belegen. Zum Guss Eiweiß steif schlagen, Zucker einrieseln lassen, Eigelb und Sauerrahm verrühren, mit den Mandeln, Zimt und Biskuitbröseln vorsichtig unter den Eischnee heben. Guss auf die Brombeeren streichen, evtl. Mandelblättchen aufstreuen.
Bei 180° C ca. 45 Min. backen.

Palmesel

Gebackenes Osterlamm

Zutaten:

75 g Butter
220 g Zucker
3 Eier
1 Vanillezucker
1-2 Essl. Rum
1 Prise Muskat
300 g Mehl
1 Backpulver
etwa 1/2 Tasse Milch

Butter, Zucker und Eier schaumig rühren, Vanillezucker, Muskat und Rum dazugeben. Das Mehl mit dem Backpulver vermischen, unter den Teig rühren und so viel Milch, dass der Teig dicklich-schaumig ist.
Eine sehr gut gefettete Lammform wird 3/4 voll mit Teig gefüllt, auf dem Kopf stehend, bei Mittelhitze etwa 45 Minuten gebacken.
Nach dem Erkalten wird das Lamm unten glattgeschnitten und mit Zucker überpudert. Es kann mit einem Fähnchen noch verziert werden.

Eierlikör-Sahne-Torte

Zutaten:

4 Eier
150 g Zucker
100 g Borkensplitter
150 g gemahlene Nüsse
40 g Mehl, 20 g Stärke
Backpulver
Zimt, Zitrone, Salz
Für die Füllcreme:
3 Eigelb, 2 Essl. Honig
120 g Eierlikör
6 Blatt Gelatine, 4 Be. Sahne

Aus den genannten Zutaten einen Boden backen und um den Boden einen Tortenring geben. Füllcreme herstellen (Eigelb, Honig und Eierlikör schaumig rühren, aufgelöste Gelatine dazugeben, Sahne unterheben) und auf den Schoko-Nuss-Biskuit geben. Nach dem Festwerden beliebig mit Eierlikör und Sahne verzieren.

Eine Sauerkirschtorte schmeckt lieblicher und nicht so sauer, wenn man den Boden zuerst mit dünnen Bananenscheiben belegt.

Vollkorn-Kirschkuchen

Zutaten:

150 g Butter
160 g Zucker
4 gr. Eier
1 Päck. Vanillezucker
1 Essl. Rum
300 g Vollkornmehl
100 g Nüsse
oder 1/2 Nüsse und 1/2 Mehl
1 Päck. Backpulver
nach Bedarf
1-2 Essl. Sahne
1 Glas Sauerkirschen

Butter und Zucker schaumig rühren, Eier nach und nach zugeben. Mehl und Backpulver mischen und mit Rum und Sahne unter die Schaummasse rühren. Gut abgetropfte Sauerkirschen unterheben. Teig in eine mit Papier ausgelegte Kastenform füllen.
Bei 180° C 50 Minuten backen.

Schenken ist ein Brückenschlag
über den Abgrund deiner Einsamkeit.

Mokkatorte extrafein

Zutaten:

6 Eier, 250 g Zucker
250 g Mehl, 6 Essl. Wasser
1 Msp. Backpulver
3 Be. Sahne
100 g Mokka-Schokolade
4 Essl. starker Kaffee
2 Essl. gesiebter Kakao
etwas Zucker
2 Be. Sahne
2 Päck. Sahnesteif
1 Essl. Zucker
2 Essl. Rum

Aus den Eiern, Zucker, Mehl, Wasser und Backpulver einen hellen Biskuitboden backen. Am nächsten Tag den erkalteten Boden dreimal durchschneiden.
Sahne schlagen, Mokka-Schokolade leicht erwärmen und mit starkem Kaffee verrühren und mit gesiebtem Kakao und etwas Zucker unter die Sahne rühren.
2 Becher Sahne mit Sahnesteif aufschlagen, Zucker und 2 Essl. Rum zugeben.
Den untersten Boden mit Mokkasahne bestreichen, nächsten Boden auflegen, mit Marmelade bestreichen und mit Rumsahne, dritten Boden auflegen, mit Mokkasahne bestreichen, Deckel auflegen, mit restlicher Mokkasahne bestreichen.
Die restliche Rumsahne aufspritzen.

Kartoffel-Schokoladenkuchen

Zutaten:

3 Kartoffeln (200 g)
50 g zartbittere Schokolade
135 g Butter
100 g Zucker
1 Päck. Vanillezucker
1 Prise Salz
1 Msp. Ingwerpulver
1/2 Teel. Zimt
2 Eier
75 g gemahlene Haselnüsse
150 g Mehl
1 Teel. Backpulver
4 Essl. Milch
Puderzucker zum Bestäuben

Kartoffeln schälen, waschen und in eine Schüssel reiben. Soviel Wasser wie möglich herausdrücken. Schokolade reiben. Butter, Zucker, Vanillzucker und Salz schaumig rühren. Die übrigen Gewürze reingeben und nacheinander die Eier unterrühren. Haselnüsse, Mehl und Backpulver mischen. Mehlmischung und Milch unterrühren. Zum Schluß Kartoffeln und Schokolade daruntermischen. Den Teig in eine 24 cm lange Kastenform einfüllen und backen.

Backtemperatur: 180° C, O/U,
Heißluft: 160–170° C
Backzeit: 55 Minuten

Baumstamm

Zutaten:

Biskuitroulade:
4 Eier
150 g Zucker
Schale von 1/2 Zitrone
75 g Mehl
75 g Stärkemehl

Einen echten Biskuitteig nach Grundrezept im Schlaggerät herstellen. Ein viereckiges Blech mit Papier belegen, den Teig 1 cm dick aufstreichen, sofort in starker Hitze etwa 12 Minuten zartgelb backen. Auf ein Tuch stürzen, das Papier abziehen und den Biskuit mit dem Tuch aufrollen.

Schokoladenbuttercreme

Zutaten:

3 Eigelbe
50 g Zucker
50 g Speisestärke
30 g Kakao (oder 1 Päckchen Schokoladenpuddingpulver)
1/2 l Milch
250 g Butter

Eigelb, Zucker, Speisestärke und Kakao (oder Puddingpulver) mit etwas kalter Milch glattrühren. Die restliche Milch dazugeben, bei mäßiger Hitze abschlagen, bis die Masse einmal aufpufft. Flammeri erkalten lassen und dabei mehrmals umrühren, damit sich keine Haut bildet. Butter schaumig rühren. Den erkalteten Flammeri löffelweise unter die Butter rühren. Rolle mit der Schokoladenbuttercreme füllen und außen mit der Creme bestreichen. Mit einer Gabel wellenförmig durchziehen.

Oma's Sauerrahmtorte

Zutaten:

5 Eier, 250 g Zucker
250 g Butter, 250 g Mehl
1 Backpulver
Füllung:
3 Be. Sauerrahm
3 Btl Vanillezucker
Guß:
1 Tafel Bitterschokolade
1/2 Becher Sahne

Eier und Zucker schaumig rühren, Mehl und Backpulver zugeben. Butter erhitzen (schmelzen) und etwas abgekühlt unter die Masse mischen. Teig teilen, eine Hälfte mit einem Esslöffel Kakao mischen und die zwei Böden ca. 20 Minuten bei 180° C – mittlere Schiene – backen.
Die Böden durchschneiden, im Wechsel schichten (dunkel-hell-dunkel-hell), dabei jeweils Oberseite bestreichen mit 1 Becher Sauerrahm, vermischt mit 1 Btl. Vanillezucker. Schokolade vorsichtig schmelzen und mit flüssiger Sahne mischen, die Torte damit überziehen und nach Wunsch verzieren (Sahnetupfer und Schokolade).
Schmeckt am besten, wenn 1-2 Tage durchgezogen. Zutaten sind für Form mit 26 cm Durchmesser berechnet.

Erdbeer-Wickeltorte

Zutaten:

1 dünner Mürbteigboden
Teig zur Biskuitrolle
4 Eier, 150 g Zucker
4 Essl. Wasser
150 g Mehl
50 g Stärke
1 Msp. Backpulver

Eier und Wasser schaumig rühren, Zucker einrieseln lassen, Mehl, Stärke und Backpulver sieben, unterheben. Backblech mit Backpapier oder -folie auslegen. Teig auf das Blech streichen, bei 200° C ca. 12 Minuten backen. Danach auf ein wenig mit Zucker bestreutes Tuch stürzen und erhalten lassen.

Erdbeercreme

Zutaten:

6 Blatt Gelatine
500 g Erdbeeren oder gemischte Beeren
(frisch oder gefroren)
100 g Zucker
Saft einer Zitrone
3/8 l Sahne

Gelatine einweichen, vorbereitete Beeren, Zucker und Zitronensaft im Mixer pürieren, Gelatine lösen unterrühren langsam zur Fruchtmasse geben, kalt stellen. Sobald die Masse zu steifen beginnt, steifgeschlagene Sahne unterheben. Creme gleichmäßig auf die Biskuittplatte streichen und im Kühlschrank fest werden lassen.
Davon 5 cm breite Streifen abschneiden. Den ersten zu einem Röllchen formen und in die Mitte der Mürbteigplatte setzen, die weiteren Streifen umlegen, so dass eine Schnecke entsteht. Tortenring um die Torte spannen und fest werden lassen.
Nach dem Erkalten die Torte mit Sahne bestreichen und mit Sahnetuffs und Erdbeeren garnieren.

Viereckiger Obstkuchen

Zutaten:

4 Eier
250 g Zucker
125 g Butter oder Margarine
1 Vanillinzucker, 400 g Mehl
1 Päck. Backpulver, etwas Milch
Obst (Äpfel, Pflaumen, Rhabarber oder Aprikosen)
Nüsse, Zucker, Zimt

Eier, Zucker und Butter und Vanillinzucker werden schaumig gerührt. Mehl, Backpulver und etwas Milch werden mit Stielteigschaber untergezogen zu einem schönen Teig. Auf das mit Backpapier ausgelegte Backblech wird der Teig gleichmäßig verteilt und mit Obst belegt. Man kann auch 2 verschiedene Sorten halbseitig belegen. Zum Schluß werden Nüsse, Zucker und Zimt miteinander vermischt und darüber gestreut.

Backzeit: 45 Minuten 175° C.

Schwäbischer Nusszopf

Zutaten:

(Mit Quark-Ölteig)
Teig:
150 g Magerquark
75 g Zucker, 3 Essl. Milch
5 Essl. Öl, 1 Ei
1 Vanillinzucker, 1 Prise Salz
300 g Mehl, 1 Päck. Backpulver
Nussfülle:
200 g geriebene Nüsse
3 Tr. Bittermandelöl
80 g Zucker, 1/2 Teel. Zimt
ca. 6 Essl. Sahne
1 Teel. Rum

Quark, Zucker, Milch, Öl, Ei, Vanillinzucker und Salz verrühren; Mehl mit Backpulver mischen, davon zwei Drittel unterrühren, Rest mit den Händen verkneten.
Zutaten zur Nussfülle verrühren. Teig 1/2 cm dick zu einem Rechteck auswellen, Nussfülle aufstreichen, der Länge nach aufrollen; Teigrolle längs halbieren, Schnittkanten nach außen drehen, beide Teile miteinander verschlingen.
Bei 180–200° C ca. 45 Minuten backen.
Nach Belieben mit erwärmter Aprikosenmarmelade oder Zitronenglasur bestreichen.

Palmkätzchen

Prinz-Eugen-Torte

Zutaten:

1 Biskuitboden dunkel
200 g Nüsse gemahlen
200 g Schokolade geraspelt
6 Be. Sahne
3 Vanillinzucker
4 Sahnesteif

Vom Tortenboden einen dünnen Deckel abschneiden, zur Seite legen. Der Tortenboden wird ausgehöhlt, es wird lediglich ein dünner Rand ringsherum und unten eine dünne Bodenplatte stehengelassen.
Die Bodenmasse wird auf ein Backblech zerbröselt und mit den Nüssen gemischt, anschließend im Backofen geröstet. Nach dem Erkalten wird die Schokolade untergehoben. Sahne mit Zucker und Sahnesteif schlagen.
Abwechselnd wird nun Sahne, Bröselmischung, Sahne, Bröselmischung in den ausgehöhlten Boden gefüllt. Deckel drauflegen, mit Sahne rundherum bestreichen und mit den restlichen Bröseln verzieren.

Bienenstich auf dem Blech

Zutaten:

Teig:
20 g Hefe, 1/4 l lauwarme Milch
500 g Mehl
75-100 g Zucker, etwas Salz
3 Tr. Bittermandel
50 g Butter oder Schmalz
Belag:
100 g Butter, 200 g Zucker
1 Päck. Vanillezucker
2 Essl. Milch
200 g Mandelblättchen oder gehackte Haselnüsse

Hefeteig herstellen aus oben genannten Zutaten und gehen lassen. Dann auf ein viereckiges Backblech streichen, nochmals kurz gehen lassen.
Für den Belag: Fett, Zucker, Vanillezucker zerlassen, die Milch hinzugeben und die Mandeln unterheben und kalt stellen. Die gut abgekühlte Masse (sollte sie zu fest sein, etwas Milch hinzugeben) gleichmäßig auf dem Teig verteilen. Backofen 10 Minuten vorheizen! Bei 200-220° C ca. 20-25 Minuten backen.
Nach dem Backen auf dem Rost erkalten lassen. Dann den Kuchen einmal durchschneiden und mit Sahne oder Buttercreme füllen.

Rhabarberkuchen mit Cremehaube

Zutaten:

Mürbteig aus 250 g Mehl
50 g geriebene Nüsse
1 Vanillinzucker, 1 Essl. Zimt
Rhabarbermasse:
500–750 g Rhabarber
130 g Zucker, 30 g Stärke
Cremehaube:
4 Blatt Gelatine
1/2 l Milch
50 g Zucker
1 Päck. Vanillpuddingpulver
1/4 l Sahne

Mürbteig aus 250 g Mehl herstellen, auswellen, Springformboden auslegen (Rand aussparen), 10 Minuten bei 180–200° C vorbacken, Rand anbringen; geriebene Nüsse, Vanillinzucker und Zimt mischen und auf den Teigboden streuen.
Rhabarber dünsten, Zucker zugeben. Stärke mit wenig Wasser anrühren, zum Rhabarber geben, unter Rühren aufkochen lassen. Masse auf den Mürbteig streichen, nochmals 20 Min. backen, erkalten lassen. Gelatine einweichen; aus Milch, Zucker, Vanillpuddingpulver einen Pudding herstellen, Gelatine darin lösen, unter Rühren erkalten lassen. Sahne steif schlagen, Puddingmasse unterheben, auf den Rhabarber streichen.
Kuchen mit Krokant verzieren.

Zuger Kirschtorte

Zutaten:

6 Eigelb, 5 Essl. Wasser
150 g Zucker, 1 Vanillezucker
2 Eiweiß, 5 g Backpulver
75 g Mehl, 75 g Mondamin

Nussmasse:
4 Eiweiß, 175 g Zucker
1 Vanillezucker
250 g gem. Nüsse oder Mandeln

Buttercreme:
1/2 l Milch, 1 Vanillepudding
100 g Zucker, 250 g Butter

Flüssigkeit zum Tränken:
stark 1/8 l Kirschwasser
schwach 1/8 l Wasser
60 g Zucker

Eigelb, Wasser, Zucker, Vanillezucker und das Eiweiß schaumig rühren. Das Backpulver, Mehl und Mondamin vorsichtig unterheben.
Ca. 25 Minuten bei 175° C backen.
Eiweiß zu Schnee schlagen, Zucker dazu – daraus 2 Baiserböden ca. 20 Minuten bei 175° C im Heißluftofen backen.
Unten Nussboden – Buttercreme – getränkter Biskuit, Buttercreme – zuletzt Nussboden – mit Puderzucker bestreuen.

Gleich ist,
sich von dem Menschen,
den man liebt,
verstanden zu fühlen.

Kirsch-Sahne-Torte

Zutaten:

für Nussboden:
4 Eier getrennt, 200 g Zucker
150 g gemahlene Nüsse
50 g Mehl
etwas Backpulver
1 Glas Kirschen
1 geh. Essl. Mondamin
1 Essl. Zucker
2 Be. Sahne
Kakao oder Eierlikör

Biskuit herstellen, Backzeit ca. 1/2 Stunde bei 175° C
Erkalteten Tortenboden auf Kuchenplatte geben, mit Ring umgeben.
Kirschen abtropfen lassen, 1/8 l Kirschsaft zum Kochen bringen. Mondamin und Zucker mit etwas Saft verrühren, mitaufkochen. Auf dem Boden verteilen. Sahne steif schlagen, auf die kalte Kirschmasse geben. Obendrauf Kakao stäuben oder Eierlikör.

Festliche Rhabarbertorte

Zutaten:

2 dünne, helle Biskuitböden
750 g Rhabarber
abgeriebene Schale 1 Zitrone
3 Essl. Zitronensaft
200 g Zucker
je 5 Blatt rote und weiße Gelatine
3/8 l Sahne
1 Vanillezucker
2 Essl. Erdbeermarmelade
1/4 l Sahne
Mandelblättchen zum Bestreuen
Kakao zum Besieben
Marzipanblüten zum Verzieren

Den gewaschenen Rhabarber in Stücke schneiden, mit Zitronensaft, Zitronenschale und Zucker mischen. Rhabarber bei schwacher Hitze weich kochen. Die eingeweichte Gelatine darin auflösen. Die Masse abkühlen lassen. Die Sahne steif schlagen, Vanillezucker zufügen und vorsichtig unter die steif werdende Rhabarbermasse heben.
Den unteren Biskuitboden mit der Erdbeermarmelade bestreichen. Den Rand einer Springform (oder Tortenrand) darum herumlegen. Die Rhabarbersahne auf den Boden streichen. Den zweiten Boden daraufgeben und leicht andrücken. Die Torte im Kühlschrank erstarren lassen. Tortenrand lösen. Die Sahne steifschlagen und die Torte damit einstreichen. Den Rand mit gerösteten Mandelblättchen bestreuen. Die Oberfläche mit gesiebtem Kakao bestreuen und mit Marzipanblüten garnieren.

Schoko-Gugelhupf

Zutaten:

200 g Butter
250 g Zucker
6 Eigelb
1 Prise Salz
Zitronenschale
1 Teel. gemahlener Zimt
200 g gemahlene Nüsse
125 g Mehl
1 Teel. Backpulver
6 Eischnee
200 g Vollmilchschokolade (grob geraspelt)

Aus Butter, Zucker, Eigelb eine schöne Schaummasse rühren, Gewürze, Nüsse, das gesiebte Mehl, den Eischnee und zuletzt die geraspelte Schokolade dazugeben. Man füllt den Teig in eine gut gefettete und mit Semmelbrösel ausgestreute Gugelhupf-Form und bäckt bei 175-180° C ca. 60-75 Minuten.

Nach dem Erkalten mit Schokoglasur überziehen.

Quarkblätterteig

Zutaten:

150 g Mehl
150 g Butter
150 g Speisequark

Butter mit dem Mehl abbröseln, d. h. mit trockenen kalten Händen leicht verreiben, bis Mehl und Butter gut vermischt sind. Dann den kalten, trockenen Quark darunterkneten und 1-2 Std. zugedeckt kalt stellen.
Zu Kleingebäck verarbeiten und mit Eigelb bestreichen.

Obstkuchen mit Guß

Zutaten:

Quarkölteig:
150 g Quark, 6 Essl. Öl
1 Ei, 75 g Zucker
1 Prise Salz, Zitronenschale
330 g Mehl, 1/2 Päck. Backpulver

Alle Zutaten vermischen, Backblech auslegen und mit 1 kg Äpfel belegen.

Quarkguss:
250 g Quark, 100 g Zucker
1/8 l saure Sahne, 2 Eigelb
1 Teel. Zimt, Zitronenaroma
1 Essl. Stärkemehl, 2 Eier

Alle Zutaten verrühren und über das Obst verteilen.

oder Rahmguss:
200 g saure Sahne oder Joghurt
3-4 Essl. Zucker, 2 Eier
Zitronenschale

Alle Zutaten verrühren und auf das Obst geben.

Kopfschmerzen lassen sich
mit einer Tasse Kaffee
ohne Zucker oder mit dem Saft
einer Zitrone vertreiben.
Kein Hochgenuss,
aber hoch wirksam.

Gespritzte Linzer Torte

Zutaten:

170 g Butter oder Margarine
130 g Puderzucker
1 Päck. Vanillezucker, 1 Ei
1/2 abgeriebene Schale einer unbehandelten Zitrone
1 Teel. Zimt, 1 Msp. Nelken
etwas Kakao, 1 Prise Salz
250-300 g Mehl
1 Teel. Backpulver
75 g gehackte Haselnüsse (für den Boden)
75 g gemahlene Haselnüsse (für das Gitter)
2 Essl. Rum
4-5 Essl. Johannisbeer- oder Himbeermarmelade

Butter, Zucker, Vanillezucker und Ei schaumig rühren. Gewürze und das mit Backpulver vermischte Mehl unterrühren, den Teig halbieren. Zu der einen Hälfte gehackte Haselnüsse und zu der anderen die gemahlenen Nüsse und den Rum geben. Den Teig mit den gehackten Nüssen in eine gefettete Springform füllen und mit der Marmelade bestreichen. Die andere Teighälfte in einen Spritzbeutel füllen und damit ein Gitter über den Kuchen spritzen.
Backzeit: 35 Minuten bei 175° C.
Zubereitungszeit: ca. 25 Minuten

Apfel-Zimttorte

Zutaten:

150 g Butter, 175 g Zucker
225 g Mehl, 1 Ei
1/2 Päck. Backpulver

5-6 Äpfel (z.B. Boskop, Jonagold, Cox Orange)
1/2 l süße Sahne, Mandeln
Zimt, Zucker
1/4 l Weißwein
1 Päck. klarer Tortenguß

Mehl mit Backpulver vermischen. Butter und Zucker schaumig rühren, Ei hinzugeben und verrühren. Das Mehl nach und nach zugeben. Teig in zwei Springformen (24 cm Ø) füllen und bei 180° C in circa 15 Minuten zwei Böden backen.
Die Böden aus der Form nehmen, jeweils mit Mandeln, Zimt und Zucker bestreuen. Die Äpfel schälen, das Kerngehäuse entfernen und in Spalten schneiden. Weißwein erhitzen, die Apfelspalten hinzugeben und circa 3 Minuten darin dünsten. Apfelspalten herausnehmen und den Saft mit Tortenguss andicken. Den angedickten Saft auf einem Boden verteilen. Die Apfelspalten darauf legen. Die Sahne steif schlagen, auf die Apfelspalten geben und mit dem zweiten Boden zudecken.

Zutaten:

(rote Johannisbeeren)
300 g Mehl, 175 g Margarine
1 Beutel Citro-back
100 g Zucker, 2 Eigelb
1 Beutel Rum-back
1 geh. Essl. Mehl
zum Bestreuen:
3 Essl. Semmelbrösel
50 g gemahlene Mandeln
1 Essl. Zucker, 1 Eigelb
Belag:
500 g rote Johannisbeeren
4 Eiweiß, 200 g Zucker
150 g gemahlene Mandeln

Schwäbische Träublestorte

Für den Teig alle Zutaten zu einem glatten Knetteig verarbeiten und kalt stellen. Teig ausrollen, in eine Springform legen. Unter die Teigreste den Essl. Mehl kneten und damit einen Rand hochziehen.
Den Boden mit Eigelb bestreichen. Semmelbrösel, Mandeln und Zucker darüberstreuen. In den vorgeheizten Backofen schieben und bei 175° etwa 15-20 Minuten vorbacken.
Beeren vorbereiten, Eiweiß zu steifem Schnee schlagen, Zucker und Mandeln unter Schlagen einrieseln lassen. Die Hälfte der Masse mit den Beeren vermischen, auf den Boden geben. Restliche Mandelmasse darüberstreichen.
Weitere 30–40 Minuten backen, bis die Masse fest und hellbraun wird. Nach dem Backen mit Puderzucker bestäuben und gekühlt servieren.

Zutaten:

Teig:
(Sahnebecher als Maß verwenden)
1 Be. Sahne (200 g), 1 Be. Zucker
1 Päck. Vanillinzucker, 4 kl. Eier
2 Be. Mehl, 1 Päck. Backpulver
Belag:
150 g Butter
150 g gehobelte Mandeln
1/2–1 Be. Zucker
3 Essl. Milch oder Sahne

Blitzkuchen

Sahne steif schlagen; ganze Eier schaumig rühren, Zucker und Vanillinzucker langsam einrieseln lassen, Mehl mit Backpulver mischen, unterrühren und unter die steife Sahne heben.
Teig auf ein mit Backpapier ausgelegtes Backblech streichen und 15 Minuten backen. Inzwischen die Zutaten zum Belag im Topf leicht erhitzen, bis die Zutaten geschmolzen sind; Mandelmasse auf dem Kuchen verteilen, nochmals 15 Minuten backen.

Feiner Käsekuchen

Zutaten:

250 g Mehl, 125 g Butter
75 g Zucker, 1 Ei
1 Msp. Backpulver
Für die Form:
Butter und Semmelbrösel-
Springform 26-28 cm
Käsemasse:
5 Eier getrennt, 100 g Zucker
1 P. Zitro- o. Orange-back
1 Pr. Salz, 1 Essl. Mehl
500 g trockener Quark oder Schichtkäse
1/2 l heiße Milch, 125 g Butter
1 Dose Mandarinen

Mürbteig herstellen und in Form legen, Rand ganz hochziehen. Eier trennen und Eiweiß steif schlagen. Eigelb, Zucker, Backaroma, Salz cremig aufschlagen, Mehl und Quark dazugeben. Milch und Butter erhitzen und dazu rühren. Den festen Eisschnee vorsichtig unterheben.
Die Hälfte der Masse auf den Mürbteig geben, die Mandarinen darauflegen, Rest der Masse darübergeben.
Im Backofen (vorgeheizt) 2. Schiene von unten bei 180° C ca. 55 Minuten backen.
Den Kuchen etwas auskühlen lassen und aus der Form nehmen.
- Schmeckt frisch am besten -

Apfelkuchen mit Bienenstichteig

Zutaten:

Teig:
300 g Mehl, 150 g Butter
80 g Zucker, 1 Vanillinzucker
1 Ei, 1 Essl. Sahne
1 gestr. Teel. Backpulver
3 Tr. Bittermandelöl
Füllung:
6-8 Äpfel, 2 Essl. Wasser
50 g Zucker, Zimt
2 Essl. Rum
Belag:
75 g Butter, 75 g Zucker
2 Essl. Honig, 3 Essl. Milch
100 g Mandelblättchen

Aus den Teigzutaten einen Mürbteig herstellen, auswellen, 2 Platten in Springformgröße auswellen, Rest für den Rand zurückbehalten. Springform mit einer Teigplatte auslegen und 10 Min. bei 200° C vorbacken. Äpfel schälen, schnitzeln, mit Wasser kurz dünsten und mit den übrigen Zutaten mischen. Restlichen Teig um den Springformrand legen und hochdrücken. Apfelmasse einfüllen, 2. Teigplatte auflegen.
Zutaten zum Belag im Topf zergehen lassen und auf die Teigplatte streichen.
Nochmals 20-30 Minuten backen.

Merke:
Honig darf nie in zu heiße Flüssigkeit (bis 40° C) gegeben werden,
sonst verliert er seine heilsamen Bestandteile.

Eier – Kaffee – Grog

Zutaten für 4 Gläser:

1/4 l Bohnenkaffee
4 Eigelb
80 g Zucker
1 Päck. Vanillinzucker
8 Essl. Weinbrand

Eigelb, Zucker und Vanille schaumig schlagen. Kaffee heiß zugießen.
Auf kleinster Flamme oder im Wasserbad schlagen, bis die Masse dicklich wird (nicht kochen!). Weinbrand zugeben und in vorgewärmte Gläser füllen. Mit etwas Pulverkaffee bestäubt servieren.

Eierlikörkuchen

Zutaten:

5 ganze Eier
2 Vanillinzucker
250 g Puderzucker
1/4 l Öl
1/4 l Eierlikör (oder Sahne, wenn er für Kinder gemacht wird)
1 Backpulver
250 g Mehl
2-3 Essl. Kaba

Eier, Puderzucker, Vanillezucker verrühren, Öl und Eierlikör dazugeben, Backpulver mit Mehl vermischen und unterrühren. Eine Gugelhupfform ausfetten, mit 2/3 des Teiges füllen. In restlichen Teig 2-3 Essl. Kaba rühren, ebenfalls in die Form geben, mit Gabel unterrühren.
Bei 180-200 ° C 1 Stunde backen.

Philadelphiatorte

Zutaten:

300 g Löffelbiskuit (Zwieback)
125 g Margarine
200 g Philadelphiakäse
1 Tasse Zucker
1 Päck. Vanillinzucker
Saft einer Zitrone
1 Päck. Götterspeise (Zitronengeschmack)
1 Tasse Wasser, 500 ml Sahne

Biskuits mahlen, 1 Tasse davon zurückbehalten. Den Rest mit der Margarine verkneten. Die Masse auf einer Platte zu einem Boden drücken und einen Tortenring herummachen. Philidelphia, Zucker, Vanillezucker und Zitronensaft vermischen. Götterspeise mit einer Tasse Wasser anrühren. Vor dem Kochen vom Herd nehmen, lauwarm rühren oder abkühlen lassen. Diese unter die Käsemasse geben.
Die Sahne unter die Masse geben und auf dem Tortenboden verteilen. Die zurückgelassene Tasse Biskuits darüberstreuen und gut durchkühlen lassen (am besten im Kühlschrank).

Sprudel-Schokoladen-Kuchen

Zutaten

5 Eier, 2 Tassen Zucker
1 Päck. Vanillinzucker
1 Prise Salz
200 g gemahlene Haselnüsse
1 Tasse Kaba, 2 Tassen Mehl
1 Päck. Backpulver
Backaroma, 1 Tasse Öl
1 Tasse Mineralwasser
Schokoladenguss

Eier, Zucker, Vanillinzucker und 1 Prise Salz schaumig schlagen. Haselnüsse, Kaba, Mehl, Backpulver, Backaroma, Öl und Mineralwasser untermischen.
Springform, Kastenform oder Gugelhupfform einfetten und Teig einfüllen. Ca. eine 3/4 Stunde bei 175° C backen, auskühlen lassen und mit Schokoladenguss überziehen.

Malakofftorte mit Nuss-Nougat

Zutaten:

4 Eier
heißes Wasser, 100 g Zucker
75 Mehl, 30 g Speisestärke
10 g Kakao
1/2 gestr. Teel. Backpulver
Für die Füllung:
250 g Zucker, 2-3 Be. Sahne
1 Päck. Vanillinzucker
ein wenig Nuss-Nougat-Creme
Löffelbiskuit

Boden bei 175-200 ° C etwa 30-35 Minuten backen.
Quark mit geschlagener Sahne und zerlassener Nuss-Nougat-Creme vorsichtig mischen. Biskuits in gemischtem Kirschlikör und Kirschwasser tränken, Boden 1x durchschneiden und auf den unteren Boden Johannisbeergelee streichen, dann die Quarkcreme daraufstreichen. Eine Lage Löffelbiskuit auflegen, dann Quarkcreme und wieder Löffelbiskuit. Auf die Löffelbiskuit kann man nach Belieben noch Rum aufträufeln.
Jetzt den Boden auflegen und mit Schokoglasur verzieren.

Himbeertrüffel-Eier

Zutaten:

125 g Sahne, 25 g Butter
50 g Himbeergelee
250 g Kuvertüre, 3 cl Himbeergeist
100 g Rohmarzipan
50 g Puderzucker

Die Sahne erhitzen und die Butter darin auflösen. Das Gelee hinzugeben und die Masse kurz aufkochen. Die Kuvertüre auflösen und hinzugießen. Den Himbeergeist zugeben und alles zu einer homogenen Masse rühren. Zum Erkalten wird die Trüffelmasse in eine Aluform (Eiswürfelbehälter) gestrichen. Sobald sie schnittfest aber noch formbar ist, in 1 x 2 cm große Würfel schneiden und zu Eiern formen. Die Marzipanmasse mit dem Puderzucker verwirken und dünn ausrollen (auf Butterpapier); Streifen, Blümchen etc. ausschneiden und die erstarrten Eier damit verzieren.

Unlingen

Die Gemeinde Unlingen zählt zusammen mit ihren Teilorten Dietelhofen, Göffingen, Möhringen und Uigendorf ca. 2.500 Einwohner. Der Hauptort Unlingen selbst liegt zwischen Bussen und Donau in schöner Lage im Kanzachtal. Alle Teilorte sind äußerst idyllisch um den Berg herum angelegt.

Der Hochaltar der Barockkirche Maria Immaculata in Unlingen stammt von dem berühmten Bildhauer Johann Joseph Christian aus Riedlingen und dessen Sohn Franz Joseph Christian. Die Klosterkapelle mit der „Mutter Gottes auf der Saul", erbaut im 17. Jahrhundert, befindet sich beim ehemaligen Franziskanerinnenkloster Unlingen, das im Jahre 1414 von drei Schwestern aus Gundelshausen gegründet wurde. Beim Gang durch das Dorf fallen unter anderem das ehemalige Rathaus und das Pfarrhaus von Unlingen mit wunderschönem, sehr gut erhaltenem Fachwerk auf.

Von allen Teilorten aus bestehen befestigte Wanderwege zum Bussen. An besonderen Marienfesten pilgern zahlreiche Gläubige zur Wallfahrtskirche auf den Bussenberg. Die schöne und weitgehend noch unberührte Natur- und Erholungslandschaft rund um den Bussen kann auch per Rad erkundet werden. Ein kreisweit ausgeschildertes Radwegenetz ermöglicht vielfältige Radwanderungen. Von Unlingen aus führt ein Radweg über Möhringen, Dietelhofen, Uigendorf und Aderzhofen nach Offingen auf den Bussen. Von dort aus gibt es die Möglichkeit, direkt nach Unlingen durch den „Bussenwald" oder über Göffingen zurückzuradeln. Bedeutende Radwege führen durch Unlingen, so der internationale Donauradwanderweg und der Radweg Donau (Oberschwaben) – Bodensee. Von der Grund- und Hauptschule mit Werkrealschule Unlingen wurde am westlichen Hang des Bussenwaldes ein Waldlehrpfad angelegt. Über die Flora und Fauna dieses Waldes informieren zahlreiche Hinweistafeln.

Im Brauchtums-Jahreskreis von Unlingen nimmt das historische dreitägige Annafest im Juli eine wichtige Rolle ein. Ähnlichen Stellenwert in der Heimatgemeinde hat das Ulrichsfest im Teilort Uigendorf, das ebenfalls im Juli stattfindet.

Josef von Kopf (1827-1903) und Prof. Karl Rieber (1888-1957), zwei bedeutende Bildhauer, und der weithin bekannte Heimatforscher und Autor des Unlinger Heimatbuches, Pfarrer Theodor Selig (1874-1967), sind in Unlingen geboren.

Uttenweiler

Inmitten der herrlichen oberschwäbischen Landschaft liegt Uttenweiler mit seinen im Zuge der Kreisreform (1973) eingemeindeten Teilorten Ahlen, Dieterskirch, Dietershausen, Oberwachingen, Offingen und Sauggart. Die Gesamtgemeinde hat 3.500 Einwohner.
Die beiden schmucken, barocken Kirchtürme der Pfarrkirche St. Simon und Judas grüßen schon von weitem. Unmittelbar daneben erhebt sich das stattliche Pfarrhaus, der letzte Rest der ehemaligen Klosteranlage der Augustinereremiten. In der Dorfmitte befindet sich das Schloss, einst Wohnsitz der Ortsherren von Stein. Die Schlossmühle stellte als letzte von drei Mühlen im Jahre 1990 den Mahlbetrieb ein. Abt Ulrich von Marchtal, in Uttenweiler geboren, hat dieses architektonische Schmuckstück mit wunderschönem Fachwerk 1723 neu aufgebaut. Das Gebäude wird inzwischen als Wohn- und Geschäftshaus genutzt. Im Ortskern entstanden nach Abbruch einiger Altbauten zahlreiche neue Gebäude. Neben einem neuen Rathaus mit Fremdenverkehrsamt, Bücherei und großem Bürgersaal gibt es auch ein neues Wohn- und Geschäftszentrum. Das alte Schulhaus wird als „Haus der Vereine" genutzt, denn Anfang der Siebziger-Jahre wurde die wesentlich größere Abt-Ulrich-Blank-Schule, eine Grund- und Hauptschule mit Werkrealschule, gebaut. Eine Turn- und Festhalle ist angegliedert.

Auf den Bussen wird zwar an anderer Stelle in diesem Buch näher eingegangen, aber da er auf der Gemarkung Uttenweiler liegt, hier ein paar Sätze dazu. Im Volksmund wird er liebevoll als „Heiliger Berg Oberschwabens" bezeichnet. Jedes Jahr kommen viele Pilger zu dem bekanntesten Marienwallfahrtsort Oberschwabens. Am Fuße des Bussenberges liegt wie ein Teppich der gepflegte Teilort Offingen. Immer wieder entstehen unter Bewohnern der Bussengemeinden Diskussionen, wer nun eigentlich vor und wer hinter dem Bussen wohne. Meist wird dann wie folgt argumentiert: „Wer dr Mutter Gottes ens Gsicht sieht isch vor em Bussa ond dia wo ra uf da Buckel gucket send henderm Bussa".
Weitere Sehenswürdigkeiten sind die St.-Uta-Kapelle mit Flügelaltar von Prof. Burkhart in Uttenweiler, der Aussichtspunkt „Ahlener Höhe", das 600 Jahre alte Naturdenkmal „Ahlener Eiche" sowie die Sebastian-Sailer-Gedenkstätte im Pfarrhaus in Dieterskirch. Der Prämonstratenserchorherr und Mundartdichter Sailer wirkte im 18. Jh. in Dieterskirch 17 Jahre lang als Pfarrer.

Erdbeerbowle alkoholfrei

Zutaten:

500 g Erdbeeren
(frisch oder gefroren)
100 g Zucker
Saft von 1-2 Zitronen
1 Fl. Apfelsaft
1/2 Fl. Johannisbeersaft
1/2 Fl.Mineralwasser

Erdbeeren in Stücke schneiden und einzuckern, mit wenig Apfelsaft übergießen und bei Zimmertemperatur einige Stunden ziehen lassen.

Gekühlte Säfte und Mineralwasser kurz vor dem Servieren zugeben.

Maibaum

Rumtopf

Zutaten:

je 500 g verschiedene Früchte
je 500 g Zucker
2/3 Rum (54%)
1/3 Rotwein

Suchen Sie sich aus dem vorhandenen Angebot an Erdbeeren, Sauerkirschen, Pfirsichen, Birnen und Pflaumen die besten heraus. Nun die Birnen schälen, die Kirschen und Pflaumen entsteinen und kleingeschnitten zusammen mit den Erdbeeren und Birnen in einer großen Schüssel einzuckern. Auf eine Lage Früchte eine Schicht Zucker geben. Nach etwa einer Stunde in den Rumtopf (möglichst ein altes Gefäß aus Steingut) geben und mit dem Rum und dem Rotwein so weit auffüllen, dass die Früchte gut bedeckt sind. Nun den Topf mit Pergament- oder Cellophanpapier abdichten und mindestens vier Wochen reifen lassen. Sie können jederzeit weitere Früchte dazugeben. Vergessen Sie jedoch nicht, nach jeder Füllung das Ganze mit einem Löffel oder einer Kelle durchzurühren, damit sich der am Boden befindliche Zucker löst und die Früchte gemischt werden.

Erdbeeren mit Orangen-Weinschaum

Zutaten:

500 g Erdbeeren, etwas Zucker
Soße: 2 Eier
100 g Zucker
1/8 l frisch gepresster Orangensaft
1/8 l Weißwein
1 Essl. Speisestärke

Die Erdbeeren waschen, entkelchen, leicht zuckern und eine Stunde kühl stellen. Aus den angegebenen Zutaten eine abgeschlagene Soße bereiten. Die Erdbeeren in Gläser verteilen und mit der warmen Soße übergießen. Heiß oder kalt servieren.

Tipp:
Besonders gut schmeckt die Soße mit einem Schuss Orangenlikör.

Anmerkung. Wer es nicht ganz so süß mag, kommt mit 50 g Zucker für die Soße aus.

Himbeerwolke

Zutaten:

400 ml Himbeersaft (gesüßt)
4 Blatt weiße Gelatine
2 Blatt rote Gelatine

Die eingeweichte und aufgelöste Gelatine nach Anweisung zum Himbeersaft geben. Wenn die Masse zu stocken beginnt, mit dem Handrührgerät auf höchster Stufe schaumig schlagen, in eine Schüssel füllen und kalt stellen. Mit Vanillinsoße, Sahne und frischen gezuckerten Himbeeren servieren.

Tipp 1:
Das Dessert kann auch mit anderen Säften (wie Erdbeer-, Johannisbeer- oder Sauerkirschsaft) zubereitet werden.
Tipp 2:
Die Nachspeise ist bei den Kindern besonders beliebt.

Pfirsichpüree mit Schlemmersauce

Zutaten:

400 g Pfirsiche, 500 ml Saft
250 ml Weißwein
60 g Speisestärke
100 g Zucker
150 g Sauerrahm
150 g süße Sahne
6 Essl. Zucker, 6 Essl. Eierlikör

Pfirsiche pürieren und mit Saft, Weißwein und Zucker zum Kochen bringen. Mit Speisestärke binden und erkalten lassen.
Sauerrahm, Sahne, Zucker und Eierlikör verrühren und über das Pfirsichpüree geben.
Garnitur: Pfirsichstücke, gehackte Pistazien

Cremelikör

Zutaten:

250 ml Sahne
100 m Milch
50 g Zucker
3 Essl. Kaba
4 cl Weinbrand

Alle Zutaten miteinander in einer Flasche (ca. 0,5 l Inhalt) vermengen, gut schütteln bis sich der Zucker gelöst hat. Schmeckt am besten gut gekühlt.
Wird im Likörglas oder in der Trinkwaffel serviert.

Quarkauflauf mit Obst

Zutaten:

4 Eigelb
100 g Zucker
75 g Grieß oder Vollkorngrieß
2 gestr. Teel. Backpulver
abgeriebene Schale einer Zitrone
1 Prise Salz
500 g Quark
4 Eiweiß
1 Glas Obst
oder Frischobst nach Belieben

Eigelb und Zucker schaumig rühren; Grieß mit Backpulver mischen und mit Zitronenschale, Salz und Quark unter die Schaummasse rühren. Eiweiß steif schlagen, Quarkmasse locker unterheben. Obst abtropfen lassen oder Frischobst vorbereiten und abwechselnd in eine mit Brösel ausgestreute Auflaufform geben.
Semmelbrösel und Butterflocken auflegen.
Bei 190° C 40-50 Minuten backen.

Reis Trautmannsdorf

Zutaten:

3/4 Milch, 200 g Milchreis
100 g Zucker, 4 Essl. Rum
1 Glas Obst
oder 500 g Frischobst
nach Belieben
(vorbereitet und evtl. gewürfelt)
200 g Sahne
1 Vanillinzucker

Milch zum Kochen bringen, Milchreis und Zucker einstreuen, 30-40 Min. bei schwacher Hitze ausquellen und danach erkalten lassen. Ab und zu umrühren.
Sahne mit Vanillinzucker steifschlagen und unter den Milchreis heben. Früchte vorsichtig untermischen. Reis Trautmannsdorf in eine Schüssel füllen und mit Früchten und Sahnetupfen verzieren.

Apfelwaffeln

Zutaten:

125 g Fett, 50 g Zucker
1 Päck. Vanillinzucker
2-3 Eier, 1/8 l Milch
250 g Mehl, 1 Teel. Backpulver
300 g Äpfel

Zutaten miteinander verrühren, anschließend im Waffeleisen ausbacken.

Obstsalat „Bauerngarten"

Zutaten:

2 Äpfel
2 Birnen
150 g entsteinte Zwetschgen
50 g Walnüsse
Zucker nach Belieben
Saft von einer Zitrone
etwas Birnenschnaps

Das Obst waschen und abtropfen lassen. Äpfel und Birnen vierteln, entkernen und in Scheiben schneiden. Die Zwetschgen je nach Größe halbieren oder vierteln. Walnüsse grob hacken und zum Obst geben. Den Fruchtsalat mit Zucker, Zitronensaft und Birnenschnaps abschmecken, kurz durchziehen lassen und servieren. Nach Belieben geschlagene Sahne dazu reichen.

Grütze

Zutaten:

Rote Grütze:
1 kg rohe Früchte (Himbeeren, Erdbeeren, Sauerkirschen, Johannisbeeren, Rhabarber)
1/4 l Wasser oder Saft
ca. 150 g Zucker
60-80 g Speisestärke

Gelbe Grütze:
1 kg gelbe Früchte (Aprikosen, Pfirsiche, Ananas, Birnen)
1/4 Wasser oder Saft
ca. 150 g Zucker
2 P. Vanillinzucker

Grüne Grütze:
1 kg grüne Früchte (Kiwis, Stachelbeeren, Weintrauben, Rhabarber, Waldmeistersirup)
1/4 l Wasser oder Saft
ca. 150 g Zucker
60-80 g Speisestärke

Blaue Grütze:
1 kg blaue Früchte (Heidelbeeren, Bromberen, Holunderbeeren, Weintrauben, Zwetschgen)
1/4 l Wasser oder Saft
ca. 150 g Zucker
60 g Sago oder
8-10 Blatt weiße Gelatine

Die Hälfte der Früchte mit dem Saft kurz aufkochen lassen und andicken. Mit Zucker und Zitronensaft abschmecken. Die restlichen Früchte unterheben.

Kräuterweihe (15. August)

Holunderblüten-Sirup

Zutaten:

20 Holunder-Blütendolden
2 Naturzitronen (Scheiben)
2 l Wasser

Blütendolden vorsichtig waschen (schwarze Käfer!). Zusammen mit Wasser und Zitronenscheiben in größeres Gefäß geben. Zugedeckt 24 Stunden ziehen lassen, grobe Teile entfernen, Flüssigkeit abseihen und mit folgenden Zutaten vermischen:
2 kg Sandzucker
60 g Zitronensäure
Zugedeckt 24 Stunden stehen lassen, dabei öfters umrühren, damit sich der Zucker auflöst. In Flaschen abfüllen und kühl lagern. Mit Mineralwasser, Eiswürfeln und einer Zitronenscheibe serviert ein kühler, erfrischender Drink an heißen Tagen

Tipp: Ein Schuss Gin macht es zum raffinierten Longdrink für warme Sommerabende im Garten. Eine kleine Menge Sirup, mit Sekt oder Prosecco aufgefüllt ist eine raffinierte Variante!

Holunder-Gelee oder Holunder-Apfel-Gelee

Zutaten:

2 l Fruchtsaft (Holundersaft pur oder 2 Teile Holunder +
1 Teil Apfelsaft)
2 Pack. Dr. Oetker Gelierzucker 2:1
(500 g Gelierzucker
für 1 l Saft – Saft von 4 Zitronen
2 Stangen Zimt
4 Gewürznelken
- evtl. Sternanis
geriebene Zitronenschale
1–2 Gläser Rum
oder Zwetschgenwasser

Holunderbeeren und Äpfel entsaften. Fruchtsaft mit entsprechender Menge Gelierzucker und Zitronensaft erhitzen, Gewürze nach Geschmack (in Stoffbeutelchen oder Teefiltertüte) dazugeben und zusammen aufkochen. Kochzeit auf Gelierzucker-Packung beachten. Gewürze entfernen, Alkohol zugeben und heiß in Schraubdeckelgläser abfüllen.

Tipp: Dieses Gelee schmeckt durch seine würzige Note besonders gut in den Wintermonaten. Es kann auch zu Wildgerichten serviert werden, statt Preiselbeeren.

Wenn es also diesen Fehler tief drin gibt,
dass ich mir immer gedacht habe,
dass es einmal anfangen würde,
das Leben, bevor das Alter käme…
Also – es ist nur das Alter gekommen –
und nicht das Leben.

Frühlingsgefühle einer leidenschaftlichen Hobbygärtnerin

Frühling ist's ...

wenn die Mucken geigen
in Busch und Baum die Säfte steigen
Rälle die ganze Nacht dur rällen
und Hundlinge den Mond anbellen

wenn Hasen Eier legen statt rammeln
die Ehmen fleißig Honig sammeln
Laiberzecken auf der Lauer hocken
und alte Geißböcke träumen vom Bocken

wenn Sauen saumäßig gern sauen
Kühe auf der Wiese wiederkauen
Schnecken wieder Spuren rotzen
und Kinder trielend Stieleis schlotzen

wenn der Kuckuck frühmorgens schreit
und Eier aus fremden Nestern keit
vor hechelnden Joggern der Nussjäck warnt
der Fuchs die schwangere Füchsin umgarnt

wenn im Starenkasten einzieht der Star
und das Hengalagsälz wird langsam rar
zaghaft die lauen hellen Nächte kommen
wo „Singels" öfters Sehnsucht bekommen

wenn die Biergärten wieder geöffnet haben
sich alle „open air" am Weizenbier laben
die Mädels in kurze Röckchen schlupfen
dann, ja dann ist sie endlich wieder da . . .

die Zeit zum Rettich und Zwiebeln stupfen.

Hanna Nuber

Frauenschuh

Reisauflauf mit Obst

Zutaten:

Für 4 Personen:
1 l Milch, 1 Prise Salz
1 kl. Stück Zitronenschale
250 g Rundkornreis
50-75 g Butter, 4 Eier
50 g gehackte Haselnüsse
250 g Magerquark
2 Äpfel (oder Birnen, Pfirsiche etc. je nach Saison)
evtl. Marmelade

Aus Milch, Salz, Zitronenschale und Reis einen Brei kochen und etwas abkühlen lassen. Butter, Zucker und Eigelb schaumig rühren, den Reisbrei nach und nach zufügen und Nüsse sowie Quark unterrühren. Eiweiß zu festem Schnee schlagen und zuletzt unterheben. Einen Teil der Masse ca. 2 cm hoch in eine gefettete Auflaufform füllen.

Äpfel (oder anderes Obst) schälen, entkernen, nach Belieben mit Marmelade füllen, auf den Reisbrei setzen und mit dem restlichen Brei abdecken. Backzeit: 45 Min. bei 210° im vorgeheizten Ofen

Sauerkirschcreme „Margret"

Zutaten:

Für 6 Personen:
1 Glas Sauerkirschen
1/8 l Sherry, 1 P. rote Gelatine
1 Eiweiß, 1 Essl. Zitronensaft
100 g Zucker, 1 P. Vanillinzucker
1/2 l Sahne
Verzierung:
Sahne

Den Sauerkirschsaft mit dem Sherry auf 1/2 l ergänzen. Die eingeweichte Gelatine nach Anweisung zu dem Saft geben und stocken lassen. Das Eiweiß mit dem Zucker und dem Zitronensaft steif schlagen und mit der geschlagenen Sahne unter die Masse heben. Die Creme portionieren, die abgetropften Sauerkirschen daraufgeben und einsinken lassen. Mit Sahne verzieren.

Tipp: Die Creme ist einfach in der Zubereitung.

Anmerkung: Bei gekauften Sauerkirschen die Zuckermenge reduzieren.

Marillenknödel mit Mohn

Zutaten:

1 kg Pellkartoffeln (mehlig)
150 g Mehl, 1-2 Eier
8 Aprikosen, 8 St. Würfelzucker
4 Essl. Butter, 3 Essl. Mohn
2 Essl. Zucker, 1/2 Essl. gem. Zimt

Gekochte Kartoffeln noch warm pellen und durch die Kartoffelpresse drücken. Eier unterziehen, dabei kräftig rühren. Mehl hinzufügen und unterrühren. Aprikosen entsteinen (große Früchte vierteln). Aus dem Teig tennisballgroße Knödel formen, ins Innere Aprikosen und je 1 Stück Würfelzucker geben. Knödel rund formen, in schwach gesalzenes, kochendes Wasser geben und bei sanfter Hitze etwa 20 Minuten ziehen lassen. Butter zerlassen, Mohn und Zucker hinzugeben und verrühren. Knödel aus dem Wasser nehmen und kurz abtropfen lassen. Knödel mit Zimt bestreuen und mit Mohnmischung übergießen.

Apfelkrazet

Zutaten:

250 g Mehl, 3-4 Eier
3/8 l Milch, 1 Prise Salz
Zucker nach Belieben
3 Äpfel, 100 g Butter
Zucker zum Bestreuen

Mit Mehl, Eier und Milch, unter Zugabe von Zucker und Salz, wird ein Teig angerührt. Nun werden die geschälten und geschnitzelten Äpfel in der Pfanne in etwas Butter angedünstet und mit dem Teig übergossen. Unter ständigem Verrühren mit der Backschaufel wird so lange gebacken, bis das Krazet auf allen Seiten gebräunt ist. Zum Servieren wird es mit Zucker bestreut.

Gefüllte Äpfel „Schwäbischer Art"

Zutaten:

Für 4 Personen:
4 große Golden Delicious
300 g geschnittenes Kalbfleisch
200 g kleine Champignons
1 kleine Zwiebel
1 Teel. Kapern
1 Zitrone, 1/4 l Weißwein
50 g Mandelraspel, etwas Fett, Gewürze, 2 Eigelb

Äpfel gut waschen und von der Blüte aushöhlen. Weißwein zum Kochen bringen und Fleisch darin 15 Minuten kochen. Zwiebel glasig dünsten (fein gewiegt). Aus Eigelb im Wasserbad „Hollandaise" herstellen, abkühlen lassen, Kapern und Champignons zugeben, mit Salz, Zitrone, Pfeffer, Senf, Estragon abschmecken, Fleisch (abgetropft) vorsichtig dazugeben. Mandeln rösten. Äpfel in Auflaufform stellen und mit der Masse füllen, restliche Masse aufheben. Zwiebeln obenauf geben. Form mit Inhalt (gedeckt) 15-20 Minuten mit Mittelhitze im Backofen backen, dann auf Teller geben und mit Mandeln bestreuen.
Nochmals 5 Minuten in den Ofen geben und sehr heiß servieren.

Birnen-Quark-Auflauf

Zutaten:

4 Birnen
1 Zitrone (Saft und Schale)
80 g Butter
80 g Zucker
3 Eier
500 g Speisequark
50 g Grieß
1/2 Päck. Backpulver
70 g gehackte Mandeln

Birnen schälen, halbieren und das Kerngehäuse entfernen, in eine Auflaufform legen und mit Zitronensaft beträufeln. Alle übrigen Zutaten mit dem Handrührgerät glattrühren und über die Birnen verteilen, gehackte Mandeln darüberstreuen.

Den Auflauf im vorgeheizten Backofen bei 190° C ca. 50 60 Min. backen.

Dazu passt sehr gut eine Vanillesoße.

Apfelkrapfen, neue Art

<u>*Zutaten:*</u>

4 dicke, feste Äpfel
Saft von 1 Zitrone
50 g Zucker
2 Päck. Vanillinzucker
8 Essl. Weinbrand
je 1 Msp. feingemahlenes
Kardamon, Zimt, Nelken
4 Essl. Korinthen
8 gestrichene Essl. Mehl
2 Eier, 1/2 Teel. Salz
50 g Butter
1 gestr. Teel. Stärke
1 Paket Vanilleeis

Die Äpfel schälen, die Kerngehäuse herausstechen, dicke Ringe schneiden. Die Apfelringe in eine flache Schale legen. Den Zitronensaft, 2 gestrichene Essl. Zucker, den Vanillezucker, den Weinbrand, das Kardamon, den Zimt und die Nelken darübergeben.
Alles 1 Stunde ziehen lassen. Die Korinthen waschen. In eine Schale mit 3/8 l Wasser 6 gestr. Essl. Mehl glatt einrühren. Dann die Eier, das Salz, 1 gestrichenen Teel. Zucker und die Korinthen zufügen. Das restliche Mehl auf einen Teller geben. In einer großen Pfanne die Butter erhitzen. Die Apfelringe mit einer Gabel einzeln aus der Marinade heben, abtropfen lassen, in Mehl wenden, in den Teig tauchen und in Butter bei mittlerer Hitze braun braten. Die Würzmarinade durchseihen und in einem Topf erhitzen. Die Stärke anrühren und damit die Marinade aufkochen und eindicken. Abkühlen lassen und als Sauce servieren.
Die Apfelkrapfen mit Vanilleeisstückchen anrichten.

Schwarzwaldbecher

<u>*Zutaten:*</u>

1000 g Sahnequark, Milch
200 g Zucker
2 Päck. Vanillezucker
600 g Sauerkirschen
8 Essl. Kirschwasser
150 g Blockschokolade

Den Quark mit Milch, Zucker und Vanillezucker schaumig rühren. Zum Schluß das Kirschwasser unterrühren. In Glaskelchen abwechselnd den Quark, die abgetropften Sauerkirschen und die geriebene Blockschokolade einschichten. Einige Kirschen zum Garnieren zurücklassen.

Simsalabim

<u>*Zutaten:*</u>

Für 4 Personen:
800 g Äpfel, 2 Glas Apfelsaft
Zucker, Stangenvanille
Becher süße Sahne

Die Äpfel dünn schälen und entkernen. In kleinere Stücke schneiden. Mit etwa 2 Glas Apfelsaft, Zucker nach Geschmack und einem Stück Stangenvanillie (aufgeschlitzt) gar dünsten (nicht zu Mus kochen!). Portionen in Schalen oder Gläser geben und kaltstellen. Vor dem Anrichten mit ungeschlagener und ungezuckerter Sahne übergießen.

Brauchtumspflege

Der Kreis Biberach wird auch als „Himmelreich des Barocks" bezeichnet. Diese Umschreibung passt sehr gut für die Gegend rund um den Federsee und Bussen. Es ist vorwiegend bäuerliches Land mit alter Kultur und oberschwäbischer Tradition. Hier wird noch überliefertes, vorwiegend kirchliches Brauchtum gelebt und gepflegt. Im Jahreslauf sind dies zum Beispiel das Palmenbinden für die feierliche Prozession am Palmsonntag, die Öschprozession an Christi Himmelfahrt und die Fronleichnamsprozession zu Altären mit kunstvollen Blumenteppichen in der Gemeinde. Zur Tradition gehört auch der Erntedank.
Weltliches Brauchtum wie das Maibaumstellen und der Funkenbau werden gepflegt. Am ersten Sonntag nach der Fasnet kann man nach Einbruch der Dunkelheit auf den Anhöhen der Federsee- und Bussengemeinden ringsum die Funkenfeuer brennen sehen, die das Vertreiben des Winters versinnbildlichen.
Die vielen Heimat- und Dorffeste zeigen, dass die Menschen hier gerne festen und feiern – und zur Lebensqualität gehören gutes Essen und Trinken, obwohl früher, bedingt durch die wenig ertragreichen Moorgebiete, eher karge Lebensbedingungen herrschten. Aber die schwäbischen Köchinnen verstanden es schon immer, auch aus weniger üppigem Vorrat, eine deftige, herzhafte und bodenständige Kost auf den Tisch zu bringen, wie die Rezepte in diesem Buch bezeugen.

Hanna Nuber

Blumenteppich an Fronleichnam

Schwäbische Apfelspeise

Zutaten:

6 Äpfel, 100 g Zucker
200 ml Apfelsaft
200 ml Milch, 40 g Stärke
200 ml Sahne, Sahnesteif
Vanillinzucker
Zum Garnieren:
geröstete Haferflocken
evtl. 20 ml Rum

Äpfel würfeln, mit Zucker und Apfelsaft glasig kochen, Milch zugeben und mit in Milch aufgelöster Stärke andicken (Rum zugeben) und erkalten lassen. Sahne steif schlagen und unter die erkaltete Apfelmasse heben und garnieren.

Festlicher Apfelsalat

Zutaten:

4 große säuerliche Äpfel
2 Essl. Zitronensaft
200 g Emmentaler, 200 g Schinken
50 g grob gehackte Walnusskerne
3 Essl. Crème fraîche
oder Mayonnaise
6 Essl. Joghurt, 1 Teel. Senf
1 Teel. Meerrettich
2 Essl. Apfelsaft oder Weinbrand
Salz, Pfeffer, Zucker

Die Äpfel vierteln und in ganz feine Scheiben schneiden. Sofort mit Zitronensaft mischen. Den Käse und den Schinken in feine Streifen schneiden und mit den restlichen Zutaten unter die Äpfel mengen. Mit den Gewürzen pikant abschmecken.
Den Salat auf Lollo rosso oder Radicchio anrichten.

Unschuld vom Lande

Zutaten:

Für 4 Personen
4 mittelgr., gelagerte, feste Äpfel
4 gehäufte Essl. Hagebuttenmark
4 Gl. (2 cl) Zwetschgenschnaps
etwas brauner Zucker

Die Äpfel werden geschält und die Kerngehäuse ausgestochen. Im Dampfkochtopf werden die Äpfel so gekocht, dass sie zwar weich sind, aber nicht zerfallen (ca. 2-4 Minuten). Das Kernhausloch wird 3/4 mit Hagenbuttenmark sorgfältig aufgefüllt, über den ganzen Apfel das Zwetschgenwasser gegossen und etwas brauner Zucker gestreut und angezündet.

Mandel-Schoko-Quark

Zutaten:

250 g Speisequark
5 Essl. Nutella
1/8 l süße Sahne
1/8 l Milch
1 Essl. Zitronensaft
Zucker nach Geschmack
50 g Mandeln

Alle Zutaten mit dem Handrührgerät verrühren, in Glasschalen füllen.
Gut gekühlt servieren.

Baumblüte schnell und ohne Regen,
verspricht beim Obste großen Segen.

Vanilleäpfel

Zutaten:

6–8 mittelgroße Äpfel – sind zum Kochen
1/2 l Wasser
Zucker nach Geschmack
Zitronensaft
Zur Fülle:
säuerlich schmeckendes Gelee od. Marmelade
Zur Creme:
1/2 l Milch
Vanillezucker
30–60 g Zucker
1–2 Eier getrennt
25 g Stärkemehl

Äpfel im ganzen schälen, Kernhaus ausstechen, im Sud vorsichtig weichkochen, in Glasschüssel oder tiefe Platte setzen, füllen:
Eigelb mit Zucker schaumig rühren, Stärkemehl, die kalte Milch und Vanille zugeben, am Feuer abschlagen, bis die Masse einmal aufkocht, noch heiß in den steifen Eischnee schlagen, abschmecken, mit Schlagrahm mischen. Sofort über die Äpfel gießen, erkalten lassen.

Apfel-Kartoffel-Gratin

Zutaten:

500 g möglichst gleichgroße Kartoffeln, Salz
50 g Butter
1 rotschaliger Apfel
1 grünschaliger Apfel
1 Teel. Kümmel
1 Essl. Zitronensaft
1 Bd. Lauchzwiebeln
4 gr. Scheiben Mettwurst à 40 g
1/8 l Schlagsahne, Pfeffer
1 Msp. Curry
2 Teel. gehackter Majoran
40 g geriebener Emmentaler

Kartoffeln mit Salz und Kümmel als Pellkartoffeln garen, pellen, abgekühlt in Scheiben schneiden. Äpfel waschen, vierteln, Kerngehäuse entfernen, in dünne Scheiben schneiden. Mit einem Esslöffel Zitronensaft beträufeln und in 10 g Butter 2 Minuten dünsten, herausnehmen. Gewaschene Lauchzwiebeln in Ringe schneiden, im Apfelsud mit einem Esslöffel Wasser 3 Minuten dünsten. Eine flache Gratinform abwechseln mit Kartoffelscheiben, Apfelscheiben und geviertelten zu Tütchen gedrehten Mettwurstscheiben füllen. Lauchzwiebelringe darüberstreuen. Sahne mit Salz, Pfeffer, Curry und der Hälfte des Käses verrühren, über das Gratin gießen. Restlichen Käse darüberstreuen.

Im vorgeheizten Backofen (E 220° C) auf mittlerer Einschubleiste ca. 15 Minuten backen. Inzwischen die restliche Butter mit Majoran und einer Prise Salz mischen.

Vor dem Servieren in Flöckchen auf das heiße Gratin geben.

Apfeltraum

Zutaten:

250 g Magerquark
250 g Mascarpone od. Doppelrahm-Frischkäse
Zucker, Milch
100 g Sahne
100 g Löffelbiskuit
Apfelsaft oder Wein
1 kg Apfelmus
Kakao

Löffelbiskuit in einer flachen Form auslegen und mit Saft oder Wein beträufeln. Das Apfelmus darüber verteilen. Quark, Mascarpone, Zucker und Milch cremig rühren, steif geschlagene Sahne unterheben. Die Creme über dem Apfelmus glatt streichen und kalt stellen. Vor dem Servieren mit Kakao bestäuben.

Zwetschgenkompott mit Zimtquark

Zutaten:

Für 4 Portionen:
500 g Zwetschgen
200 g starker schwarzer Tee
40 g Zucker, 2 Essl. Rum
2 Nelken
Für den Zimtquark:
250 g Magerquark, 50 g Sahne
100 g Zucker, 2 Essl. Zimt

Die Zwetschgen halbieren und entsteinen. Den Tee mit dem Zucker, dem Rum und den Nelken aufkochen. Die Zwetschgen dazugeben und ca. 5-10 Minuten darin weichkochen. Den Quark mit der Sahne, dem Zucker und dem Zimt verrühren. Den Quark kühl stellen: Das Kompott auf vier Teller verteilen, den Quark darauf geben und mit Zimt bestreut servieren.

Quittenwürfel

1 kg Quitten mit einem Tuch sauber abreiben, Stiele entfernen, die Früchte achteln und in wenig Wasser weich kochen. Dann die Quitten durch ein Sieb streichen und das Fruchtmus unter ständigem Rühren einkochen.
500 g Zucker einrühren. 1 Stange Zimt dazugeben und so lange kochen, bis eine dicke Masse entstanden ist. Ein Backblech mit Alufolie auslegen und mit dem Inhalt von 1 Fläschchen Bittermandelöl bestreichen. Das heiße Quittenmus, aus dem die Zimtstangen entfernt wurden, daraufgeben und mit einem Spachtel 1 cm dick ausstreichen. 2-3 Tage bei Zimmertemperatur trocknen lassen, dann in Würfel schneiden und in Hagelzucker wälzen.

Bratäpfel

Zutaten:

4 gr. Äpfel
etwas Butter
50 g Rosinen
Zucker und Zimt
1-2 Essl. gehackte Nüsse
etwas Wein oder Wasser
Butterflöckchen

Mit der Butter eine feuerfeste Form gut ausfetten. Die Äpfel ohne Kernhaus einsetzen. In die Aushöhlung Rosinen, gehackte Nüsse, Zucker und Zimt füllen. Butterflöckchen auf die Äpfel setzen. Auf der mittleren Schiene bei 200° C 30 Minuten braten.

Holundersaft

Zutaten:

1 kg Zucker
2 unbehandelte Zitronen fein geschnitten
1/4 l Weinessig
5 Holderblüten
10 l Wasser

Alle Zutaten in einem Eimer ansetzen, gut durchrühren, mit einem Tuch abdecken und in den Keller stellen. Kann ab nächstem Tag getrunken werden, oder nach 10 Tagen in Flaschen abgefüllt aufbewahren. Das gibt Holundersekt!

Kirschenmichel oder Zwetschgenmichel

Zutaten:

Für 4 Personen:
750 g Süß- oder Sauerkirschen oder Zwetschgen (nach Belieben auch gemischt)
125 g Butter, 150 g Zucker
1 Päck. Vanillezucker
1 Prise Salz, 4 Eigelb
200 g ger. Weißbrot oder Semmelbrösel
50 g gehackte Mandeln
1 Teel. Zimt, 2 Essl. Kirschwasser
4 Eiweiß
außerdem: etwas Fett und Semmelbrösel für die Form

Kirschen waschen und evtl. entsteinen (sie ziehen dann jedoch viel Saft).
Butter sahnig rühren, Zucker, Vanillezucker und Salz zugeben und Eigelb unterrühren, bis eine schaumige Masse entsteht. Weißbrot oder Semmelbrösel, Mandeln, Zimt und Kirschwasser unterrühren. Eiweiß zu festem Schnee schlagen und mit den Kirschen unterheben. Eine feuerfeste Form mit Butter ausstreichen, mit Semmelbröseln ausstreuen und die Teigmasse einfüllen.
Backzeit: 45–50 Min. bei ca. 200° im vorgeheizten Ofen
Tipp: Kirschenmichel noch heiß mit Vanillesoße oder halbsteif geschlagener Sahne servieren.

Das beste Wappen der Welt
ist der Pflug im Ackerfeld.

Lob dem Apfel

Eines mußt Du Dir gut merken,
wenn Du schwach bist:

Äpfel stärken!

Äpfel sind die beste Speise,
für zu Hause,
für die Reise,
für die Alten,
für die Kinder,
für den Sommer,
für den Winter,
für den Morgen,
für den Abend,
Äpfelessen ist stets labend!
Äpfel glätten Deine Stirn,
bringen Phosphor ins Gehirn.
Äpfel geben Kraft und Mut
und erneuern Dir Dein Blut.
Auch vom Most, sofern Dich durstet,
wirst du fröhlich, wirst Du lustig.
Darum Freund, so laß Dir raten:
Esse frisch, gekocht, gebraten
täglich ihrer fünf bis zehn;
wirst nicht dick, doch jung und schön
und kriegst Nerven wie ein Strick
Mensch, im Apfel liegt Dein Glück!

Apfelberg

Zutaten:

Für 10-12 Personen
10- 2 mittelgroße Äpfel
3/4 l Wasser (besser Weißwein)
125 g Zucker, 40 g Butter
40 g Mehl oder
1 Päckchen Vanillepudding
1/2 l Apfelbrühe, 4 Eier getrennt
Gelee zum Füllen, 1 Essl. Rum
Mandelstifte oder -blättchen

Äpfel schälen, Kernhaus ausstechen und in der Zuckerlösung mit Zitronenschale (nicht zu weich) kochen.
Aus Butter und Mehl eine helle Einbrenne herstellen, mit der Apfelbrühe auffüllen, kurz durchkochen lassen und mit dem Eigelb legieren.
Die Äpfel in eine gefettete Auflaufform schichten und mit Gelee füllen. Die mit Rum abgeschmeckte Apfelsoße über die Äpfel gießen. Eischnee schlagen, evtl. süßen, über die Form häufen. Mit Mandelsplittern bestreuen.
Backen!
Backzeit: 15 Min. bei 175° C

Äpfel im Schlafrock

Zutaten:

Feinen Mürbteig herstellen aus:
250 g Mehl, 130 g Butter
2 Eigelb, 1 Essl. Sahne
50 g Zucker, 1 Vanillinzucker
1/2 Teel. Backpulver
6-8 kl. mürbe Äpfel
Apfel-Füllung:
2-3 Essl. Marmelade oder
je 50 g gehackte Mandeln,
Zucker und gebrühte Rosinen
mischen

Mürbteig herstellen, Äpfel schälen und das Kerngehäuse ausstechen.
Mürbteig 1/2 cm dick ausrollen und mit dem Backrädchen gleichmäßige Vierecke ausrädeln, je einen Apfel aufsetzen, diese mit Marmelade oder der Nuss-Rosinenmischung füllen. Die Teigenden hochnehmen, zusammendrücken, mit Ei bestreichen, und ein rundes Plätzchen oben auflegen.
Bei 190° C 30 Minuten backen.

Brombeerlikör

200 g reife Brombeeren waschen, gut abtropfen lassen und zusammen mit 150 g weißem Kandis und 1/2 Stange Zimt in Flaschen füllen.
Mit 1 Flasche (0,7 l) Kornbranntwein aufgießen und mindestens 6-8 Wochen durchziehen lassen. Danach filtern, wieder abfüllen und den Likör noch einige Wochen ruhen lassen.

Fruchtrahm-Creme

Zutaten:

500–600 g frische oder gefrorene Früchte
(Erdbeeren, Himbeeren, Johannisbeeren)
100 g Zucker, Saft 1 Zitrone
5-6 Blatt Gelatine, 1/4 l Sahne

Gelatine einweichen; vorbereitete Früchte, Zucker und Zitronensaft im Mixer pürieren, Gelatine lösen, unter Rühren langsam zur Fruchtmasse geben, kalt stellen. Sobald die Masse zu steifen beginnt, geschlagene Sahne unterheben. Creme in Glasschälchen füllen, mit Sahne und Früchten verzieren.

Zwetschgencreme

Zutaten:

750 g Zwetschgen
100 ml Apfelsaft
1 Essl. Zitronensaft
1 Teel. abgeriebene Zitronenschale
3 Eier, 4 Essl. Zucker
etwas Schlagsahne

Zwetschgen entsteinen und kleinschneiden, kurz in Apfelsaft aufkochen, herausnehmen und durch ein Sieb streichen oder im Mixer pürieren. Zitronensaft und abgeriebene Zitronenschalen zufügen. Eier mit Zucker zu einer sämigen Creme schlagen. Das Zwetschgenmus mit dem Apfelsaft aufkochen und sofort unter Rühren zur Eicreme geben. Das Ganze nochmals langsam bis kurz vors Kochen bringen. Die Creme erkalten lassen.

Die Schlagsahne steif schlagen und die Zwetschgencreme damit garnieren.

Gefüllte Äpfel auf Salat

Zutaten:

Für 8 Personen:
4 rote Äpfel, 100 g Schafskäse
100 g Quark (20 % Fett)
2 Essl. geriebener Käse
(z. Beisp. Emmentaler)
1 Essl. gehackte Walnüsse
Kräutersalz
1 Kopf Salat (z. B. Frisée, Eisberg)
Marinade:
2-3 Essl. Zitronenessig
Kräutersalz
Pfeffer aus der Mühle
2 Essl. Sonnenblumenöl, frische Kräuter

Äpfel waschen, halbieren, Kernhaus entfernen, die Apfelhälften mit der Schnittfläche nach oben in die gefettete Auflaufform setzen. Schafskäse, Quark, Reibekäse, Walnüsse und Kräutersalz mischen und in die Aushöhlung der Äpfel füllen. Etwa 20 Minuten bei 200° C backen. In der Zwischenzeit den vorbereiteten Salat mundgerecht zerteilen. Aus den angegebenen Zutaten eine Salatsoße herstellen. Den Salat marinieren, auf 8 kleine Teller verteilen und jeweils eine Apfelhälfte daraufgeben. Sofort servieren.

Verhüllte Birnen

Zutaten:

4-5 geschälte, halbierte Birnen
1/8 l Wasser, 50 g Zucker
1 Nelke, 1/2 Vanilleschote
1/8 l Birnensaft
50 g Schokolade
1 Eigelb, 20 g Butter
10 g Speisestärke
3 Essl. Weinbrand
1/8 l Sahne,
Verzierung:
gehackte Mandeln

Das Wasser, den Zucker, die Nelke und die Vanilleschote mischen, die Birnen darin garen, anschließend abtropfen lassen. Den Birnensaft, die Schokolade, das Eigelb, die Butter und die Stärke verrühren, auf dem Herd abschlagen und abkühlen lassen. Den Weinbrand und die geschlagene Sahne unterziehen. Die Creme über die Birnen geben und mit Mandeln garnieren.

Rosenbowle

In ein Bowlegefäß 100 g Würfelzucker geben und 1 Flasche Rheinwein daraufgießen.

Blätter von 4 stark duftenden, voll erblühten Rosen darüberstreuen, einmal umrühren und zugedeckt 1/2 Stunde kühl stellen.

Dann die Rosenblätter – bis auf einige zur Dekoration – herausnehmen und mit 1/2 Flasche eiskaltem Sekt auffüllen.

Dr Bussa

Wenn i so uf'm Bussa stand
ond guck do naus ens Gai
wondert mi wa d'Leut bloß hand
mit ihrer Reiserei.

Vor dir siehscht da Feadersee
vom Allgäu bis en d'Alpa nei
eisa Oberländle isch so schee
wo ka's oim no wohler sei?

Da Bussa nauf do geits koin Stau
wia uf de Autobahna
naufwärts ka ma Zeit se lau -
des packet no Nene ond Nana.

Rosakranz beta beim übersche Laufa -
beim Wallfahra moß des sei
ond duat man no a Bussakendla kaufa
stellt bald sich Kenderseaga ei.

Wenn ma vo Raise hoimwärts ziaht
mit Kend, Kegel oder alloi
sait ma wenn ma da Bussa sieht -
gottlob wieder gsond dohoi.

Hanna Nuber

Bad Buchau und die Federseegemeinden

Die Ortschaften rund um den Federsee reihen sich wie Perlen einer Kette aneinander. Sie wurden im Zuge der Gemeindereform im Jahre 1973 zusammengefasst zum Gemeindeverwaltungsverband Bad Buchau. Die 10 Verbandsgemeinden sind jeweils selbständige Gemeinden mit einer zentralen Finanzverwaltung. Mitgliedsgemeinden sind: Bad Buchau (Unterzentrum), Alleshausen, Allmannsweiler, Betzenweiler, Dürnau, Kanzach, Moosburg, Oggelshausen, Seekirch und Tiefenbach.
Der Federsee-Rundwanderweg führt durch das größte Naturschutzgebiet Baden-Württembergs, das Federseeried. Er verbindet die einzelnen Orte miteinander und ist sozusagen der Strang unserer Perlenkette. Beginnen wir also unsere Rundreise in der, an der Oberschwäbischen Barockstraße liegenden, ehemaligen Reichsstadt **Bad Buchau.**
In den Jahren 1773/75 wurde die Stiftskirche St. Cornelius und Cyprian im klassizistischen Stil um- und neugebaut nach den Plänen des französischen Architekten d'Ixnard. Sie gehörte zum ehemaligen Fürstlichen Damenstift. Mit der etwa eintausend Jahre alten Krypta ist die Kirche eine Besichtigung wert, ebenso das Stiftsmuseum mit bedeutenden gotischen Kleinodien. Die Kirche St. Peter und Paul im Stadtteil Kappel weist Wandmalereien aus dem 12. Jahrhundert auf. Der jüdische Friedhof zeugt von der reichen Vergangenheit jüdischer Mitbürger Buchaus; die Vorfahren Albert Einsteins stammen übrigens aus Buchau.
Das Federseemuseum beherbergt eine reiche Sammlung naturkundlicher und vorgeschichtlicher Ausgrabungen aus dem Federseegebiet von der Steinzeit bis zur Alemannenzeit. Unter anderem wurden hier die ältesten erhaltenen Holzräder im Moor gefunden. Im Pfahlbautendorf mit rund einem Dutzend Nachbauten der prähistorischen Siedlungshäuser auf dem Freigelände beim Federseemuseum können Besucher das Leben in der Bronze- und Jungsteinzeit nachempfinden. Der ca. 1,2 km lange Federseesteg, der durch den Schilfgürtel zur Aussichtsplattform im See führt, der Moorlehrpfad und das Europa-Vogelreservat mit über 265 gezählten Vogelarten locken jedes Jahr viele Besucher an. Im Ortsteil Kappel befindet sich ein landwirtschaftlicher Lehrpfad für Interessierte.
Das größte Thermalbad Oberschwabens, die schwefelhaltige Adelindistherme in Bad Buchau ist Anziehungspunkt für Kurgäste und Einheimische. In den modern eingerichteten Kliniken der Kurstadt wird ein breites Spektrum an Erkrankungen behandelt, unter anderem mit Mooranwendungen.

Von Bad Buchau geht es weiter nach

OGGELSHAUSEN.

Die Gemeinde feierte 1984 ihr 900-jähriges Bestehen. Die markante Kirche St. Laurentius, die Grundschule, das Rathaus und das frühere Pfarrhaus, das mit viel Feingefühl renoviert wurde und jetzt als Schullandheim genutzt wird, bilden ein bemerkenswertes Ensemble. Das Skulpturenfeld mit 15 Steinskulpturen aus fränkischem Jura, das in den Jahren 1969/70 beim Bildhauer-Symposium entstand, befindet sich am südlichen Dorfrand von Oggelshausen auf einer Wiesenhochfläche, am Rande des früheren Federseeufers. Die steinernen Monumente der Bildhauer aus aller Welt – die beteiligten Künstler kamen aus fünf Staaten und drei Erdteilen – sollen „zum Nachdenken anregen und Brücken bauen von Mensch zu Mensch und von Volk zu Volk." Führungen auf Anfrage bei der Gemeinde. Im Herbst 2000 wurde der Symposionsgedanke mit dem Symposion „Oggelshausen 2000" fortgeführt. Die Steinblöcke aus Gauinger Travertin (Tertiärzeit) wurden von 10 namhaften Künstlern aus ganz Europa bearbeitet.

Für Interessierte gibt es eine Modellbahnschau auf über 500 qm in verschiedener Baugröße (Spur 1 und HO) zu besichtigen. Die Laientheatergruppe ist mit ihren jährlichen Aufführungen erfolgreich. Oggelshausen bietet seinen Gästen eine Synthese von Natur, Kunst, Kultur und Geschichte.

Vorbei am Grill- und Spielplatz „Halde" und der Aussichtsplattform mit Blick über den Federsee erreichen wir

TIEFENBACH.

Dieses Dorf grenzt als einzige Seegemeinde direkt an den Federsee. In harten Wintern, wenn der See ganz zugefroren ist, starten viele Schlittschuhläufer und Fußgänger von hier aus zu einem Ausflug über das Eis bis nach Bad Buchau. Das Dorf ist landwirtschaftlich geprägt. Die St.-Oswald-Kapelle in der Ortsmitte stammt von 1414. Das Wappen am Altar errinnert an Maximiliane, die letzte Fürstäbtissin von Buchau. Auf einem Votivbild in der Kapelle ist die Rettung einiger Tiefenbacher aus den mächtig brandenden Wellen des Federsees dargestellt.

Seekirch,

unser nächstes Ziel, liegt malerisch an einem Steilhang über dem Federsee. Die dominante Pfarrkirche Mariae Himmelfahrt mit ihrem mächtigen Turm, in früheren Aufzeichnungen als „basilica ad lacum" – Kirche am See – bezeichnet, wird bereits 805 urkundlich erwähnt. Die Fresken aus Spätbarock bzw. Rokoko und Klassizismus zeigen Szenen der Marienverehrung. Die Kirchengemeinde Seekirch besitzt einen wertvollen Palmesel aus dem 15. Jahrhundert. Die Aussegnungshalle am Friedhof ziert eine Schutzmantelmadonna von Dr. J. A. Henselmann, München. Auf der Gemarkung zwischen Seekirch und Alleshausen wurde auch das erwähnte älteste Rad Mitteleuropas im Moor gefunden.

Auf dem durch das Ried führenden früheren Kirchweg kommen wir am Ortsteil Brasenberg vorbei über Alleshausen, den Weiler Brackenhofen streifend, nach

Moosburg,

eine der kleinsten, selbständigen Gemeinden Baden-Württembergs mit rund 200 Einwohnern. Die frühere, über dem damaligen Seeufer gelegene Burg, erwähnt als Müsberg, später Moospurg, führte zum heutigen Namen Moosburg. Pfarrer Schöttle spricht in seinen Geschichten von Stadt und Stift Buchau von der „Moosburg und ihren Raubrittern." Obwohl urkundlich erst 1306 erwähnt, war vermutlich hier schon vor etwa 6000 Jahren eine Siedlung von steinzeitlichen Jägern und Fischern. Von Moosburg aus führt ein Spazierweg über einen neuangelegten Holzsteg durch herrliches, urwüchsiges Bannegebiet nach Bad Buchau.

Vom Federseerundwanderweg weg machen wir einen kleinen Abstecher in die Verbandsgemeinde

Betzenweiler

am Fuße des Bussens. Schon 817 wird ein „Perahtramnivilare ad Fedarhaun" genannt, das mit Betzenweiler gleichzusetzen ist. Die nächste sichere urkundliche Nennung Betzenweilers stammt von 1275, in der ältesten Statistik der Diözese Konstanz. Das Wappen der Gemeinde verweist mit seinen Hirschstangen an die Zugehörigkeit zu Württemberg im 14. Jahrhundert und mit dem „Adelindis-Kreuz" an die Herrschaft des Stifts Buchau von 1510–1803. Der „Steinschweizerbrunnen" (1988) erinnert in seinen drei Reliefs an die schwerste Zeit Betzenweilers. Sie stellen in anschaulicher, symbolhafter Weise den Untergang des Dorfes während des Dreißigjährigen Krieges und seinen Wiederaufbau durch zugewanderte Schweizer Bauern dar.
Heute ist Betzenweiler eine aufstrebende Gemeinde mit 700 Einwohnern, die ihren Lebensunterhalt vorwiegend in Handwerk und Gewerbe finden. Eine größere Wohnsiedlung und ein neu erschlossenes Industriegebiet am Ortsrand für die stark expandierenden örtlichen Gewerbebetriebe, dazu sich ständige erweiternde Handwerksbetriebe prägen heute das Bild des Dorfes. Nur noch wenige landwirtschaftliche Betriebe weisen auf die einstige Wirtschaftsgrundlage hin.

Eine weitere Verbandsgemeinde ist

Kanzach

mit den Ortsteilen Vollochhof, Seelenhof und Seelenwald. Der Radweg führt von Bad Buchau über den Vollochhof nach Kanzach. Die aufstrebende Gemeinde hat im Zuge der Dorfsanierung schöne Plätze geschaffen, so zwischen Kirche, Kindergarten, Leichenhalle, Pfarrhaus und Pfarrstadel mit Backhaus. Ein künstlerisch gestalteter Brunnen mit Bronzerelief (B. Sauter) und der Friedensengel (Dr. J. A. Henselmann) mit den Erinnerungstafeln zum Gedenken an die Gefallenen der Gemeinde in den zwei Weltkriegen vervollständigen das einmalige und malerische Gesamtbild dieses schönen Platzes. Rathaus und Feuerwehrhaus wurden grundlegend renoviert.
In Anlehnung an die urkundlich erwähnte „Bachritterburg" wurde in Kanzach ein Holz-Wohnturm mittelalterlicher Prägung, eine sog. „Motte" rekonstruiert (1:1). Sie ist eine Ergänzung der Archäologie in Bad Buchau und des Freilichtmuseums Heuneburg in Hundersingen, eines bedeutenden ehemaligen keltischen Fürstensitzes. Die Anlage kann besichtigt werden; ein begleitendes Freizeitprogramm ist in Planung. Die Spielgruppe des Amateurtheaters mit jährlichen Aufführungen von Mundartstücken ist äußerst erfolgreich. Ein in Mundart umgeschriebener Klassiker wurde im Fernsehen gesendet.

Am Landschaftsschutzgebiet „Blinder See" vorbei erreichen wir

Dürnau.

Mit sehr schönen, gut erhaltenen Fachwerkhäusern und herrlichem Blumenschmuck bietet es eine beliebte Kulisse für durchreisende Hobbyfotografen. Der Dorfplatz mit dem Mühlstein-Brunnen wird umrahmt von der renovierten Pfarrkirche St. Johannes

dem Täufer, dem Rathaus und prächtigen Fachwerkhäusern. Im von Grund auf sanierten Rathaus, das früher die Dorfschule beherbergte, sind Jugend- und Vereinsräume integriert. Das Backhaus wird von den Bewohnern am wöchentlichen Backtag auch heute noch rege genutzt. Hier werden Bauernbrot sowie die bekannten und beliebten Denneten gebacken. Zwar landwirtschaftlich geprägt, konzentriert sich die Viehhaltung auf einige wenige, grössere Betriebe. Der Dorfbrand von 1746, damals ausgelöst durch ein Herdfeuer während des Sonntagsgottesdienstes, legte 15 Höfe in Asche. Unter den wiederaufgebauten Bauernhäusern sind die erwähnten, im 18. Jahrhundert errichteten, imposanten Fachwerkhäuser.

Am Ende unserer Rundreise gelangen wir an der Kreuzkapelle, dem Bruckhof und dem Ottobeurer Hof vorbei, zur letzten der Verbandsgemeinden, nach

Allmannsweiler.

Die Lage der Gemeinde ermöglicht bei klarem Wetter den Blick auf das beeindruckende Alpenpanorama auf der einen und die Schwäbische Alb auf der anderen Seite. Der gotische Turm der Heiligkreuzkirche wurde 1516 erbaut, die Kirche selbst um 1737 barockisiert. Das relativ kleine Dorf ist landwirtschaftlich strukturiert. Unter den Hobby-Pferdehaltern sind auch mehrere erfolgreiche Pferdezüchter.

Bad Schussenried

Zwischen Donau und Bodensee, mitten im Herzen Oberschwabens liegt das ehemalige Klosterstädtchen Bad Schussenried mit seinen barocken Sehenswürdigkeiten. Ein Genuss für Kunstfreunde ist die Pfarrkirche St. Magnus mit ihrem prachtvoll geschnitzten Chorgestühl und dem Klostermuseum. Ein Kleinod des Rokoko ist der Bibliotheksaal im ehemaligen Prämonstratenserkloster. Im stilvollen Rahmen dieses Saales finden die bekannten Konzerte mit namhaften Künstlern im Rahmen der „Bad Schussenrieder Abende" statt.

Die „schönste Dorfkirche der Welt"- die Wallfahrtskirche im Stadtteil Steinhausen wurde in den Jahren 1728/31 von dem berühmten Barock-Baumeister Dominikus Zimmermann erbaut. Die Deckengemälde stammen von Johann Baptist Zimmermann, dem Bruder des Architekten. Zur Erntezeit kann der Früchteteppich in der schönen, spätbarocken Kirche St. Oswald in Otterswang bewundert werden.

Einen Ausflug lohnt das „Oberschwäbische Museumsdorf", das Kreisfreilichtmuseum in Kürnbach mit 26 altoberschwäbischen Bauernhäusern und dörflichen Gebäuden aus dem 15. bis 20. Jh. mit Werkstätten, Backhaus und Kapelle nebst Inventar und schönem Bauerngarten. Von April bis Oktober, immer am letzten Samstag im Monat sind Kürnbacher Handwerkertage mit vielen Aktionen. Einzigartig ist das Schussenrieder Bierkrugmuseum; die Sammlung von über 1.200 Bierkrügen bietet eine Erlebnistour durch fünf Jahrhunderte deutscher Trinkkultur. Einer der größten Bergkristalle der Welt befindet sich in der Grotte neben dem Sudhaus im Brauereihof. Im Bierkrugstadel finden volkstümliche Veranstaltungen statt wie Bauerntheater, Kabarett, Meisterschaft im Bierkrugrutschen sowie Mundart und Musik in Oberschwaben.

Wallfahrtskirche Steinhausen

Bad Schussenried ist idealer Ausgangspunkt für herrliche Wanderungen oder Radtouren wie etwa zur Schussenquelle. Der Quelltrichter der Schussen liegt am nördlichsten Punkt der Endmoräne des Eisgletschers aus der sog. Würm-Eiszeit, der letzten Vereisung des Alpenvorlandes. Die Lage der Endmoräne ist als nördlichster Bogen auf vielen Atlanten und geologischen Karten dargestellt und bildet gleichzeitig die europäische Wasserscheide zwischen Donau und Rhein. Im Jahre 1866 stand die Schussenquelle im Blickpunkt internationaler Forschung. Dortige Grabungen lieferten erstmals in Mitteleuropa den sicheren Beweis, dass bereits in der Eiszeit Menschen existierten. 1867 waren sie eine der Sensationen der Weltausstellung in Paris – die Entdeckung der ersten altsteinzeitlichen Fundstelle Mitteleuropas – ein Rentierlager.

Bad Schussenried mit seinen Stadtteilen Otterswang, Reichenbach und Steinhausen hat rund 8.200 Einwohner und liegt an der Oberschwäbischen Barockstraße, der Schwäbischen Bäderstraße, der Schwäbischen Dichterstraße und am Radwanderweg Donau – Bodensee. Die Kurstadt Bad Schussenried ist das jüngste Moorheilbad in Oberschwaben. Mit der heilenden Kraft des Moors werden im örtlichen Gesundheitszentrum Gelenkerkrankungen, rheumatische Erkrankungen, Bandscheibenleiden, Wirbelsäulenschäden, Osteoporose, Erschöpfungszustände und andere Krankheiten behandelt.

Betzenweiler Maultaschen

Zutaten für Nudelteig:

250 gr. Mehl, zwei Eier, ein Eigelb. Eiweiß zum Zusammenkleben der Maultaschen aufbewahren

Zutaten für Fleischfüllung:

375 gr. Hackfleisch, 125 gr. Brät, 150 gr. Spinat (blanchiert und fein gehackt), 1 eingeweichter Wecken, Muskat, Salz, 1 El. Schnittlauch, 1 Ei

Nudelteig herstellen und dünn auswellen, am besten mit einer Nudelmaschine.
Die Zutaten für den Fleischteig mischen und mit den Knethaken eines Handrührgerätes gut vermengen. Auf den ausgewellten Nudelteig entweder mit dem Löffel oder noch besser mit einem Spritzbeutel ohne Tülle Häufchen setzen. Die Zwischenräume mit Eiweiß auspinseln, zuerst den unteren und dann den oberen Teil der Nudelteigbahn darüberklappen, festdrücken und ausradeln. Die rohen Maultaschen mit wenig gehackten Zwiebelwürfeln und Fett in der Pfanne hellbraun anbraten und dann in einer kräftigen Fleisch-oder Gemüsebrühe 10 Min. kochen.

Tipp:

Die angebratenen Maultaschen lassen sich prima einfrieren und später einzeln aus der Packung entnehmen.

Forellen mit Mandelblättchen

Zutaten:

4 Forellen, Salz, Pfeffer
Zitronensaft, Mehl
Butter zum Anbraten
Petersilie, Butter, Mandelblättchen

Forellen mit Salz und Pfeffer einreiben und mit Zitronensaft beträufeln. Anschließend in Mehl wenden und in heißer Butter auf beiden Seiten 5-8 Minuten anbraten. Die Mandelblättchen in Butter leicht anrösten und die Forellen damit überstreuen. Mit Petersilie dekorieren.

Als Beilage passen Petersiliekartoffeln und frischer Salat.

Überbackener Federseeweller

Fisch filieren, im größeren Stück lassen (je nach Größe der Auflaufform), säubern-säuern-salzen. Zwiebelwürfel und Filetstück in Butter leicht anbraten, mit 1 Tasse trockenem Weißwein ablöschen und 1/4 Stunde darin ziehen lassen, nicht kochen! In eine feuerfeste Form geben, in Butter geschwenkte frische Champignons und Krabben darüber verteilen und mit einer leichten Sauce Hollandaise übergießen. Im Backofen ca. 20 Minuten überbacken. Dazu passen hausgemachte Safran-Bandnudeln und Blattspinat.

Federseeweller flambiert

Das Wellerfilet wird in Portionsstücke zerteilt, mit Zitronensaft und Salz und etwas Pfeffer eingerieben und in Butter gebraten. Am Tisch übergießt man den Fisch mit süßer Sahne und flambiert ihn mit Cognac. Dazu passen neue, in Butter geschwenkte kleine, ganze Kartöffelchen.

Fischsuppe vom Federseeweller mit Bärlauchpaste

Für ca. 6 Personen: 1 kg Wellerfilet – 250 g Krabben – 80 g Karottenstreifen – 80 g feine Lauchringe (weißer Teil) – Knoblauch – 2 Essl. Butter – 250 ml Sahne – ca. 1/4 l trockener Weißwein – 3 Eigelb – Salz, Pfeffer, Safran – 1–1 1/2 l Fischfond (v. Wellerkof und Geripppe) – 1 Schuß Cognac.

Gemüse in Butter leicht andünsten, mit Wein ablöschen, Fischfond zugeben und kurz aufkochen. Safran und gewürfeltes Fischfilet zugeben, 5 Minuten ziehen lassen. Essfertige, gekochte Krabben zugeben und weitere 5 Minuten ziehen lassen. Mit Pfeffer und Salz und etwas Zitronensaft abschmecken. Eigelbe mit Sahne und gehackter Petersilie verquirlen und Suppe legieren. Nicht mehr aufkochen!

Barlauchpaste: Bärlauch hacken und mit etwas Sonnenblumenöl und Salz im Mixer pürieren, oder aber feingehackten Bärlauch mit etwas Salz und Butter verkneten. Geröstete Brotscheiben damit bestreichen und zur Fischsuppe reichen.

Tipp: Bärlauch gibt es nur wenige Wochen im Frühjahr in Laub- und Mischwäldern mit kalthaltigen Böden, wie etwa der Schwäbischen Alb. Er hat ein stark riechendes, knoblauchartiges Aroma. Zu Suppen und Soßen, aber auch feingehackt in hausgemachten Bandnudeln verarbeitet, ist er ein Genuss. Aber Vorsicht beim Sammeln, durch seine Ähnlichkeit mit den Blättern des Maiglöckchens kann der Genuss lebensgefährlich sein. Ungefährlicher ist es, Bärlauch im Fachgeschäft zu kaufen oder aber selbst zu kultivieren (Saatgut im Handel).

Anmerkung: Der Weller, auch Waller oder Wels genannt, ist ein begehrter, festfleischiger, sehr feiner Speisefisch, der vorwiegend in moorigen Gewässern gründelt. Er kommt noch relativ häufig im Federsee vor und erreicht eine Länge von bis zu 1,85 m. Außerhalb der Schonzeit wird er, neben dem Hecht, von den Federsee-Fischern gefangen; die erforderliche Mindestlänge für den Fang beträgt 1,20 m. Meist wird er an die heimische Gastronomie verkauft und bereichert dort den Speiseplan. Bedingt durch das relativ starke Geripppe ist der Weller grätenfrei.

Hanna Nuber

Fischauflauf

Zutaten:

600-750 g Fischfilet frisch oder gefroren, etwas Zitronensaft, Salz
30 g durchwachsener Speck
1 Gewürzgurke, 1 Zwiebel
etwas Senf und Tomatenmark
1 Be. Joghurt oder saure Sahne
1 Tomate zum Garnieren

Den Fisch salzen, säuern, mit Senf und Tomatenmark bestreichen, danach in eine gefettete Auflaufform geben. Gurke, Zwiebel und Speck würfeln und über den Fisch häufen, Joghurt oder Sahne dazugeben, evtl. mit Tomaten garnieren. Das Ganze im Backofen bei 200° C 45-60 Minuten garen.

Fisch im Gemüsebett

Zutaten:

700-750 g Fischfilet, *Zitronensaft*
Salz, Pfeffer, 1 kl. Zwiebel
400 g frisches oder gefrorenes Gemüse (z. B. Möhren, Blumenkohl oder Broccoli, Erbsen, Sellerie)
etwas Butter oder Margarine
1/8 l Gemüsebrühe
4 Essl. saure Sahne
Kräuter (Schnittlauch, Petersilie, Estragon, Dill)

Fischfilet säuern, salzen und pfeffern. Gemüse kleinschneiden und zusammen mit den Zwiebelwürfeln in etwas Butter in einer großen Pfanne andünsten. Mit Gemüsebrühe ablöschen. Fischfilet auf das Gemüse legen und in geschlossener Pfanne ca. 15-20 Minuten garen. Kurz vor Ende der Garzeit saure Sahne mit Kräutern vermischen und über die Gemüse-Fischpfanne verteilen.

Fischgulasch

Zutaten:

500 g Fischfilet, Senf, Zwiebeln, Zitronensaft, roter Paprika, Tomatenmark, Salz, Pfeffer, Suppenwürze, Crème fraîche

Zunächst Tomatenmark mit Salz, Pfeffer und Suppenwürze abschmecken, Paprika und Zwiebeln kleinschneiden/würfeln.
Fischfilet mit Zitronensaft beträufeln und mit Tomatenmasse bestreichen. Filets in einer Pfanne andünsten, wieder herausnehmen. Jetzt Zwiebeln und Paprikawürfel anbraten. Mit Wasser ablöschen und köcheln lassen. Soße binden und mit Crème fraîche abschmecken.
Fisch in die Soße legen und etwa 10 Minuten ziehen lassen.
Dazu passen Reis und grüner Salat.

Scholle in Kräutersahne

Zutaten:

1,2 kg Schollenfilet, Saft 1 Zitrone
Pfeffer, Salz, 2 Essl. Mehl
Zum Anbraten:
3 Essl. Butter
Für die Soße:
1 kleine Zwiebel, 1 Bund Petersilie
1 Stengel Estragon,
0,2 l süße Sahne
2 Eier, 50 g roher Schinken

Schollenfilets unter fließendem Wasser gründlich waschen und trockentupfen, mit Zitronensaft beträufeln und 10 Minuten ziehen lassen. Filets wieder abtropfen lassen, dann von beiden Seiten mit Salz und Pfeffer einreiben und in Mehl wenden.

2 Esslöffel Butter in einer Pfanne erhitzen, die Filets in der heißen Butter von beiden Seiten anbraten. Danach die gebratenen Filets in einen Schmortopf (Auflaufform) legen.

Für die Soße: Zwiebel schälen und würfeln. Die restliche Butter in einer Pfanne erhitzen und Zwiebelwürfel darin 2 bis 3 Minuten glasig dünsten.

Petersilie und Estragon waschen, abtrocknen und fein hacken. Die Sahne mit den Eiern verquirlen, zu den gehackten Kräutern geben und mit Pfeffer und Salz abschmecken. Jetzt die Zwiebeln in die Soße geben und diese gleichmäßig über die Filets gießen.

Den rohen Schinken in Streifen schneiden und Scholle damit garnieren.

Deckel auf den Topf setzen und in den vorgeheizten Backofen schieben. Dort bei 190° C etwa 15 bis 20 Minuten garen lassen. Topf/Auflaufform herausnehmen und die Filets auf einer Platte anrichten.

Dazu passen Reis, Kartoffeln, Feldsalat.

Gemüseplatte mit Kabeljaufilet

Zutaten:

1 kg Kabeljaufilet, Saft 1 Zitrone
Salz, Pfeffer, 2 Essl. Mehl
Zum Anbraten:
1 Essl. Öl, 2 Essl. Butter
Gemüse:
200 g Erbsen, 350 g Brokkoli
200 g Möhren
2 mittelgroße Kohlrabi
200 g frische Champignons
1 Bund Frühlingszwiebeln
Für die Soße:
1/4 l Gemüsewasser
0,15 l süße Sahne
1 Prise weißer Pfeffer
je 2 Essl. Dill, Petersilie und
Schnittlauch gehackt

Kabeljaufilet mit Zitronensaft beträufeln, mit Pfeffer und Salz würzen und in Mehl wenden. Öl in einer Pfanne erhitzen, danach Filets von beiden Seiten 5 bis 6 Minuten anbraten. Erbsen, Brokkoli, Campignons und Frühlingszwiebeln waschen und putzen. Kohlrabi und Möhren schälen und in Stifte schneiden. Brokkoli in Röschen schneiden, Champignons halbieren oder vierteln, Frühlingszwiebeln in Stücke schneiden.

Erbsen, Brokkoli, Möhren und Kohlrabi in wenig Salzwasser 5 bis 6 Minuten garen, danach in ein Sieb geben und abtropfen lassen. Das Gemüsewasser auffangen.

Butter in einer Pfanne erhitzen. Das gekochte Gemüse, Champignons und Zwiebeln hineingeben und alles nur kurz erhitzen. Danach mit Salz und Pfeffer kräftig abschmecken.

Zur Soßenherstellung: Sahne ins Gemüsewasser geben, mit Pfeffer würzen und etwa zu 2/3 einkochen lassen. Soße mit Salz und Pfeffer abschmecken, dann in einem Mixer aufschlagen und Kräuter anschließend unter die Soße heben.

Gemüse auf vorgewärmter Platte anrichten, Soße darübergießen, Fischfilets darauflegen und servieren.

Dazu passen Petersilienkartoffeln, Chicoréesalat.

Überbackener Heilbutt

Zutaten:

1 kg Heilbutt, Saft 1 Zitrone, Salz
150 g geriebener Emmentaler
Für die Soße:
1/4 l süße Sahne
1 Eigelb, Salz

Fisch waschen, trockentupfen, mit Zitronensaft beträufeln und Salz bestreuen. Heilbutt in Auflaufform legen und mit Käse bestreuen.
Sahne mit dem Eigelb verquirlen und mit Salz kräftig abschmecken. Die Soße über den Fisch gießen. Auflaufform auf die mittleren Schiene des vorgeheizten Backofens schieben. Heilbutt bei 180° C 25 bis 30 Minuten backen. In der Auflaufform servieren.

Dazu passen Salzkartoffeln und Endiviensalat.

Forelle in Mandelsoße

Zutaten:

1 kg Forellenfilet, Saft 1 Zitrone
Salz, 3 Essl. Mehl
Zum Einfetten:
1 Essl. Butter
Für die Soße:
150 g gemahlene Mandeln
80 g süße Sahne, 4 Eier
Saft einer Zitrone
2 Essl. gehackte Petersilie
1 Essl. gehackter Dill

Forellenfilets unter fließendem Wasser abwaschen und trockentupfen, mit Zitronensaft beträufeln und einige Minuten ziehen lassen, danach salzen, in Mehl wenden und in gefettete Auflaufform legen.
Zur Soße die Eier mit Sahne verquirlen, Mandeln, Zitronensaft und Kräuter unterrühren. Die Soße dann auf den Filets verteilen. Den Fisch nun auf der mittleren Schiene des vorgeheizten Backofens bei 170° C 10 bis 15 Minuten garen. In der Auflaufform servieren.

Dazu passen Kroketten/Salzkartoffeln und Blattsalate.

Schollenfilet mit Basilikum

Zutaten:

400 g Schollenfilet, Salz, Pfeffer
etwas Butter zum Anbraten
1 Teel. Basilikum gehackt
60-80 ml Sahne, 60-80 ml Milch
1-2 Essl. Crème fraîche
1/2 Teel. Brühe (instant) oder
Kräuterling
1/2 Päck. Sauce hollandaise

Scholle waschen, abtupfen, mit Salz und Pfeffer bestreuen. In der Butter 3-5 Minuten anbraten. Die übrigen Zutaten miteinander verrühren, über den Fisch geben und nochmals einige Minuten köcheln lassen.

Dazu passen Salzkartoffeln.

Der Weg zur Gesundheit
führt durch die Küche,
nicht durch die Apotheke!

(Volksweisheit)

Seelachs im Tomatenbett

Zutaten:

500 g Seelachs, Saft 1 Zitrone
Salz, Pfeffer
Für die Soße (helle Einbrenne):
30 g Fett, 30 g Mehl, 1/2 Zwiebel
1/2 l Wasser, 3-4 Essl. Tomatenmark, evtl. Zitronensaft
1 Prise Salz, etwas Zucker
Zum Verfeinern:
Rahm und Suppengewürz
200 g Emmentaler gerieben

Tomatensoße herstellen; Käse reiben. Seelachs waschen, abtupfen, mit Salz und Pfeffer würzen. Auflaufform mit der Hälfte der Würze bestreuen und Fisch darauflegen. Mit der Tomatensoße übergießen und der restlichen Würze bestreuen. Backzeit: 40 Minuten bei 200° C

Dazu passen Reis, Kartoffeln und grüner Salat.

Bienen und Schafe
ernähren den Menschen im Schlafe.

(aus der Lüneburger Heide)

Seelachs-Rouladen mit Lauch

Zutaten:

(auch für Rotbarsch oder Kabeljau)
6-8 dünne Seelachsfilets
1 Essl. Zitronensaft
1/2 Teel. Salz, Pfeffer
1 Teel. gehackter Salbei
1/2 Essl. Senf
Für die Füllung:
100 g Lauch, Olivenöl
ferner
6-8 dünne Scheiben Rauchspeck
1 Essl. Öl
4 Essl. Fischfond (frisch oder instant)

Filets mit Zitrone beträufeln und dünn mit Senf bestreichen. Lauch putzen, kleinschneiden, kurz in Öl anbraten und auf die Filets verteilen. Diese zu Rouladen aufrollen, mit Speck umwickeln. Rouladen anbraten, mit Fischfond angießen und 10 bis 15 Minuen ziehen lassen.

Dazu passen Kartoffelbrei und Gemüse.

Lachsfilets „natur"

Zutaten:

2 Stücke Lachsfilets (ca. 150 g)
Zitronensaft, Butter zum Anbraten
Salz, frisch geriebener Pfeffer
1/8 l Fischfond, etwas Bouillon
Sahne zum Verfeinern

Die Lachsscheiben mit Zitronensaft beträufeln, andrücken und 10 Minuten ziehen lassen. Mit Salz und Pfeffer würzen. Lachs 2 Minuten von jeder Seite anbraten lassen. Mit dem Fischfond ablöschen und mit der Sahne sowie übrigen Zutaten abschmecken.

Dazu passen Kartoffeln, Reis und Blattsalate.

Roter Heringssalat

Zutaten:

5 zarte Matjesfilets oder Salzheringe
100 g gekochte Rote Bete
100 g gekochter Schweinebraten
1 Zwiebel, 1 Gewürzgurke
2-3 gekochte Kartoffeln
125 g säuerliche Äpfel
Essig, Öl
außerdem:
1-2 gekochte Eier

Matjesfilets, Rote Bete, Schweinebraten, Kartoffeln, Äpfel und Gewürzgurke in gleichmäßige Würfel schneiden. Zwiebel fein hacken und zugeben. Essig und Öl untermischen, den Salat durchziehen lassen und mit Eischeiben garniert servieren.

Lauch-Tomaten-Salat

Zutaten:

4 mittelgroße Stangen Lauch
Salzwasser, 4 Tomaten
Knoblauchzehe, 2 Teel. Estragon
2 Essl. Wein- oder Estragonessig
5 Essl. Öl, Pfeffer, Salz

Vom Lauch die äußeren welken Blätter entfernen, nur der weiße und gelbliche Teil wird gebraucht. Gründlich waschen und in kochendem Salzwasser 3-4 Min. brühen.
Die Tomaten vom Stielansatz befreien, mit heißem Wasser überbrühen, kalt abschrecken, häuten und vierteln. Die Kerne entfernen und das Tomatenfleisch würfeln. Den Lauch kalt abschrecken und abtropfen lassen. Die geschälte Knoblauchzehe zerdrücken und mit gehacktem Estragon, Essig, Öl und den Gewürzen zu einer Dressing verquirlen.
Den Lauch in 2-3 cm lange Stücke schneiden, mit den Tomaten vermischen, mit der Sauce übergießen und 15 Min. ziehen lassen. Auf Tellern dekorativ anrichten.

Zutaten:

Für 4 Personen:
200 g kalter Braten
1 mittelgroße Zucchini
2 Karotten, 2 Tomaten
1 kl. rote Paprikaschote
150 g Spargel, 150 g Mais
100 g Kidney – Bohnen
1/2 Kopf Endiviensalat
1 Essl. Kräuter
für die Weinbrand – Marinade:
250 g Dickmilch
1 Essl. Ketchup, 3 Essl. Weinbrand
1 Prise Zucker, Salz, Pfeffer
1 Messersp. Meerrettich, 1 Essl. Öl

Pikanter Gemüsesalat mit Braten

Endiviensalat fein schneiden, waschen und abtropfen lassen. Braten in Streifen schneiden, Zucchini grob raspeln, Karotten fein raspeln. Tomaten in kleine Würfel, Paprikaschoten in Streifen und Spargel in ca. 3 – 4 cm lange Stücke schneiden. Die Zutaten in eine Schüssel geben, Mais, Bohnen und Kräuter zufügen und alles vorsichtig mischen. Zutaten für die Marinade verrühren, abschmecken und unter die Salatzutaten heben.

Tipp: Dazu passt Toastbrot oder gebutterte Weißbrotscheiben.

Tipp:

Hände mit Essig abreiben. Der Essig schließt die Poren der Haut, sodass die farbigen Säfte nicht eindringen können.

Zutaten:

1 Dose Spargel
1 Dose Champignons
3 hartgekochte Eier
100 g gekochter Schinken
1 Orange o. 1 kl. Dose Mandarinen
Sauce:
1/2 Tasse Mayonnaise, 2 Essl. Milch
2 Essl. Essig, Salz, Pfeffer, Paprika
frische Kräuter

Herrensalat

Zutaten bis auf Mandarinen würfeln. Zutaten zur Sauce verrühren und mit dem Salat vorsichtig vermengen. Mandarinen unterheben. In Cocktailgläser jeweils auf einem Salatblatt anrichten. Als Vorspeise geeignet.

Zutaten:

500 g Schweizerkäse
500 g gekochter Schinken
1 Dose Ananas
500 g Sellerie (gekocht)
Mayonnaise von 1 Ei und 1/4 l Öl

Cocktailsalat

Die Zutaten sehr fein schneiden und mit der Mayonnaise anmachen.
Franz. Brot oder Toastbrot dazureichen.
Selbständiges Gericht.

Käsesalat mit Obst

Zutaten:

Zutaten für 4 Personen
2 säuerliche Äpfel
150 g Essiggurken oder frische Gurken, 150 g mittelalter Gouda
1 Zwiebel, 1 Essl. Mayonnaise
1 Essl. Naturjoghurt, 1 Essl. Essig
1 Essl. Sonnenblumenöl
Kräutersalz
1/2 Teel. Currypulver, Pfeffer
100 g gekörnter Frischkäse
2 Orangen
1 Essl. Schnittlauchröllchen

Äpfel waschen, trockenreiben, vierteln, entkernen und in Würfel schneiden. Essiggurken oder frische Gurken und Gouda feinwürfeln. Zwiebel ebenfalls schälen und feinwürfeln. Mayonnaise und Naturjoghurt mit Essig und Sonnenblumenöl verrühren. Mit Kräutersalz, Currypulver und Pfeffer abschmecken. Die vorbereiteten Zutaten mit dem Frischkäse und der Salatsoße in einer Schüssel mischen. Orangen filetieren. Die Orangenfilets und die Schnittlauchröllchen unter den Salat mischen.

Schichtsalat

Zutaten:

1 Glas Selleriesalat
1 Dose Mais
2 saure Äpfel
1 Dose Ananas
6 Scheiben gekochter Schinken
6 gekochte Eier
1 Glas Miracel Whip
2-3 Stangen Lauch

Alle Zutaten kleinschneiden (falls noch nötig) und in oben genannter Reihenfolge schichten.
24 Stunden ruhen lassen und erst vor dem Verzehr umrühren.

Lauchsalat

Zutaten:

Für 8-10 Personen
4 Stangen Lauch, 1 Glas Sellerie oder 300 g frische Sellerie
8 hartgekochte Eier
1 Dose Gemüsemais
1 Dose Ananaswürfel
1 Glas Mayonnaise, 1 Be. Joghurt

Lauch gründlich waschen und fein schneiden, rohe Sellerie grob raspeln und blanchieren. Mais und Ananas abtropfen lassen. Eier pellen und mit dem Eierschneider würfeln. Lauch, Sellerie, Mais und Ananas vermengen; Mayonnaise und Joghurt verrühren und unter den Salat mischen, durchziehen lassen. Eignet sich gut als Vorspeise oder zum Salatbüffet.

Trachtengruppe der Riedlinger Landfrauen

Seit 15 Johr tanzat mir jetzt mitanand
ond send enzwischa weit rom bekannt.
D'Käthe brengt ihras Muatters Tracht ond sait guckatse a
mir fendet sofort Gfalla dra.
Z'Onhülba en dr graußa Baurastub nähat mir Tage mitanand
ond send stolz was do draus wirklich entstand.
Mit Freude, Geduld, Stolz ond Elan
fangt eisa Miller Klärle mit Proba a.
Voller Stolz haumr kleinere Auftritte gmacht
mit dr Zeit wurdatse größer, s'war jedesmol sagenhaft.
Jeda Monat dand mir oimol Proba
it ällaweild duat eis s'Klärle loba.
Doch nochher wenn ma no gmüatlich zehma sitzt
woißt's Klärle, d'Rita ond d'Elfriede emmr en Witz.
S'Lacha sei gsond hört ma a Sprichwort saga
noch hot die Tanzgruppe schau zur Gsondheit beitraga.
Z'Tuttlenga, z'Friedrichshafa, z'Biberach ond z'Stuagat
– überall semmr gsei
ond jedesmo haumr a nuis Tänzle drbei.
D'r Höhepunkt, s'letscht Johr hots Klärle en Bändertanz gmacht
der Auftritt em Kurzentrum war sagenhaft.
D'Fraid dia war riesig – koiner ahnte em Verei
des ischt vo eisam Klärle dr letschte Auftritt gsei.
A Stück vo eis – vo dr Gruppe – des haumr bewiesa
tiefbewegt hau mir ehra en dr Tracht de letscht Ehr erwiesa.
Dr Herrgot hot a Fraid a dr Gruppe, welch a Glück
er hot eis an Engel aus Loretto gschickt.
D'Inge dia packt dia Sach mit Scharm ond Liebreiz a
ond stellt natürlich ihran Ma.
Se macht 2-3 nuie Tänz ganz gschwend
noch haumr gmerkt – das mr doch schau älter send.
Mir haud entschieda – ond do muaß ma d'Inge loba
erscht amol dand mir für d'Auftritt de alte Tänz proba.
Leidr war d'Inge nia drbei
doch Stuagat, Stafflanga ond Buacha –
älle Auftritt warat einwandfrei.
Des Tanza des macht ehrlich gsait
eis Älle reacht vill Spaß ond Fraid.
Mir wand Tradizion vo de alte Volkstänz erhalta
enzwischa kairat mir auch schau zu de Alte.
Eines Tages ihre wärat sea,
dand mir des an Jüngere weitr gea.

Rita Fritz

Trachtentanzgruppe

Bunter Gemüsesalat

Zutaten:

750 g Gemüse nach Jahreszeit
je 250 g gelbe Rüben, Blumenkohl,
Bohnen, Paprika, Salz, Pfeffer
Essig, Öl, frische Kräuter

Gemüse vorbereiten; gelbe Rüben und Paprika würfeln, Bohnen 1 cm breit schneiden, Blumenkohl in Röschen teilen. Gelbe Rüben und Bohnen zum Kochen bringen, Paprika und Blumenkohl zugeben. Gemüse bissfest garen, in eine Schüssel geben und mit Salz, Pfeffer, Zwiebelwürfel und Essig mischen. Durchziehen lassen.
Nach dem Erkalten Öl und gehackte Kräuter untermengen.

Käsesalat mit grünem Pfeffer

Zutaten:

175 g Allgäuer Bergkäse
1 rote Paprikaschote
1 grüne Paprikaschote
1 gelbe Peperoni, 100 g Bratenreste
100 g Maiskörner (Dose)
6 Essl. Essig, Pfeffer, Salz
2 Essl. Tomatenketchup
4 Essl. Öl, Paprikapulver
Knoblauchzehe, Maiskölbchen
grüner Pfeffer

Käse, Paprikaschoten, Peperoni und Bratenreste in Streifen schneiden. Maiskörner untermengen. Aus Essig, Peffer, Salz, Tomatenketchup, Öl, Paprikapulver und fein gepresster Knoblauchzehe eine Marinade rühren und mit obigen Zutaten vermengen. Anschließend mit grünem Pfeffer abschmecken und mit den Maiskölbchen garnieren.

Ist der Juni warm und nass
hat der Gärtner seinen Spaß.

Reissalat

Zutaten:

50 g gekochter Reis
100 g Geflügel- oder Kalbfleisch
3 Ananasringe
2 Essl. Mayonnaise
2 Essl. saure Sahne
Salz, Pfeffer
Zucker
Petersilie

Geflügel- oder Kalbfleisch und Ananasringe kleinschneiden mit gekochtem Reis vermischen. Mayonnaise, saure Sahne, Salz, Pfeffer und Zucker verrühren und mit dem Reis vermengen. Mit Petersilie garnieren.

Bunter Salatkranz

Zutaten:

1/2 kl. Blumenkohl
3 Möhren, 1 rote Rübe
1/4 Kopf Weißkraut
1/4 Kopf Rotkraut
50 g Kresse, 2 Tomaten
Salatkräuter (z. B. Petersilie, Dill, Zitronenmelisse, Schnittlauch)
Für die Salatsoße:
1/8 l Kondensmilch oder saure Sahne
2 Essl. Zitronensaft oder Essig
1 Teel. Öl, 1 Prise Salz
1 Prise Zucker
1 Teel. Senf

Gemüse putzen, waschen und roh fein raffeln oder schneiden. Mit Kräutersalz leicht würzen und getrennt auf einer runden Platte anrichten (dabei auf farbl. Abstimmung achten); die Kresse dazwischen setzen. Für die Mayonnaise Kondensmilch oder Sahne in den Elektromixer geben, Zitronensaft oder Essig, Senf, Salz, Öl und Zucker zufügen, den Mixer abdecken und die Zutaten zu einer dicklichen Masse verarbeiten. Die Mayonnaise über die Salatzutaten gießen, mit Tomatenachteln garnieren und mit gehackten Salatkräutern bestreuen.

Chinakohlsalat mit Nuss-Rahm-Sauce

Zutaten:

1 kl. Staude Chinakohl
2 gelbe Rüben
1 kl. Apfel (nach Belieben auch mehr)
Für die Salatsauce:
200 g süße Sahne
1 Essl. Zitronensaft
50 g gehackte Walnusskerne oder Haselnüsse
1 Teel. Kräutersalz
1/2 Teel. Salatgewürz
2 Essl. feingeh. Petersilie oder Dill

Chinakohl in feine Streifen schneiden, gelbe Rüben grob raspeln, Äpfel in kleine Würfel schneiden. Sahne mit Zitronensaft, Nüssen, Gewürzen und Kräutern verrühren und mit den Salatzutaten mischen.

Leb ehrlich und frag nicht hoch,
was andere Leut' dir sagen nach:
Denn es in deiner Macht nicht steht,
was dieser oder jener red't.

(Bauernweisheit)

Weißkrautsalat

Zutaten:

500–750 g Weißkraut
1 Essl. Salz, 1 Zwiebel
2–3 Essl. Essig, 2–3 Essl. Öl
oder 40 g geräucherter Speck
Zucker, evtl.Kümmel

Weißkraut fein hobeln oder schneiden, mit Salz kräftig stampfen, bis es glänzt, mit Essig übergießen und stehen lassen. Zwiebel fein würfeln, gewürfelten Speck auslassen und mit den restlichen Zutaten zum Weißkraut geben, gut abschmecken.

Endivie-, Chinakohlsalat

Zutaten:

Jeweils als eine Beilage.
50 g Endivie pro Person
100 g Chinakohl pro Person

Endivie in ganze Blätter zerteilen, putzen und in einer Schüssel in kaltem Wasser waschen, abtropfen lassen. Mehrere Blätter zusammen auf ein Schneidbrett nehmen und in feine Streifen schneiden. Chinakohl halbieren und unter fließendem Wasser waschen. Strunk keilförmig herausschneiden, auf die Hälfte legen und in feine Streifen schneiden.

Brunnenkresse-Salat mit Bärlauchstreifen

Zutaten:

100 g junge Brunnenkresse
8 junge Bärlauchblätter
4 Orangenfilets
6–8 dünne Scheiben magerer Frühstücksspeck
2 Scheiben Weißbrot
3 Teel. Sonnenblumenöl
4 Essl. Salat-Mayonnaise
2 Essl. Orangensaft

Brunnenkresse-Blättchen von den Stielen zupfen und waschen. Bärlauchblätter waschen und sechs davon in lange Streifen schneiden, zwei Bärlauchblätter fein hacken. Orange schälen und filieren. Weißbrot in 1x1 cm große Würfel schneiden. Aus Salatmayonnaise, den feingehackten Bärlauchblättern und dem Orangensaft ein Dressing rühren. Den Speck in dünne Streifen schneiden und vorsichtig in einer beschichteten Pfanne goldbraun rösten, gleichzeitig das in Würfel geschnittene Weißbrot rundum in heißem Öl rösten. Den Salat auf Tellern anrichten, das Dressing dazugeben und die heißen Speckstreifen und Weißbrotwürfel darüberstreuen.

Tipp: Die Brunnenkresse kann ersetzt werden durch Lollo rosso. Statt Bärlauch können Sie auch Schnittlauch oder das Grün von Frühlingszwiebeln verwenden.

Gefüllte Hähnchenkeulen

Zutaten:

4 St. Hähnchenkeulen
Salz, Pfeffer
200 gr. Wurstbrät
1 Essl. Petersilie
20 gr. Pistazienkerne
1/2 Teel. Pastetengewürz
3 Gl. Weinbrand, 1/8 l Rotwein
4 Scheiben Speck, Butterschmalz

Die Knochen vorsichtig vom Fleisch trennen, die Haut nicht verletzen. Das gewürzte Wurstbrät in die Keule füllen. An der Öffnung die Speckscheibe festbinden.

Im Butterschmalz anbraten und mit dem Weinbrand flambieren. Etwas Suppengemüse zugeben und mit 1/8 l Brühe ablöschen.
Bei 200° 30 Min. braten.
Mit dem Rotwein und etwas Sahne die Soße verfeinern und abschmecken.

Freilaufende Hühner

Hähnchen - Geflügelsalat

Zutaten:

400 g Brust- und Oberkeule
1 kl. Dose Ananas (gewürfelt)
1 kl. Dose Spargel, 1 kl. Dose Pilze
3 Essl. Mayonnaise
Saft von 1/2 Zitrone
1 Essl. Worcestersoße
2 Essl Ananassaft

Hähnchenfleisch in Scheiben schneiden und die oben genannten Zutaten in einer Schüssel gut vermengen.

Hühnerbrust mit Mandelkruste

Zutaten:

4 Hühnerbrüste ca. 800 gr
Salz, Zitronenpfeffer
1 Essl. Mehl, 2 kl. Eier
125 g Mandelblättchen
30 g Butter, 4 Essl. Öl

Hühnerbrüste salzen und pfeffern. Mit Mehl bestäuben und in den verquirlten Eiern wenden. Butter und Öl in einer Pfanne erhitzen und die Brüste auf jeder Seite goldbraun braten. Mandeln in etwas zerlassener Butter rösten und über die gebratenen Hühnerbrüste streuen.

Nudelpfanne mit Putenbrust

Zutaten:

250 g Spiralen-Nudeln
4 Essl. Öl, 15 g Trockenpilze
400 g Putenbrust
Salz, Pfeffer
1 Paket TK-Erbsen und Möhren
1/8 l Sahne

Nudeln mit 1 Essl. Öl in Salzwasser gar kochen. Abgetropfte eingeweichte Pilze und Fleisch in Streifen schneiden und 4 Minuten in Öl braten. Mit Salz und Pfeffer würzen, dann herausnehmen. Nun die abgetropften Nudeln in Öl braten, aufgetautes Gemüse zufügen und 5 Minuten garen. Fleisch, Pilze und Sahne untermischen, nochmals würzen.

Gefüllte Putenbrust

Zutaten:

1,2-1,6 kg Putenbrust
Salz, Pfeffer, Petersilie
Schnittlauch, Kresse
1 1/2 rohe Bratwürste
1/2 rote Paprika, 3 Essl. Öl
100 g Porree, 90 g Möhren
50 g Sellerie
1/4 l Weißwein
1/8 Wasser
8 cl Sherry

2/3 der Putenbrust einschneiden und aufklappen. Mit Salz und Pfeffer bestreuen. Kräuter fein hacken. Bratwurst ausdrücken, vermischen und aufstreichen. Paprika in dünne Streifen schneiden und auf die Kräuterfarce legen. Das Fleisch zusammenklappen und zu einem Rollbraten binden.

3 Essl. Öl in einer größeren Kasserolle erhitzen. Das Fleisch mit den kleingeschnittenen Gemüsen (Porree, Möhren und Sellerie) in den auf 220° C aufgeheizten Backofen (mittlere Schiene) stellen und bei offener Tür nach 10-15 Min. einmal wenden und nach 20 Min. die Tür schließen. Weißwein und Wasser zugeben und weitere 70 Minuten braten. Danach Fleisch aus dem Bräter nehmen und in Alufolie einschlagen. Den Bratenfond durch ein Sieb streichen und wieder erhitzen. Mit Sherry abschmecken und vom Fleisch getrennt servieren.

Geflügelspießchen

Zutaten:

500 g tiefgefrorenes Hühnerfleisch ohne Knochen
1 gestr. Teel. Selleriesalz
1/2 Teel. Knoblauchsalz
1/2 Teel. Piment (Nelkenpfeffer)
2 Essl. Öl, 1 Orange
1/2 Tasse Mayonnaise
1/2 Tasse Quark
2 Essl. milder Senf

Das Fleisch auftauen lassen, dann kalt abspülen, abtropfen lassen und in etwa 5 cm große Scheibchen schneiden. Das Selleriesalz, das Knoblauchsalz und den Piment mischen und die Fleischscheibchen damit einreiben. Die Scheibchen auf 8 Holzspieße stecken, nebeneinander in eine flache feuerfeste Form legen und mit dem Öl beträufeln. Die Spieße im vorgeheizten Grill oder Backofen bei 220° C O/U 8 Minuten braten.
Inzwischen die Orange schälen, in kleine Stücke schneiden und dabei Kerne entfernen. Die Mayonnaise mit dem Quark, dem Senf und reichlich 1/8 l Wasser glattrühren und die Orangenstückchen einmischen. Die Spieße beim Essen mit der Sauce beträufeln.

Dazu passen: Kopfsalat und Roséwein.

**Wer seine Wünsche zähmt,
ist immer reich genug.**

Hühnerreis

Zutaten:

100 g durchwachsener Speck
Öl, 3-4 Zwiebeln
250 g Reis, 3/4 l Hühnerbrühe
etwas Salz, 1 Teel. Curry
300-400 g gekochtes Hühnerfleisch
1 Apfel, 1 Banane, 30 g Mandeln
1/8 l Sherry

Speck in Würfel schneiden und im heißen Öl anbraten, Zwiebeln kleinschneiden und andünsten. Reis waschen und auch im Öl mit andünsten, mit Hühnerbrühe ablöschen. Mit Salz und Curry kräftig abschmecken und 15 Min. ziehen lassen.
Hühnerfleisch, Apfel, Banane, Mandeln kleinschneiden und unterheben. Alles gut heiß werden lassen. Vor dem Anrichten mit Sherry abschmecken.

Zutaten:

1 Poularde (1200 g)
5 Essl. Wasser, Salz
Soße:
3 leicht gehäufte Essl. Mehl
1 Essl. Butter, 1/4 l Wasser
1/4 l Milch, 1 gestr. Teel. Salz
1 Prise Zucker
Saft von einer 1/2 Zitrone
1 Eigelb, 3 Essl. saure Sahne
1 kl. Dose Spargel in Stücken

Hühnerfrikassee

Die Poularden roh vierteln und mit Wasser und Salz im geschlossenen Topf garen, häuten und entbeinen. Mehl, Wasser, Butter, Milch, Salz, Zucker und Zitrone mit Elektroquirl durchrühren.

Das Hühnerfleisch und Spargelstücke zugeben. 2-3 Min. nachwärmen. Mit Eigelb und Sahne legieren.

Gesamtgarzeit: 23-29 Min.

Zutaten:

2 hartgekochte Eier
2 säuerliche Äpfel
500 g reife Birnen (evtl.a.d.Dose)
4 Essl. Zitronensaft
250 g Emmentaler
125 g Bierschinken
für die Salatsauce:
1 Bech. (150 g) Sahnejoghurt
1 Prise Cayennepfeffer, Zucker
Salz, 2 Tropfen Tabasco
50 g Mandelstifte

Birnensalat mit Käse

Eier pellen und fein hacken. Birnen schälen, vierteln, entkernen und in Spalten schneiden, die Spalten mit Zitronensaft übergießen. Käse in feine Würfel, Wurst in Streifen schneiden. Aus Joghurt, Tabasco und restlichem Zitronensaft eine Soße rühren, mit Salz und Zucker abschmecken, mit den vorbereiteten Zutaten mischen und durchziehen lassen.
Mandelstifte ohne Fett leicht anbräunen, abkühlen lassen und über den angerichteten Salat streuen.

Zutaten:

6 Stangen Lauch, 6 Äpfel
6 hartgekochte Eier
1 Dose Mais, 1 Glas Miracel Whip
(oder leichte Mayonnaise)
gehackte Petersilie oder
Schnittlauch

Apfel-Lauchsalat

Lauch (nur die hellen Teile verwenden), Äpfel und Eier klein schneiden, Mais zugeben und Mayonnaise unterheben.

Mit Petersilie oder Schnittlauch bestreuen und mind. 1 Stunde ziehen lassen.
Tipp: Dieser Salat schmeckt vorzüglich zu gegrilltem Fleisch.

Käsesalat à la Ingrid

Zutaten:

3 Stangen Lauch, 4 Tomaten
1 Salatgurke, 2 rote Paprika
500 g Gouda, 1/2 Zwiebel
Kräuter frisch, 4 Essl. Obstessig
4 Essl. Wasser, 6 Essl. Öl
Aromat

Oben genannte Zutaten klein schneiden. Aus Obstessig, Wasser, Öl, Aromat und Kräutern eine Marinade herstellen und mit dem Gemüse und Käse vermischen.

Eiersalat

Zutaten:

10 Eier
1 gr. Dose Erbsen
1 Dose Champignons
200 g gekochter Schinken
1 gr. Glas Mayonnaise (Kraft)
1 Be. Joghurt, 2 Zwiebeln
1 Bund Petersilie Salz, Pfeffer, Senf

Eier kochen und in Scheiben schneiden, Champignons klein schneiden, Schinken würfeln und mit den Erbsen vermengen. Mayonnaise und Joghurt verrühren, gehackte Zwiebel und Petersilie zugeben und mit Salz, Pfeffer und Senf abschmecken.

Gabelspaghettisalat

Zutaten:

250 g Nudeln (für 4 Personen)
Tomaten
Emmentaler oder Gouda
2 gekochte Eier, Fleischwurst
Essigsoße
Cayennepfeffer

Tomaten, Käse, Eier und Fleischwurst klein schneiden und mit den Nudeln vermengen. Mit Essigsoße und Cayennepfeffer würzen.

Salatmarinaden

Zutaten:

1. Joghurt-Marinade
4 Essl. Joghurt (1,5 %)
4 Essl. saure Sahne (10 %)
Senf, Salz, 1 Prise Zucker
2 Teel. Zitronensaft
2 Essl. Öl

2. Dressing mit Edelpilzkäse
150 g Edelpilzkäse (Camembert)
6 Essl. süße Sahne oder Dosenmilch
1 Teel. Senf, 100 g Joghurt
2 Essl. Mayonnaise
gehackte Petersilie, Selleriesalz

3. Sahne-Soße
200 g saure Sahne
150 g Joghurt (1,5 %)
4 Essl. gehackte Kräuter
(Dill, Zitronenmelisse
Schnittlauch), Salz, Pfeffer, Zucker
Knoblauch, Essig, Senf

4. Joghurtsoße mit Paprika
100 g durchwachsener Speck
400 g Joghurt
2 Essl. Weißweinessig
1 Knoblauchzehe
oder Knoblauchpulver
1/2 Teel. Rosenpaprika
Salz, Zucker, Kümmel

Speck in Würfel schneiden und anbraten. Speckwürfel aus dem Fett nehmen und abtropfen lassen und mit restlichen Zutaten vermengen.

Küchenkräuter (Schnittlauch, Petersilie usw.) vor der Verwendung ca. 1 Std. in Zuckerwasser stellen – sie erholen sich sehr schnell und sind wieder frisch.

Bei der Getreideernte

Rettichsalat

Zutaten:

Für 6 Personen:
2-3 Rettich (ca. 500 g)
1-2 Äpfel, 1 Birne, 50 g Walnüsse
Marinade:
1/8 l Sahne, 1-2 Essl. Joghurt
1-2 Essl. Essig, 1-2 Essl. Öl
Pfeffer, Curry, Salz, 1 Essl. Sesam

Den Rettich gründlich bürsten, (nur wenn nötig, schälen). Das Obst waschen, entkernen und zusammen mit Rettich und den Nüssen grob raffeln. Für die Soße die Sahne halbsteif schlagen und mit Joghurt, Essig, Öl und Gewürzen verrühren. Den Salat anmachen und durchziehen lassen. Sesam in der trockenen Pfanne rösten, bis er zu springen anfängt und sofort umfüllen. Den Salat abschmecken, mit Sesam bestreut servieren.

Selleriesalat „Florida-Art"

Zutaten:

1 gr Sellerieknolle
1 kl. Dose Ananas
1 kl. Dose Mandarinen
1 kl. Apfel, 1 kl. Zwiebel
ca. 100-150 g gem. Haselnüsse
Für die Salatsoße:
1 Be. Sahne, 1/2 Be. Joghurt
Zitronensaft, etwas Essig, Öl
Streuwürze, Pfeffer a.d.Mühle
etwas Petersilie

Sellerie und Apfel grob raspeln, Mandarinen und Ananas in kleine Stücke schneiden, Zwiebel hacken. Die vorbereiteten Zutaten in eine Schüssel geben und die Nüsse zufügen. Zutaten für die Soße verrühren und unterheben.

Altes Bauernhaus

Zigeunersalat

Zutaten:

3-4 Paprikaschoten
3-4 Tomaten, 175 g Salami
2 Pfeffergurken
2 Essl. gehackte Kräuter, Soße
4 hart gekochte Eier
2 Essl. Essig, 1-2 Essl. Senf
1/8 l Öl, 4-5 Essl. Dosenmilch
Aromat, Salz, Zucker
Cayennepfeffer, Paprika

Paprikaschoten in feine Streifen schneiden, in wenig Wasser kurz dünsten, erkalten und abtropfen lassen. Tomaten, Salami und Pfeffergurken in Streifen schneiden, Paprika hinzufügen, die Soße darübergießen, alles vermischen und den Salat gut durchziehen lassen.

Für die Soße das Eiweiß aus den Dottern heraustrennen, in eine Schüssel geben, mit einer Gabel zerdrücken und mit Weinessig und Senf verrühren. Öl unter Rühren dazugießen. Dosenmilch hinzufügen und die Soße mit Aromat, Salz, Zucker und Gewürzen abschmecken.

Salatsauce aus Sauermilch, Sauerrahm

(passt zu allen Salaten)

Sauermilch, Sauerrahm, Joghurt werden mit Salz, Zucker und Zitronensaft mit dem Schneebesen verschlagen. Bei Sauermilch und Joghurt evtl. etwas Öl verwenden. Zum Schluss frisch gehackte Kräuter zugeben. Nach Belieben frisch gemahlenen Pfeffer zugeben.

Schwäbischer Lumpensalat

Zutaten:

300 g Hausmacher Schinkenwurst (Stange oder a.d. Dose)
200 g Schwarzwurst (vom Ring)
200 g Erntekäse (Tilsiter oder, wer es deftiger mag, auch Backsteinkäse, also Limburger)
1 gr. Zwiebel
Für die Salatsoße:
Essig, Öl, Salz
schwarzer gem. Pfeffer
etwas Wasser

Wurst und Käse würfeln, Zwiebel in feine Scheiben schneiden. Aus Salz, Pfeffer, Essig und Öl sowie wenig Wasser eine Soße rühren (evtl. mit 1 Prise Zucker und einigen Tropfen flüssiger Speisewürze abschmecken) und über die vorbereiteten Zutaten gießen. Den Salat gut mischen und kurze Zeit ziehen lassen.

Tipp: Dazu schmeckt deftiges Bauernbrot und Bier.

„Wia dr Blitz", hot dr sell Bua zu dr Muatter gsait,
„isch dr Vater vom Wirtshaus hoam". „So schnell"?
„Noi, so zickzack!"

Schwäbischer Nudelsalat

Zutaten:

250 g Hörnle, 100 g Speck
200 g Erbsen, 2-3 Essiggurken
1 gr. Zwiebel, 1 Dose Mais
Für die Salatsoße:
3 Essl. Mayonnaise, 2 Essl. Essig
2 Essl. Öl, Salz, Pfeffer

Speck und Zwiebel fein würfeln und dünsten. Hörnle bissfest garen, Gurken würfeln und die Zutaten mit Erbsen und Mais mischen. Zutaten für die Salatsoße verrühren, unterheben und den Salat 2-3 Stunden ziehen lassen.

Gurke nach Art der Sennerin

Zutaten:

1 Salatgurke, 100 g Joghurt
100 g saure Sahne, Salz, Pfeffer,
Senf, Zwiebel, frische Kräuter
200 g Schnittkäse
200 g gekochter Schinken
1 hartgekochtes Ei, 2 Radieschen
etwas Meerrettich

Salatgurke in Scheiben schneiden, schuppenartig auf einen Teller legen. Aus Joghurt, saurer Sahne, Zwiebel und Gewürzen Marinade herstellen. Schnittkäse und gekochten Schinken klein würfeln und mischen, danach auf die Gurkenscheiben häufen.
Den Salatteller mit hartgekochtem Ei, Radieschen und Meerrettich garnieren.

Chinakohlsalat mit Mandarinen

Zutaten:

500 g Chinakohl
1/2 kl. Dose Mandarinen
2-3 Essl. Kräuteressig
3-4 Essl. Öl
1 Prise Salz und Pfeffer
1 Prise Zucker
1/2 feingehackte Zwiebel
frische Kräuter

Chinakohl fein schneiden, Mandarinen zugeben. Eine Salatsoße zubereiten aus Kräuteressig, Öl, Salz, Pfeffer, Zucker, feingehackter Zwiebel und frischen Kräutern. Anrichten.

Waldorfsalat

Zutaten:

1 schöne Sellerieknolle
3 saftige Äpfel
50 g geschälte, gestiftete Mandeln oder Walnüsse
2-3 Scheiben Ananas (Dose)
1 Be. Joghurt
3-4 Essl. Zitronensaft, Salz, Zucker
2 Essl. Worcester-Soße
1/8 l geschlagene Sahne oder gestreckte Mayonnaise

Sellerie gründlich waschen, schälen, mit der Küchenmaschine fein raspeln. Äpfel entkernen und dazuraspeln. Sofort Zitronensaft untermengen, um das Verfärben zu verhindern. Ananas in Stücke schneiden und mit den Mandeln zugeben. Salat mit Salz, Zucker, Worcester und Joghurt mischen, gut abschmecken und durchziehen lassen.
Vor dem Anrichten gestreckte Mayonnaise oder geschlagene Sahne unterheben.

Apfelkater

Zutaten:

4 geputzte Salzheringe
4 gekochte Eier, 4 Äpfel, Cox
Mandarinenteile
Mayonnaise oder Salat Dressing

Alle Zutaten klein schneiden, mit Mayonnaise vermengen, kühl stellen und etwa 12 Stunden ziehen lassen. Als Abschluss einer Fete oder als Katerfrühstück gleich gut geeignet. Dazu gemischtes Brot reichen.

Kräutercreme

Zutaten:

1/2 Be. Joghurt, 1/8 l Sahne (sauer)
Salz, Pfeffer, Kräuter wie Estragon, Salbei, Rosmarin
grüne Minze, Liebstöckel
Pfefferminze, Petersilie
1/8 l süße Sahne (paßt zu gegrilltem Fleisch und zu Salaten z. B. Radiccio)

Joghurt mit saurer Sahne schaumig schlagen, mit Salz und frisch gemahlenem Pfeffer würzen, gehackte Kräuter untermischen und kalt stellen. Kurz vor dem Servieren die geschlagene Sahne unterheben.

Tipp: Man erkennt die Küche am Salat, jeder Tropfen Wasser ist Sünde.

Biberach an der Riß

Eingebettet in die leicht hügelige Landschaft Oberschwabens bietet die über 900 Jahre alte, ehemalige freie Reichsstadt und heutige Große Kreisstadt mit ihrer historischen Altstadt, den majestätischen Patrizierhäusern am Marktplatz und den vielen versteckten Winkeln und Gassen eine heimelige, heitere Atmosphäre. Die beiden Türme, der Weiße Turm und der Gigelturm, sowie die gotische, im Inneren barockisierte Stadtpfarrkirche St. Martin (Station der Oberschwäbischen Barockstraße) prägen eindrucksvoll das Stadtbild. Die Kirche ist seit 1548 als Simultankirche im gemeinsamen Besitz der evangelischen und katholischen Kirchengemeinde.

Von seiner besten Seite zeigt sich der Biberacher Marktplatz an Markttagen – er zählt zu den schönsten in Süddeutschland. Hier werden jeden Mittwoch und Samstag Obst, Gemüse und Blumen in Hülle und Fülle angeboten. Daneben sind auch vier große Jahrmärkte und jeden Mittwoch ein Bauernmarkt fester Bestandteil im Biberacher Marktleben. Fast ebenso wichtig wie das Einkaufen ist aber auch das Sehen und Gesehenwerden, Leute treffen, ein „Schwätzle" halten oder in einem der vielen Straßencafés das fast südländische Flair der Fußgängerzone genießen. Es macht einfach Spaß, durch die Altstadt zu bummeln, in originellen Kneipen und Biergärten einzukehren und dabei die kulinarischen Spezialitäten der Region kennenzulernen.

Bei einem Rundgang durch Biberach fällt der mittelalterliche Gebäudekomplex des Hospitals zum Heiligen Geist besonders auf. Hier befindet sich das Braith-Mali-Museum. Mit seinen Abteilungen Naturkunde und Archäologie, der Gotischen und Modernen Kunst sowie der Gemäldegalerie und den Braith-Mali-Ateliers zählt es zu den bedeutenden Museen in Baden-Württemberg.

In einem der ältesten Fachwerkhäuser Süddeutschlands (1318) ist im Erdgeschoss das Webermuseum mit der Dauerausstellung „flachsen, spinnen, weben" untergebracht. Am Sonntagnachmittag finden hier auch regelmäßig Webvorführungen statt. Im Obergeschoss befindet sich der Wieland-Schauraum, ein Literaturmuseum zum Anfassen und Mitmachen. Im Sommerhalbjahr sind zudem die romantischen Gartenhäuser des Dichters Christoph Martin Wieland (1733-1813) geöffnet. Beides sind wichtige Stationen der Schwäbischen Dichterstraße.

Besonders interessant ist die Weißgerberwalk, die letzte Gerberei in Deutschland, in der Leder noch wie vor fast 300 Jahren bearbeitet wird. Nach Voranmeldung kann innerhalb einer Führung die Walk besichtigt werden.

Der Biberacher Jahreslauf wird geprägt von Traditionen. Der absolute Höhepunkt jedoch ist jedes Jahr Anfang Juli das Biberacher Schützenfest. Es „schützelet" heißt es dann in der Stadt, wenn sich die Trommler und Pfeifer auf das Schützenfest vorbereiten. Neun Tage lang feiern die „Biber" ihr traditionsreiches Fest – und in den Biergärten geht es während dieser Zeit hoch her; hier trifft sich Jung und Alt in gemütlicher Runde.

Biberach an der Riß, eine liebenswerte Stadt, bietet Kunst und Kultur, Erholung und Freizeit, Tradition und Fortschritt, in einer landschaftlich reizvollen Umgebung.

Laupheim

Bereits 778 wurde der Ort urkundlich erwähnt. Laupheim ist damit die älteste Gemeinde des Landkreises Biberach. 1869 wurde Laupheim zur Stadt erhoben; Oberamtsstadt war Laupheim bis zum Jahre 1938.

Viel Sehenswertes bietet diese Stadt an der Oberschwäbischen Barockstraße. Hier treffen sich Moderne und Tradition. Das Schloss Großlaupheim zum Beispiel, mit seinem in Europa einzigartigen „Museum zur Geschichte von Christen und Juden." Mit modernen Medien wird hier exemplarisch das Zusammenleben von Christen und Juden in der württembergischen Landgemeinde Laupheim von den Anfängen im 18. Jahrhundert bis zum leidvollen Ende der jüdischen Gemeinde während der Zeit des Nationalsozialismus dargestellt. Eine Augenweide ist der sieben Hektar große Schlosspark mit Rosengarten, Weihern, Spazierwegen, Wasservögeln und seltenen Bäumen. Einen historischen Glanzpunkt stellt das Rokokoschloss Kleinlaupheim von 1769 dar.

Das Wahrzeichen der Stadt ist die barocke Stadtpfarrkirche St. Peter und Paul (1623). Vom 45 Meter hohen Turm aus hat man einen herrlichen Ausblick auf die Stadt und ihre Umgebung. Die St. Leonhardskapelle (1445) besitzt seit 1611 ein kunsthistorisch hochinteressantes und sehr seltenes Heiliges Grab. Der historische Obere Marktplatz mit der „Schranne" und der bemalten „Sommerschranne" vermittelt noch die Atmosphäre von Altlaupheim. Hier befindet sich auch das Spital zum Heiligen Geist (1598). Auf dem Jüdischen Friedhof im Stadtzentrum stehen Grabsteine ab 1740. Die ehemalige jüdische Wirtschaft „Rother Ochsen" wurde renoviert.

Sehenswürdigkeiten in den Stadtteilen sind das ursprünglich 1727 als Kloster erbaute Schloss in Obersulmetingen, die Schlosskapelle St. Othmar (1740/42 umgestaltet) mit Werken des Malers F. J. Spiegler und des Bildhauers D. H. Herberger in Untersulmetingen, die Kirche St. Theodul (1784) mit Wallfahrt zum „Lieben Herrgöttle" und historischem Pfarrstadel in Bihlafingen und die Kirche St. Ulrich in Baustetten.

Kunst neueren Datums findet man in der Kapelle des Kreiskrankenhauses (1990) mit Ausstattung von Prof. Erich Koch und Glasfenstern von Prof. Georg Meistermann. Vor dem Kreiskrankenhaus und dem Kreis-Berufsschulzentrum steht ein Brunnen von Prof. Josef Henselmann.

Eine Exkursion durch Raum und Zeit vermittelt das Planetarium Laupheim. Die Faszination des Sternenhimmels kann live über die Sternwarte, den künstlichen Sternenhimmel in der Planetariumskuppel, der modernsten Multi-Media-Anlage in ganz Süddeutschland, erlebt werden. Als Grüne Lunge zählen in der Stadt und ihrer Umgebung die „Höhenanlage" und die Naturschutzgebiete „Schand" und „Müsse", sowie das Natur- und Landschaftsschutzgebiet „Osterried" in Baustetten, das nördlichste Moor in Oberschwaben.

Schemmerhofen

In die voralpine oberschwäbische Landschaft eingebettet, etwas nördlich der Kreisstadt Biberach und direkt an der Grenze zum Alb-Donau-Kreis, liegt Schemmerhofen mit seinen Ortsteilen Alberweiler, Altheim, Aßmannshardt, Ingerkingen und Schemmerberg. In der Gesamtgemeinde Schemmerhofen – der Ortsname setzt sich zusammen aus den ehemaligen Gemeindenamen Langenschemmern und Aufhofen – leben etwas mehr als 7.000 Einwohner. Trotz Gewerbegebieterschließungen und umfangreicher neuer Wohnsiedlungen sind die einzelnen Teilorte noch immer stark landwirtschaftlich geprägt. Das örtliche Gewerbe mit seinen vorwiegend kleineren und mittleren Betrieben bietet zwar eine stattliche Anzahl von Arbeitsplätzen, bedingt durch die Nähe zur Kreisstadt Biberach und den Städten Laupheim und Ehingen, verzeichnet die Gemeinde jedoch viele Auspendler. Dem kommt die Eisenbahnlinie Ulm-Friedrichshafen mit Personenbedienung in Schemmerberg sehr entgegen, ist die Gemeinde dadurch doch an das überregionale Verkehrsnetz angebunden.
Wunderschöne Rad- und Wanderwege bieten sich an, das Rißtal zwischen Biberach und Laupheim zu erkunden. Erwähnenswert ist auch das Naturschutzgebiet „Gedüngtes Ried" in Ingerkingen.
An Sehenswürdigkeiten hat die Gesamtgemeinde einiges zu bieten, so die Pfarrkirche St. Mauritius in Langenschemmern mit Fresken um 1350. Bei der Wallfahrtskirche Aufhofen, liebevoll „Aufhofener Käppele" genannt, sind Führungen nach Anfrage beim Pfarrbüro möglich. Die denkmalgeschützte Gebäudegruppe Schlößle (1488) mit Kirche St. Ulrich, Pfarrhaus und Pfarrstadel in Alberweiler, die ebenfalls denkmalgeschützte neugotische Kirche St. Michael (1887/88) in Aßmannshardt, das alte Amtshaus in Schemmerberg und das Ehrenmal im Gewann Burgstall in Altheim sind sehenswert.

Knoblauchbrot

Zutaten:

1 Stangenweißbrot von 500 g
125 g Butter, 3 Knoblauchzehen
1-2 Msp. Salz
je 1/2 Bd. Petersilie und Schnittlauch

Butter schaumig rühren, Knoblauch schälen und zerdrücken, Kräuter waschen und fein schneiden, Knoblauch, Kräuter und Gewürze unter die Butter rühren.
Weißbrot im Abstand von 2-3 cm leicht schräg tief ein- aber nicht durchschneiden, Knoblauchbutter in die Einschnitte streichen.
Weißbrot in Alufolie einschlagen und ca. 15 Min. bei 200° C backen.

Dazu passt:

Käseteller

Verschiedene Käsesorten in Würfel schneiden, auf Teller oder Platte geben und je nach Geschmack mit Zwiebelringen und Paprikapulver verzieren. Einige Spieße in Käsewürfel stecken.

Schupfnudeln oder Schleifernudeln

Zutaten:

250 g gekochte Kartoffeln
250 g Mehl
1 Ei, Muskat, Salz
Fett zum Anbraten

Die 1-2 Tage alten Kartoffeln durch die Kartoffelpresse drücken und zusammen mit dem Mehl, dem Ei, Muskat und Salz zu einem festen Teig verkneten.
Auf bemehltem Backbrett in fingerlange und fingerdicke „Würstchen schupfen". In kochendes Salzwasser geben und nach dem Aufschwimmen mit Schaumlöffel herausnehmen und auf dem Backbrett zum Trocknen auslegen.
Fett zerlaufen lassen und die Schupfnudeln unter öfterem Wenden hellbraun anbacken.

Zucchini-Auflauf II

Zutaten:

Für 4 Personen
1 Zwiebel, 1 Essl. Öl
350 g gemischtes Hackfleisch
Salz, Pfeffer, Knoblauchpulver
1 Essl. Tomatenmark
2 Essl. Tomatenketchup
4 mittelgroße Zucchini
3 Tomaten
100 g geriebener Emmentaler

Zwiebel würfeln und die Hälfte davon glasig dünsten. Hackfleisch zugeben, 5-7 Min. gut anbraten und mit Salz und Pfeffer würzen. Tomatenmark und Ketchup verrühren, mit der Hackfleischmasse mischen und beiseite stellen. Zucchini und Tomaten zugeben und solange dünsten, bis die Zucchini weich sind. Das Gemüse mit Salz und Pfeffer würzen. Eine Auflaufform fetten, mit Knoblauchpulver bestreuen und das Hackfleisch einfüllen. Zucchini auf dem Hackfleisch verteilen und mit Käse bestreuen.

Backzeit: 30 Min. bei 180° C im vorgeheizten Ofen

Tipp: Dazu serviert man Salzkartoffeln.

Zucchini-Cremesuppe

Zutaten:

1 Zwiebel, 500-700 g Zucchini
20-30 g Butter, 1 l Fleischbrühe
100 ml Sahne
100-150 g gekochter Schinken
evtl. etwas geriebenen Hartkäse
Dill zum Bestreuen

Kleingeschnittene Zucchini und Zwiebel in Butter andünsten, mit Fleischbrühe ablöschen und ca. 10-15 Minuten bei schwacher Hitze garkochen. Mit Mixstab pürieren, Sahne und Schinkenwürfel dazugeben. Abschmecken und mit feinem oder gehacktem Dill bestreuen.

Panierte Kartoffelschnitzel

Zutaten:

500 g Kartoffeln, 250 g Reis
1-2 Eier, Semmelbrösel
Salz, Fett

Kartoffeln als Pellkartoffeln garen und durchpressen. Pellkartoffeln und Reis können im Dampfdrucktopf zusammen gegart werden. Dann ausgekühlt gut miteinander verkneten, mit etwas Salz abschmecken, zu einer Rolle formen und schnitzelgroße Scheiben abschneiden. Zuerst in Mehl, dann in verquirltem Ei und zuletzt in Semmelbrösel wenden, in heißem Fett goldgelb von beiden Seiten backen.

Dazu Apfelmus oder grünen Salat servieren.

Bauernvesper

Bauernomelett

Zutaten:

500 g Kartoffeln, Salzwasser
125 g durchwachsener Speck
2 Zwiebeln, 2 Essl. Öl, 4 Eier
4 Essl. Milch, Salz
Petersilie oder Schnittlauch

Pellkartoffeln kochen, sofort abziehen und nach dem Erkalten in Scheiben schneiden.
Speck und Zwiebeln in Würfel schneiden. Öl erhitzen und die Speckwürfel darin glasig dünsten. Kartoffeln und Zwiebeln zugeben und goldbraun braten. Eier, Milch und etwas Salz verquirlen. Die Eiermilch über die Kartoffeln geben und fest werden lassen, ohne die Kartoffeln zu wenden. Das ganze Gericht von der Pfanne auf die Platte gleiten lassen und mit Schnittlauch und Petersilie bestreuen.

Eier-Nudeln

__Zutaten__

1. Grüne Nudeln
200 g Mehl
2 Essl. gehackte Kräuter, 1 Ei
1 Essl. aufgetauter Tiefkühlspinat
1 Teel. Öl

2. Rote Nudeln
150 g Mehl, 1 Ei, Salz
1 Essl. Tomatenmark, 1 Teel. Öl

3. Gelbe Nudeln
200 g Mehl, 2 Eier, 1 Teel. Öl, Salz

Alle Teigsorten zu dünnen Platten auswellen.
Auf Tücher antrocknen.
Den noch zähen Teig längs falten und in gleichmäßige Streifen schneiden.

Nudeleintopf im Dampfdrucktopf

__Zutaten:__

1 Essl. Fett, 300 g Hackfleisch
1 Zwiebel, Pfeffer, Paprika
2 grüne Paprikaschoten
250 g Spätzle oder Bandnudeln
4 Tomaten, 1 Teel. Oregano
1 1/2 Fleischbrühwürfel
1/2 l kaltes Wasser

Fett auf Stufe 3 der Normalkochplatte erhitzen, Hackfleisch anbraten, Zwiebel klein schneiden und zugeben, mit Pfeffer und Paprika würzen. Paprikaschoten klein schneiden, Spätzle oder Bandnudeln dazugeben. Tomaten würfeln, Oregano und Fleischbrühwürfel daraufgeben und kaltes Wasser zugießen.
Topfrand abwischen, Deckel auflegen.
Ankochen: Auf Stufe 3, bis Dampffahne austritt. Am Deckel Stufe 2 einstellen, Kochplatte auf 0 schalten. Noch 5 Minuten auf Stufe 2 fortkochen.
Dampfdrucktopf abdampfen.

Serviettenkloß mit Schmälze

__Zutaten:__

6 alte Semmeln
1/4 l lauwarme bis heiße Milch
1 Zwiebel, Petersilie, Basilikum
20 g Butter, 6 Eier, 60 - 100 g Butter
250 g gekochte geriebene Kartoffeln
3 – 4 Essl. Semmelbrösel

6 alte Semmeln in Würfel schneiden, mit lauwarmer bis heißer Milch übergießen und durchziehen lassen. 1 Zwiebel und Petersilie feinschneiden, mit Basilikum würzen und in 20 g Butter andünsten. 6 Eier trennen: Eischnee herstellen. Aus 60-100 g Butter, 6 Eigelb und Salz eine Schaummasse herstellen. Die eingeweichten Semmelwürfel, gekochte geriebene Kartoffeln, 1 gedünstete Zwiebel und Kräuter zugeben, abschmecken, Eischnee unterziehen.
Die Masse locker in eine Serviette einbinden, 1 1/4 Std. hängend in Salzwasser kochen, aufschneiden, in 2 Essl. Butterschmalz 3-4 Essl. Semmelbrösel schmälzen.

Schwarzes Mus

Zutaten:

1 Essl. Fett
1 mittlere Tasse Musmehl
Salz, 1 l Milch, 1 Essl. Butter

Man lasse 1 Löffel voll Margarine (noch besser Butterschmalz) in einer Kasserolle zerfließen, gibt eine mittlere Tasse Musmehl mit einem gestrichenen Teelöffel Salz hinein und rührt es bis es etwas Farbe annimmt.
Dann löscht man mit etwa einem Liter Milch ab und rührt es, bis es pfluttert (kocht), dann kann die Platte ganz klein geschaltet werden. Weiterkochen lassen, nicht mehr rühren, damit es eine Scherre (Kruste) bekommt.

Zur Abrundung noch mit heißer Butter abschmelzen.

Dazu schmecken frische Birnen.

Kräuterspätzle

Zutaten:

500 g Weizenvollkornmehl
Meersalz, Muskat, 4-5 Eier
knapp 1/4 l Wasser
3 Essl. feingehackte Petersilie
1 Essl. feingehackter Kerbel
2 Essl. feingeschnittener Schnittlauch, reichlich kochendes Salzwasser

Das sehr fein gemahlene Vollkornmehl mit Meersalz, Muskat, den Eiern, sowie den Kräutern und etwas Wasser verrühren. Mit dem Kochlöffel kräftig durchschlagen, bis sich Blasen bilden. Gegebenenfalls noch etwas Wasser zugeben. Der Teig muss eine feste Konsistenz haben. Mit dem Spätzlehobel ins kochende Salzwasser hobeln, ab und zu umrühren, sonst kleben sie zusammen. Aufkochen lassen, mit Schaum- bzw. Sieblöffel herausnehmen und mit kaltem Wasser abschrecken. Die Spätzle können sowohl als Käsespätzle weiterverarbeitet werden, wie auch als Beilage zu Steinpilzen in Rahmsoße.

Pikante Käse-Nudelpfanne

Zutaten:

250 g Hörnchen-Nudeln
200 g Tilsiter (Gouda)
200 ml Sahne
ca. 150 ml Milch
Salz, Pfeffer, Petersilie

Nudeln bissfest garen, Sahne und Milch erhitzen, Tilsiter würfeln und in Flüssigkeit auflösen, würzen und über die feuchten Nudeln gießen. Servieren mit Petersilie.

Aufgezogener Grießauflauf

Zutaten:

4 Eier
125 g Zucker
250 g Grieß
1/2 Päck. Backpulver
1/2 l Milch

Eier und Zucker schaumig rühren, danach den Grieß mit Backpulver vermischt unterrühren.
In gefetteter Auflaufform 1/2 Std. backen.
1/2 l kochende Milch darüber gießen. 15 Min. ziehen lassen.

Obst oder Fruchtsoße dazu reichen.

Kässpätzle

Zutaten:

500 g Mehl, 4 Eier
2 gestr. Teel. Salz,
Wasser
200 g geriebener Emmentaler
2 Zwiebeln, 2-3 Essl. Butter

Spätzle herstellen.
Die gegarten heißen Spätzle werden abwechselnd, immer eine Schicht Spätzle, eine Schicht geriebener Käse, in eine gut erwärmte Schüssel gegeben.
Zum Abschluß gibt man die in Butter braun gerösteten Zwiebelringe über die Kässpatzen.
Man kann die Schüssel (feuerfest) noch kurz in die Backröhre schieben, damit sich der Käse besser auflöst.

Bunte Spätzlespfanne

Zutaten:

150 g gekochter Schinken
250 g Lyoner, 150 g Salami
1 gr. Zwiebel
1 roter, gelber und grüner Paprika
3 Essl. Butterfett
150-200 g gekochte Spätzle
Salz, Pfeffer
2 Essl. Petersilie

Alle Paprikaschoten entkernen, waschen und in Streifen schneiden. Zwiebel halbieren und in Scheiben schneiden. In einer Pfanne das Fett erhitzen, dann das Gemüse darin unter häufigem Wenden etwa 5 Minuten dünsten, es soll noch knackig sein. Beiseite stellen, aber in der heißen Pfanne lassen.
Schinken in Würfel, Lyoner und Salami in feine Streifen schneiden, alles zusammen in einer zweiten Pfanne in sehr heißem Fett kurz anbraten. Spätzle dazugeben, alles miteinander vermischen. Nach etwa einer Minute die Hitze verringern und das Gemüse mitsamt aller etwa entstandenen Brühe zugeben. Vorsichtig, aber gründlich vermischen. Abschmecken mit Salz und Pfeffer aus der Mühle und mit gehackter Petersilie überstreuen.

Vierländer Nudel-Reispfanne

Zutaten:

300 g Nudeln
(oder 150 g Dinkelreis)
200 g Schinken- oder Hartwurst
100 g Bauchspeck, 3 Zwiebeln
300 g Broccoli
300 g Möhren, 200 g Champignons
Salz, Pfeffer, Petersilie
1/8 l Sahne

Nudeln kernig weich garen. Speck und Zwiebeln würfeln und andünsten, Broccoli und Möhrenwürfel zugeben, zugedeckt 10 Minuten dünsten lassen. Pilze in Scheiben schneiden, Wurst würfeln, beides mit den Nudeln zum Gemüse geben. Gewürze und Sahne untermengen. Unter Wenden erhitzen. Gehackte Petersilie untermischen.

Speckknödel

Zutaten:

8 – 10 Semmeln, Salz
3/8 l lauwarme Milch
3 Eier, Petersilie, 1 Zwiebel
200 g Geräuchertes oder Schinken

Semmeln in kleine Würfel schneiden, salzen und mit Milch übergießen, ziehen lassen. Eier und gehackte Petersilie zugeben. Speck in feine Würfel schneiden oder durch den Fleischwolf drehen. In der Pfanne mit der Zwiebel leicht anrösten, zum Semmelteig geben. Aus dem Teig Knödel formen, in kochendes Salzwasser geben und 20 Minuten bei halboffenem Deckel ziehen lassen. Reichen Sie Sauerkraut oder Salat dazu.

Dampfnudeln

Zutaten:

1 kg Mehl
knapp 1 1/2 Würfel Hefe
1 Teel. Zucker
3 Eier
etwa 1/8 l Milch
2 gestr. Teel. Salz
etwa 1/4 l Milch
50 g Butter
Salz

Mehl in eine Schüssel geben, eine Vertiefung machen, etwas warme Milch reingeben, Hefe darauf bröseln, 1 Teelöfel Zucker darüberstreuen, mit Mehl bedecken und ca. 30 Minuten ruhen lassen. Nun kommen die Eier, Salz und die restliche Milch dazu, kräftig durchkneten und schlagen, bis sich der Teig von der Schüssel löst. Nochmals an warmer Stelle zugedeckt ca. 1 Stunde gehen lassen. Danach formt man mittelgroße Nudeln (Kugeln) und lässt diese nochmals 20 Minuten nachtreiben. Nun bringt man in einem Topf die Milch mit der Butter und dem Salz zum Kochen, setzt die Nudeln eng zusammen und deckt sie mit einem Deckel dicht ab. Man lässt die Nudeln ca. 20 Minuten leicht köcheln, ohne den Deckel zu öffnen. Die Nudeln sind fertig, wenn die Flüssigkeit eingekocht ist und sich unten die begehrte Kruste, die Bacheln, gebildet haben.
Am Besten im Topf servieren, dazu gibt es Vanillesoße oder Kompott.

Gefülltes Brot

Zutaten:

1 Weißbrot (1-Pfund-Kipf)
oder 1 Stangen-Weißbrot
125 g Butter, 1-2 Essl. Öl
100 g Hartkäse, 100 g Schinken
100 g Salami
(Cervelat oder Blockwurst)
2 Tomatenpaprika (aus dem Glas)
4 Essiggurken, 4 hartgekochte Eier
Schnittlauch oder Petersilie
Salz, Pfeffer

Butter schaumig rühren und mit den übrigen, feingeschnittenen Zutaten gut vermengen.
Das Brot halbieren, den Brotinhalt herausnehmen, fein zerpflücken und in die Buttermasse geben. Das Brot füllen, einige Zeit verpackt kühlen, in Scheiben schneiden und auf einer Platte anrichten.

Mensch und Politik

Ein Mensch ruft unter viel Applaus
ich räume diesen Saustall aus.
Doch bald bemerkt man, dass er log,
jetzt frisst er selber mit am Trog.
Hermann Rehm

Strammer Max

1 Scheibe Roggenmischbrot leicht in Butter anrösten, mit 75 g kleingewürfeltem Schinken belegen und ein Spiegelei obenauf geben. Mit Gurkenstreifen, Tomatenvierteln, Kopfsalat und Petersilie garnieren.

Ist schnell gemacht!

Ofenschlupfer

Zutaten:

6 Wecken vom Tag vorher
4-5 mittelgroße Äpfel
80 g Zucker
50 g Rosinen
50 g Mandelblättchen
2 Eier
1/2 l Milch

Die Wecken und die geschälten Äpfel in Scheiben schneiden. In eine gefettete Auflaufform wird nun eine Lage Weckschnitten gelegt, dann eine Schicht Apfelschnitten. Das Ganze mit Zucker, Rosinen und Mandelblättchen bestreuen. Die Eier mit der Milch verrühren und langsam darübergießen. So Lage für Lage schichten. Die Weckschnitten sollen die letzte Schicht bilden. Wenn die Eiermilch gleichmäßig eingezogen ist, den Auflauf auf die untere Schiene in den Backofen schieben und ungefähr 45 Minuten bei 170° C backen.

Mit Vanillesoße servieren.

Überbackene Käsebrote

Zutaten:

2 Weißbrote (Baguettes)
300 g gewürfelter Schinkenspeck (Reste verwenden)
ca. 1/8 l herber Weißwein
2 Eier, 1/8 l saure Sahne
weißer Pfeffer, Knoblauchpulver
1/4 Teel. Kräuter der Provence
400 g geriebener Gouda

Ein Backblech gut ausfetten. Die Weißbrote der Länge nach halbieren. Leicht aushöhlen und dicht zusammen auf das Backblech legen. Die Speckwürfel anbraten und auf die Brote verteilen. Wein darüberträufeln. Die restlichen Zutaten gut verquirlen. Die Masse auf die Brote streichen.

Bei 200° C etwa 20 Minuten überbacken.

Grüner Salat schmeckt gut dazu.

Gefüllte Pfannkuchen

Zutaten:

12 Pfannkuchen
500 g Brät, 2 Eier
Schnittlauch, Petersilie
1 Ei, Semmelbrösel

Schnittlauch und Petersilie fein hacken. Das Brät mit den Kräutern und 2 Eiern glattrühren. Die Pfannkuchen mit der Masse bestreichen, aufrollen und mit Ei und Semmelbrösel panieren. In heißem Fett rundum anbraten.

Von restlichem Bier mische man einige Esslöffel unter den Pfannkuchenteig. Die Pfannkuchen werden viel lockerer.

Schokoladen-Auflauf

Zutaten:

75 g Butter, 110 g Zucker
5-6 Eigelb
75 g Schokolade
etwas Vanillezucker
200 g Weißbrot (in Milch eingeweicht)
5-6 Eiweiß

Butter cremig rühren, nach und nach Zucker, Eigelb, Schokolade und Vanillezucker unterrühren. Weißbrot fest ausdrücken, zugeben und alles zu einer glatten Masse verrühren. Eiweiß zu festem Schnee schlagen und unterheben. Die Masse in eine mit Butter bestrichene Auflaufform füllen.

Backzeit: 45 Min. bei 175–200° C

Überbackene Pfannkuchen

Zutaten:

200 g Mehl, 4 Eier
1 Teel. Salz, 3 Teel. Zucker
ca. 1/2 l Milch, etwas Öl
500 g Quark
1 Becher (200 ml) Sahne
2 Eier, 2 Essl. Zucker
Zwetschgenmarmelade

Aus den erstgenannten Zutaten einen dünnen Pfannkuchenteig (evtl. etwas mehr Milch oder Sprudel verwenden) rühren. Öl in einer großen Pfanne erhitzen und aus dem Teig dünne Pfannkuchen ausbacken. Quark, Sahne, Eier und Zucker gut verrühren. Die Pfannkuchen mit Zwetschgenmarmelade bestreichen, aufrollen, in eine Auflaufform legen und mit der Quarkmasse übergießen.

Backzeit: ca. 20 Min. bei 200° C auf der mittleren Einschubleiste des Backofens

Das Gericht warm servieren.

Tipp: Nach Belieben reicht man zuvor eine Suppe.

Hüttenbrot (Storchennest)

Zutaten:

375 g gekochte Kartoffeln
vom Vortag, 40 g Hefe
ca. 1/2 l lauwarmes Wasser
1 kg Mehl, 2 Teel. Salz
1 Eigelb, 3 Teel. Mohn

Kartoffel pellen, durchpressen, Hefeteig zubereiten (15 Min. gehen lassen). Hefeteig fertig stellen, ca. 30 Minuten gehen lassen, durchkneten. 20 Kugeln formen und dicht aneinander auf ein gefettetes Backblech legen, ca. 20 Minuten gehen lassen. Eigelb mit Wasser verrühren und den Teig damit bestreichen. Mohn mit Salz mischen und darüberstreuen.

Backtemperatur: 225° C O/U
Heißluft: 190–200° C

Backzeit: 30 Minuten

Brötchensonne

Zutaten:

500 g Mehl (1/2 Vollkornmehl)
1 Teel. Salz
50 g Butter oder Margarine
ca.1/4 l warmes Wasser, Milch
oder Buttermilch, 1/2 Würfel Hefe
Wasser-Öl-Gemisch zum
Bestreichen
verschiedene Körner wie: Sesam,
Leinsaat, Sonnenblumenkerne
zum Bestreuen

Aus den Zutaten einen mittelfesten Hefeteig herstellen, gut gehen lassen. Eine Rolle formen und gleichmäßige Stücke abschneiden. Diese zu Weckle drehen, auf einem gefetteten Backblech zu einer Sonne aneinander setzen; mit Wasser-Öl-Gemisch bestreichen und mit den Körnern bunt bestreuen. Weckle gut gehen lassen.
Bei 200° C ca. 20 Minuten backen.

Schwäbischer Zwiebelkuchen

Zutaten:

200 g Mehl, 1 Prise Salz
1/8 l Milch, 1 Ei, 2 Essl. Öl
1/2 Hefe
Belag:
750 g Zwiebeln
100 g geräucherter Bauchspeck
200 g saure Sahne, 1/2 Teel. Salz
1 Teel. Kümmel, 3 Eier, Pfeffer

Aus den oben genannten Zutaten einen Hefeteig herstellen, in eine gefettete Springform geben und mit dem Teig die Ränder etwas hochziehen. Zwiebeln und Bauchspeck kleinschneiden, weichdünsten, abkühlen lassen und auf dem Teig verteilen. Saure Sahne, Eier und Gewürze verrühren, über die Zwiebelmasse gießen und bei 220° C gut 1/2 Stunde goldgelb backen.

Dazu passen Suser oder Most.

Kartoffelbrot

Zutaten:

1 kg Kartoffeln, 1/4l Milch
500 g Mehl oder Vollkorn-weizenschrot, 1 Ei
2 Essl. Öl, 1 Teel. Salz
3 Teel. Zucker, 40 g Hefe

Kartoffeln schälen, reiben und auspressen. Die Kartoffelmasse mit kochend heißer Milch übergießen und gut verrühren. Mehl, Ei, Öl, Salz und Zucker in eine Rührschüssel geben. Hefe und die Kartoffelmasse darüber verteilen. Alle Zutaten mit der Küchenmaschine zuerst auf der niedrigsten Stufe und dann auf höchster Stufe so lange kneten, bis sich der Teig vom Schüsselrand löst. Den Hefeteig gehen lassen, kurz durchkneten und zu einem Brot formen. Auf ein Backblech setzen, nochmals gehen lassen und im vorgeheizten Backofen bei 225° C ca. 60 Minuten backen.

Speck- und Käsepfannkuchen

Zutaten:

Für 8 Pfannkuchen:
4 Eier, 3/4 l Milch, 1 Pr. Salz
300 g Mehl
150 g geräucherter Speck
100 g mittelalter Goudakäse
2 kl. säuerliche Äpfel
Saft 1 Zitrone
4 Teel. Butter oder Margarine
evtl. 6 Essl. heller Sirup

Pfannkuchenteig herstellen und 30 Min. quellen lassen. Speck in dünne Scheiben schneiden, Käse grob raspeln, Äpfel in Spalten schneiden, mit Zitronensaft beträufeln.
Für die Käsepfannkuchen ca. 1 Teel. Fett in einer Pfanne erhitzen. Eine mittlere Kelle (ca. 1/8) Teig einfüllen. Mit etwas Käse bestreuen und von beiden Seiten goldbraun backen und warm stellen.
Für die vier Apfel-Speck-Pfannkuchen je 1/4 vom Speck in der Pfanne ausbraten und je eine Kelle Teig daraufgießen, einige Apfelspalten darauf verteilen. Pfannkuchen auf einen Topfdeckel gleiten lassen, wenden und von der anderen Seite auch goldbraun backen.
Käsepfannkuchen aufrollen, in eine feuerfeste Form legen, mit dem Rest Käse bestreuen und unter der Grillbeheizung schmelzen. Nach Belieben mit Sirup servieren.

Möhrencremesuppe

Zutaten:

(Für 6 Personen):
1 Essl. gehackte Zwiebel
30 g Butter, 700 g Karotten
1 kleines Stück Sellerieknollen
1,25 l Fleischbrühe, 1/4 l Sahne
Salz, Pfeffer, Zucker

Die Zwiebeln mit etwas Butter anschwitzen. Die Karotten und Sellerie zugeben, mit Fleischbrühe auffüllen und im Sicomatic auf Stufe I 7-8 Minuten weichkochen, durchmixen und anschließend die Suppe mit Salz, Pfeffer, Sahne und einer Prise Zucker abschmecken.

Zu Mariä Geburt fliegen die Schwalben furt;
bleiben sie da, ist der Winter nicht nah.

Backspätzle

Zutaten:

(Backerbsen)
200 g Mehl, 3 Eier
1/2 Würfel Hefe
etwa 1 Tasse Milch, Salz
1 Prise Zucker, Backfett

Hefe in lauwarmer Milch und einer Prise Zucker auflösen und mit den übrigen Zutaten zu einem weichen Hefeteig verarbeiten. Den Teig zugedeckt an einem warmen Ort gehen lassen. Anschließend wird der Hefeteig durch einen Spatzenmodel in heißes Backfett gegeben.
Die Backerbsen schwimmend hellbraun herausbacken.

Spargelcremesuppe

Zutaten:

750 g Spargel, 1 Prise Zucker
80 g Butter, 80 g Mehl
1 kleingeschnittene Zwiebel
2 l Gemüsesud, Kräuter
etwas weißen Pfeffer
80 g Schmelzkäse
8 Essl. Rahm

Spargel in leicht gesalzenem Wasser mit einer Prise Zucker weichkochen. Aus Butter, Mehl und einer kleingeschnittenen Zwiebel eine helle Einbrenne kochen, 2 l Gemüsesud zugeben, mit Kräutern und etwas weißem Pfeffer abschmecken, Schmelzkäse und Rahm zugeben, Spargel in 2 cm lange Stücke schneiden, zufügen und mit etwas Petersilie bestreut, servieren.

Eisa oberschwäbische Kuche

Mir Schwoba send oifach gschtandane Leit,
weil's jeden Dag ebbes handfetschts geit,
als herzhaft ond deftig isch überall bekannt,
dr Speisezettel vom schwäbischa Oberland.
A Essa ohne Spätzla des fendt ma it glei,
ohne Spätzla ond Knöpfla könnet mir it sei,
als Kraut- oder Kässpätzla ka ma's serviera,
ond a Spätzlasuppa moß ma oifach probiera,
au Leaberspätzla, oder Spätzla gschmälzt,
ond Pfannakuacha, gfüllt mit Hengalagsälz.
Krautnudla mit hand'schupfte Buabaspitzla,
schnell goht en Kratzer mit Epfelschnitzla,
guat send, wenn da süaße Gluschta hoscht
schmalzbachne Zigarrnudla ond hoißa Moscht.
Ochsaauga, Bratkartoffel ond frischa Spinat,
vill Zwiebela ghöret an saura Ochsamaulsalat,
gfüllta Saumaga ond en Eadepfelsalat drzua,
do kriagscht fei beim Essa schier it gnua.
En ausgwachsana Gockeler mit ra Fülle denna,
ond a guate Suppa geits au no vo alte Henna,
schwäbische Maultäschle send allaweil guat,
ob ma's schmälzt oder en a Brüah nei duat.
Mit Kesselspeck ond Sauerkraut us d'r Standa
ond Bluat- ond Leaberwischt do ka ma landa,
a Hirnsuppa no'm Metzga ischt fei, doch leider –
wird ma do drvo halt au it vil gscheider.
Zu fascht jedem Essea geits a Suppa drzua,
von Flädla- oder Brotsuppa alloi hosch au gnua,
für a Hochzeitssuppa moß it extra a Hochzeit sei,
Backerbsa, Brät- ond Leaberknödel ghöret do nei.
Saure Kuttla ond Gröschts it zom vergessa,
Nierla ond Leaberla dand mr sauer gern essa.
Witt spara, geits Biraschnitz ond Brennts Muas,
oder ahbrotene broite Nudla mit Epfelmuas,
au Bettelnudla dand d'Haushaltskassa schona
ond Spätzla mit Lensa oder Saure Bohna.
Mit Schlottermill ond Pellkartoffel ma richtig leit,
em Herbscht, wenn's de nuie Eadepfel geit,
us Floischrescht macht ma a Katzagschroi,
en a Holdermuaß ghört en Stich Butter nei.
Dampfnudla uf Eadepfel ond a kalte Mill drzua,
beim Kocha loht ma da Deckel am Beschta zua!
An Epfelküchla hot Groß ond Klein a Fraid -
au an der Fasnet wenn's zogene Knuiküachla geit.
Zom Veschper en Speck ond schwaze Wuscht,
drzua no en Hompa Moscht gega dea Duscht,
a Sulz mit Knöchla ond frischbachnes Baurabrot
oder au en Schwartamaga, ob weiß oder rot.
Am Freiteg koi Floisch – so stohts en dr Bibel -
's geit saura Backstoikäs mit herzhaft Zwiebel,
a Laussalb mit Kirschwasser streicht ma uf's Brot
em Frühjohr, wenn's da erschta Schnittlauch hot.
Pfitzauf, Schnitzbrot oder a hoiße Gruibadennet
send Spezalitäta, wo bloß mir Schwoba kennat.
A frisch Zopfbrot mit Zibeba ischt en Hochgenuss,
vo de Rescht, macht ma en Ofaschlupfer drus.
'S geit Epfel-, Zwetschga- oder Streuselkuacha
ond Schneckanudla moß ma oifach versuacha,
d'Sprengerla messat Füaßle hau,
en d'Spitzbuaba wird Hägemark neidau.
Trotz Spara ond wenig Zutata geits Vielerloi -
so kennt ma eisa schwäbische Kocherei,
doch jetzt hör i mit meiner Aufzählerei auf,
weil mir s'Wasser scho em Maul zamma lauft.

Hanna Nuber

Brotsuppe

Zutaten:

Für 4 Portionen
30 g Butter
6 Scheiben Brot
3/4 l kräftige Rinderbrühe
1/8 l Sahne
40 g geriebener Allgäuer Emmentaler, 2 Eigelb
100 g gekochter Schinken
1 Bund Schnittlauch, 20 g Butter

Butter in einem Topf zerlassen. Brot würfeln und 2/3 davon in der Butter dünsten, mit Rinderbrühe auffüllen, aufkochen und mit dem Schneebesen glattrühren. Sahne mit geriebenem Käse und 2 Eigelb verquirlen, die Suppe damit legieren. Schinken in Streifen und Schnittlauch in Röllchen schneiden, über die Suppe geben. 20 g Butter in einer Pfanne zerlassen, restliche Brotwürfel darin goldgelb rösten und in die Suppe geben.

„Die Suppe ist wie die Liebe;
erst ist sie heiß,
wird aber schnell kalt.
Sie kann aber immer wieder
aufgewärmt werden."

Kohlrabischaumsüppchen

Zutaten:

500 g Kohlrabi, geschält
2 Schalotten, in kleine Würfel geschnitten
1 Knoblauchzehe, gehackt
20 g Butter, 200 ml Weißwein
600 ml Geflügel- oder Gemüsebrühe, 400 ml Sahne
1 Teel. Thymianblätter
Salz, Pfeffer
4 Essl. geschlagene Sahne
Blätter von 1 Kohlrabi

Die geschälten Kohlrabi in Würfel schneiden und mit den Schalottenwürfel und dem gehackten Knoblach in der heißen Butter anschwitzen. Mit dem Weißwein ablöschen, kurz kochen lassen und mit der Brühe und der Sahne auffüllen.
Ca. 30 Minuten kochen lassen.
Nun die Thymianblätter beigeben und mit Salz und Pfeffer würzen.
Das Ganze mit dem Mixstab fein pürieren und durch ein Sieb passieren. Einmal aufkochen lassen und kurz vor dem Anrichten nochmals mit der geschlagenen Sahne aufmixen. Die Kohlrabiblätter in feine Streifen schneiden und als Einlage mit den Hackfleischklößchen (Rezept Seite 207) in die Suppe geben.

Zwiebelsuppe

Zutaten:

6 gr. Zwiebeln, 100 g Butter
1 gestr. Teel. Pfeffer
1 1/2 l Bouillon
2 Scheiben Toastbrot
3 Gläser Weißwein
1/2 Tasse geriebener Käse

Die Zwiebeln schälen und in dünne Ringe schneiden. Etwas mehr als die Hälfte der Butter in einem Topf erhitzen. Die Zwiebelringe darin unter ständigem Rühren glasig dünsten und zart bräunen. Den Pfeffer darüberstreuen, alles kurz durchrühren und mit der Bouillon auffüllen. Die Suppe bei mittlerer Hitze 10 Minuten kochen. In der Zwischenzeit die übrige Butter in einer Pfanne erhitzen. Das Toastbrot in gleich große Würfel schneiden und die Würfel in der Butter goldgelb rösten.
Die Suppe mit dem Weißwein mischen, abschmecken, nochmals heiß werden lassen und dann in eine Terrine oder in Tassen füllen. Die Weißbrotwürfel und den Käse darüberstreuen. Heiß servieren!

Unser Tipp: Wenn Sie die fertige heiße Suppe in feuerfeste Tassen füllen, können Sie die getoasteten Brotwürfel mit Käse bestreuen, darauf Butterflöckchen setzen und die Suppe so lange überbacken, bis der Käse goldbraun schmilzt.

Flädlesuppe

Zutaten:

200 g Mehl, 3 Eier
1 1/2 Tassen Milch, Salz
Backfett, Fleischbrühe

Aus Mehl, Eiern, Milch, Salz einen dünnflüssigen Pfannkuchenteig herstellen. In einer Pfanne, mit wenig Fett, dünne Fladen herausbacken und auskühlen lassen. Danach die Fladen aufrollen und in feine Streifen schneiden.

Zum Servieren legt man die Flädlestreifen in die vorgewärmten Teller, gießt die heiße Fleischbrühe darüber und streut frischen Schnittlauch darauf.

Broccolicreme-Suppe

Zutaten:

300 g Broccoli auftauen lassen
2 mittelgroße Kartoffeln
2 gelbe Rüben, 1 Zwiebel
1 Essl. Butter, 3/4 l Brühe
1/2 Tasse Milch
2 Essl. Sauerrahm, 150 g Gouda
Curry

Kartoffeln und gelbe Rüben schälen und auf dem Gemüsehobel in feine Streifen schneiden. Broccolistiele ebenfalls in Scheiben schneiden. Zwiebel würfeln und in Butter andünsten; gelbe Rüben, Kartoffeln und Brühe zugeben, 10 Min. garen.

Broccolischeiben zugeben und nochmals 10 Min. garen. Die Hälfte vom Gemüse herausnehmen, andere Hälfte pürieren; Milch und Sauerrahm verrühren und mit dem Käse zugeben, abschmecken. Broccoliröschen zugeben und garziehen lassen.

Bunte Grünkernsuppe

Zutaten:

60 g Grünkerngrieß, 1-2 Essl. Öl
1 l Gemüsebrühe
1/2 Stange Lauch
2 kl. gelbe Rüben, 1/4 Sellerie
etwas Sahne zum Verfeinern
Petersilie

Grünkerngrieß in heißem Öl anrösten, das Gemüse kleinschneiden und kurz mitrösten lassen. Mit Gemüsebrühe aufgießen und 20 Minuten bei schwacher Hitze köcheln lassen. Mit Sahne verfeinern und mit Petersilie bestreuen.

Tipp:
Möhrengemüse schmeckt viel würziger, wenn man es in Apfelsaft dünstet.

Kartoffelknödel

Zutaten:

500 g Kartoffeln, gekocht
100 g Kartoffelmehl
5 Essl. sehr heiße Milch
Salz, Muskat

Kartoffel vom Vortag in eine Schüssel reiben, Salz und Muskatnuss und die heiße Milch dazugeben, erst danach das Kartoffelmehl. Alles gut durchkneten und Knödel formen. 20 Minuten stehen lassen. Die Knödel in das kochende Salzwasser geben und zugedeckt gut 15 Minuten kochen.
Diese Knödel gelingen immer mit wenig Zeitaufwand. Schmecken gut zu Gänse- und Schweinebraten.

Broccoli mit Mandeln

Zutaten:

750 g Broccoli, Salz, Muskat
50 g Mandelblätter, 2 Essl. Butter
Sauce:
1/8 l Bouillon, 1/8 l Sahne
2 Eigelb, Salz, Zucker, Muskat
Zitronensaft

Den Broccoli putzen, die Stiele etwas schälen, waschen und dann in mit Muskat gewürztem Salzwasser knapp 10 Minuten garen lassen. Die Mandelblätter in der heißen Butter goldgelb anrösten. Den Broccoli abtropfen lassen und mit den gerösteten Mandeln überstreut warm stellen. Die Fleischbrühe aufkochen, Sahne und Eigelb miteinander verquirlen und zugeben. Unter ständigem Rühren so lange einkochen lassen, bis die Sauce andickt. Mit Salz, Zucker, Muskat und einem Schuss Zitronensaft abschmecken und getrennt zum Broccoli servieren.

Kohlrabisalat mit Joghurt

Zutaten:

500 g junger Kohlrabi
für die Salatsoße:
2 Becher Joghurt (300 g)
1/2 Teel. Salz (evtl. Kräutersalz)
1/2 Teel. Pfeffer
2 Essl. feingehackte Petersilie
2 Essl. Schnittlauchröllchen

Kohlrabi schälen und grob raspeln. Joghurt mit Pfeffer und Salz verrühren, Petersilie und Schnittlauch zugeben und die Soße über die Kohlrabi gießen. Den Salat gut mischen und ca. 30 Min. durchziehen lassen.

Zum G'sond-Lacha:
Kommt a Säufer zom Dokter. – Diagnose: Leber angegriffen.
„Kein Alkohol mehr sonst lebst nicht me lang!".
Säufer: „O mei, Herr Doktor, des glaub i eahne it!
I kenn viel me alte Säufer wie alte Doktor!"

Gefülltes Gemüsepaket

Zutaten:

2 Zwiebeln
4 Essl. Schweineschmalz
1 kl. Dose Sauerkraut
2 gestr. Teel. Salz
2 gestr. Teel. Zucker
1 Tasse Paprikastreifen
5 gehäufte Essl. durchwachsene Speckwürfel
4 Schweineschnitzel zu je 150 g
4 gestr. Essl. Mehl
2 gestr. Teel. Paprikapulver
1 gestr. Teel. weißer Pfeffer
1 Tasse Buttermilch
1 Würfel Bratensaft

Die Zwiebeln schälen und in Scheiben schneiden. 1 1/2 Essl. Schmalz erhitzen und die Zwiebelscheiben darin goldbraun werden lassen. Das Sauerkraut zerzupft daraufgeben, 1 Teel. Salz und den Zucker zufügen, umwenden, mit 1/4 Tasse Wasser mischen und 30 Min. dünsten. Die Paprikastreifen mit 1/2 Essl. Schmalz und den Speckwürfeln 10 Min. dünsten. Die Schnitzel hauchdünn klopfen. Das Mehl, das Paprikapulver, den Pfeffer und 1 Teel. Salz mischen. Das Sauerkraut und die Paprikastreifen auf den Fleischscheiben verteilen, zusammenrollen und mit Holzspießchen oder Garn befestigen. Das restliche Schmalz erhitzen, die Fleischrollen darin 3 Minuten anbraten, umwenden und mit dem gewürzten Mehl bestäuben. Nach 6 Minuten die Buttermilch und 1 Tasse Wasser angießen, den Bratensaftwürfel darüber zerbröseln und das Ganze zugedeckt 40 Minuten schmoren lassen.

Zutaten:

(Brotaufstrich):
50 g Grünkern (Grünkerngrieß)
100 ml Gemüsebrühe
1 kl. Zwiebel
evtl. 1 Knoblauchzehe
2 Essl. Kräuter, 1 Essl. Öl
1 Essl. Zitronensaft
50 g Butter, Kräutersalz, Pfeffer

Grünkernaufstrich

Grünkern fein schroten und in die kochende Gemüsebrühe einrühren, 20 Minuten ausquellen, danach etwas abkühlen lassen.

Weiche Butter schaumig rühren, Öl und die restlichen Zutaten hinzufügen und abschmecken.

Zutaten:

1 kg Pellkartoffeln, 1/2-1 Zwiebel
4 Essl. Essig, 12 Essl. Öl
Salz, Pfeffer, Fleischbrühe
Schnittlauch oder Petersilie

Schwäbischer Kartoffelsalat

Pellkartoffeln schälen und in feine Scheiben hobeln. Zwiebel in kleine Würfel schneiden. Aus Essig, Öl, Salz und Pfeffer eine Marinade herstellen und mit Fleischbrühe vermischen, mit Schnittlauch oder Petersilie bestreuen.

Kartoffelsalat mit Speck

Gleiche Menge wie Rezept oben, dazu 200 g fein gewürfelten Räucherspeck in der Pfanne knusprig anbraten und zum Kartoffelsalat geben.

Zutaten:

4-6 Zucchini (ca. 750 g)
2 Essl. Margarine
2 Zwiebeln
Pfeffer, Salz
1/8 l saure Sahne
1 Teel. Dill
1 Eigelb
2 Essl. Petersilie

Zucchini in Dillsauce

Zucchini gründlich waschen, abtrocknen, fingerdicke Scheiben schneiden, Margarine in feuerfester Form zerlassen, Zucchinischeiben und feingewürfelte Zwiebeln hineingeben, pfeffern, salzen und 1/2 Tasse Wasser angießen. Auflaufform zudecken oder mit Alufolie verschließen und im vorgeheizten Backofen (Elektroherd 200° C, Gas Stufe 3) ca. 30 Minuten garen lassen. Sahne, Dill + Eigelb miteinander verquirlen und über das Gemüse gießen, die Form wieder offen in den Ofen schieben und noch 10-15 Minuten backen.
Vor dem Servieren mit gehackter Petersilie bestreuen.

Wirsingrouladen und Kümmelsoße

Zutaten:

8 gr. Wirsingblätter (ca. 400 g)
120 g Zwiebeln, 500 g Brät
2 Essl. Senf
2 gr. Gewürzgurken
20 g Butterschmalz
1 Teel. Kümmelsaat
300 ml Gemüsebrühe (Instant)
200 ml Schlagsahne
2 Essl. dunkler Soßenbinder
Salz, Pfeffer

Wirsingblätter in kochendem Salzwasser 1-2 Minuten kochen, abschrecken, im Sieb abtropfen lassen und zwischen Küchentüchern sorgfältig trockenpressen. Stielansatz keilförmig herausschneiden. Zwiebeln fein würfeln, mit Brät und Senf verkneten, auf die Blätter verteilen und flach drücken. Gurken längs vierteln, auf das Brät legen. Die Rouladen aufrollen, die Seiten dabei einschlagen. Rouladen im heißen Butterschmalz von beiden Seiten anbraten und herausnehmen. Kümmel im Bratfett kräftig anrösten und mit der Brühe ablöschen. Rouladen in den Soßenfond geben und zugedeckt 20 Minuten schmoren. Deckel abnehmen, Soßenfond 5 Minuten einkochen lassen. Sahne mit dem Soßenbinder verquirlen, dazugießen. 2 Minuten ohne Deckel aufkochen, mit Salz und Pfeffer kräftig nachwürzen und servieren. Dazu passt Kartoffelpüree.

Tipp:
Neue Kartoffeln sollten Sie stets in kochendem Wasser aufsetzen, die Kartoffeln also erst ins Wasser geben, wenn dieses kocht. Alte Kartoffeln hingegen werden in kaltem Wasser aufgesetzt.

Béchamelkartoffeln

Zutaten:

750-1000 g gedämpfte Kartoffeln
Zur Einbrenne:
30 g Fett oder Speck
50-80 g magerer, gekochter Schinken oder Geräuchertes
1-2 Zwiebeln, 30 g Mehl
1/8 l Brühe, 3/8 l Milch
Salz und Gewürzdosis (Lorbeerblatt, 2 Pimentkörner, 2 Pfefferkörner, 2 Gewürznelken)

Gewaschene Kartoffeln dämpfen, schälen, in Scheiben schneiden. Für die Soße feingeschnittene Zwiebel und in Würfel geschnittenen, gekochten Schinken in Fett andünsten. Wenn Zwiebel glasig sind, Mehl darüber stäuben, lichtgelb rösten, mit Brühe ablöschen, mit Milch aufgießen und Gewürzdosis dazugeben. 5-10 Minuten kochen lassen, gut abschmecken, danach noch heiße Kartoffelscheiben zugeben, durchziehen lassen und nochmals abschmecken.

Nach Belieben Béchamelkartoffeln in feuerfeste Form geben, mit Butterflocken belegen, mit etwas Semmelbrösel bestreuen und im vorgeheizten Backofen noch kurz überbacken.

Saure Kartoffelrädle

Zutaten:

1 kg Kartoffeln, 40 g Fett
60 g Mehl, 1 l Fleischbrühe
2-3 Essl. Essig, 1 Lorbeerblatt
2 Nelken, einige Pfefferkörner
1/2 Glas Weißwein, Salz
Majoran

Gekochte Kartoffelreste verwenden, bzw. die Kartoffeln vorkochen, schälen und in Scheiben schneiden.
Aus Fett und Mehl eine braune Schwitze herstellen und mit der Brühe ablöschen. Essig und Gewürze zufügen und 20 Min. kochen lassen. Zuletzt die Kartoffelrädle einlegen und kurz aufkochen.

Dazu Saitenwürste servieren.

Rosenkohlauflauf

Zutaten:

750-1000 g Rosenkohl
250 g Schinken oder Bratenreste
Soße:
60 g Speck, 1 Zwiebel
60 g Weizenvollkornmehl
1/2 l Milch, 1/4 l Brühe
100 g geriebener Käse
1 Eigelb, Salz, Pfeffer
Muskat, frische Kräuter

Den Rosenkohl vorbereiten, knapp gardünsten (ca. 15 Min.) und in eine gebutterte Auflaufform geben. Schinken oder Braten würfeln und darüberstreuen. Speck würfeln, auslassen, Zwiebelwürfel andünsten, Mehl zugeben, anschwitzen, mit Brühe und Milch ablöschen, 10 Min. köcheln lassen. Käse darüberstreuen und schmelzen lassen, abschmecken. Soße mit Eigelb legieren und über dem Rosenkohl verteilen.
Bei 200° C ca. 30 Min. überbacken.

Tipp:
Für die Grillhitze gilt als Faustregel:
Kleine Stücke: große Hitze, kurze Grilldauer
Große Stücke: geringere Hitze, längere Grilldauer

Gefüllte Gurken

Zutaten:

1 Schlangengurke
250-375 g Brät
Salz, Pfeffer, Senf, Käse

Die Gurke der Länge nach halbieren, entkernen, mit Salz und Pfeffer bestreuen, mit Senf ausstreichen und mit Brät füllen. Die Gurke auf ein gefettetes Backblech legen und bei 200° C ca. 30 Minuten backen.
Die letzten 10 Minuten Käsescheiben auflegen und überbacken.

Küchentipp: Gulasch bekommt eine schöne braune Farbe, wenn man das Fleisch vor dem Anbraten mit Mehl bestäubt.

Bäuerliche Krautpfanne

Zutaten:

Für 2 Personen:
50 g durchwachsener Speck
1 Zwiebel, 200 g Fleischwurst
1 St. Würfelzucker
400 g rohes Sauerkraut
3/4 Tasse saure Sahne
2 gestr. Teel.
edelsüßes Paprikapulver
1 gestr. Teel. Speisestärke
1 gestr. Teel. Salz

Den Speck in kleine Würfel schneiden. Die Zwiebel schälen und in sehr dünne Scheiben schneiden, die Wurst ohne Haut ebenfalls in Scheiben schneiden. Die Speckwürfel in einer hochrandigen Pfanne 3 Minuten auslassen. Den Zuckerwürfel im Speckfett zergehen lassen. Dann die Zwiebelscheiben darin 2 Minuten goldgelb werden lassen. Das Sauerkraut lockerzupfen und in der Pfanne verteilen. Die Wurstscheiben einmischen und alles 5 Minuten dünsten lassen. Dabei einige Male durchrühren. Die Sahne mit dem Paprikapulver, der Speisestärke und dem Salz verquirlen und sorgfältig in das heiße Kraut rühren. Alles noch einmal aufkochen lassen.

Dazu serviert man Schwarzbrot, Wachsbohnensalat und Bier.

Gefüllter Camembert

Zutaten:

4 reife Camembert
4 Radieschen, 100 g Salatgurke
1 Essl. Dill, 1 Essl. Petersilie
Salz, Pfeffer
2 Essl. Remouladensoße

Von den Camemberts dünn den Deckel herunterschneiden und aushöhlen. Das Innere in kleine Würfel zerteilen. Radieschen und Gurke ebenfalls würfeln, mit Salz, Pfeffer, fein geschnittenen Kräutern, der Remoulade und dem gewürfelten Käse mischen und in die ausgehöhlten Camemberts füllen. Deckel aufsetzen und auf grünen Salatblättern anrichten.

Bohnengemüse mit Speck

Zutaten:

200 g durchwachsener Speck
1 gr. gewürfelte Zwiebel
1,5 kg geschnittene, junge Bohnen
Salz, 1 Prise Pfeffer
1 Teel. Bohnenkraut

Speck in feine Streifen schneiden und in der Pfanne kurz auslassen. Eine große gewürfelte Zwiebel dazugeben, kurz durchbraten, dann geschnittene junge Bohnen aus der Gefriertruhe im gefrorenen Zustand hineingeben und mit etwas Salz, Pfeffer und Bohnenkraut abschmecken und auf kleiner Stufe mit geschlossenem Deckel bissfest schmoren lassen. Vor dem Servieren nochmals abschmecken.

Herzoginkartoffeln

Zutaten:

500 g frisch gedämpfte Schalkartoffeln, 40 g Butter
1 Essl. Mehl, 1 Eigelb
1 ganzes Ei
evtl. 20 g geriebener Käse
Salz, wenig Muskat
1 Ei oder Eigelb zum Bestreichen

Frisch gedämpfte Schalkartoffeln schälen, heiß pressen. Butter schaumig rühren, Eigelb, ganzes Ei, Mehl, Geschmackszutaten und evtl. geriebenen Käse vermengen. Durchgepresste Kartoffeln unterrühren, Masse abschmecken, in Spritzbeutel füllen, auf gefettetes Blech kleine Pyramiden spritzen, mit verquirltem Ei bestreichen. Im vorgeheizten Backofen bei Mittelhitze ca. 10 Minuten backen.

Kartoffelgratin

Zutaten:

1 kg geschälte, gewaschene Kartoffeln, 2 Eigelb
125 g Crème fraîche
Salz, Pfeffer, Muskat
100 g Parmesankäse, 1 Brötchen

Kartoffeln in etwa 2 cm dicke Scheiben schneiden. Abtrocknen und in eine gebutterte feuerfeste Form legen. 2 Eigelb und Crème fraîche verrühren, mit Salz, Pfeffer, Muskat würzen und über die Kartoffeln gießen.
Geriebenen Parmesankäse und Weißbrotwürfel von einem Brötchen vermischen, auf die Kartoffeln geben und im Backrohr 30-45 Minuten garen.

Zucchini-Auflauf

Zutaten:

8 kl. Pellkartoffel
8 kl. oder 4 mittelgroße Zucchini
125 g Frischkäse mit Kräutern
1/8 l saure Sahne
2 Zwiebeln
Salz, Pfeffer, Edelsüß
Paprikapulver, Parmesankäse

Die Zucchini in Scheiben schneiden und mit den Zwiebeln in der Pfanne in Öl kurz anbraten, Pfeffer, Salz und Paprika darüberstreuen. Die geschnittenen Pellkartoffeln in eine gefettete Auflaufform füllen und den Frischkäse darüber verteilen. Darauf die Zucchini geben und die saure Sahne darauf gießen. Den Auflauf mit Parmesankäse bestreuen und einige Butterflöckchen aufsetzen.
Garzeit im Backofen 1/2 Std. bei 200–225°C

Schinken-Gemüsesülze

Zutaten:

(reicht für 1 große Schüssel, Kastenform oder Reisrandform)
3/4 l gut abgeschmeckte, entfettete Fleischbrühe
6 Essl. Essig
etwas gemahlener Pfeffer
2-3 Lorbeerblätter
12-14 Blatt Gelatine
500 g Schinken oder Kassler in Würfel geschnitten
4-5 Essiggurken in Scheiben geschnitten
2 gelbe Rüben, in Scheiben oder Würfel geschnitten
2 Tassen Paprika (aus dem Glas) in Streifen geschnitten
2-3 gekochte Eier in Scheiben geschnitten
evtl. 1 Dose Mais
Petersilie zum Garnieren

Gelatine einweichen, Fleischbrühe mit Essig, Pfeffer und Lorbeerblätter kurz aufkochen und einige Minuten ziehen lassen, Lorbeerblätter wieder entfernen. In der warmen Brühe Gelatine auflösen. Eine kalt ausgespülte Form ca. 1 cm hoch mit Brühe einfüllen und diesen „Spiegel" im Kühlschrank erstarren lassen. Danach die kleingeschnittenen Zutaten einschichten, mit Brühe bedecken und jede Lage im Kühlschrank kurz erkalten lassen.
Fertige Sülze gut durchkühlen lassen, auf eine Platte stürzen und mit Petersilie garnieren.

Wenn einer tausend Tugend übt
und nur ein einzig's Laster liebt,
der Tugend wird vergessen;
das Laster wird gemessen.

(Lebensweisheit)

Rosenkohlgratin

Zutaten:

Für 4-6 Portionen
1000 g Rosenkohl, Salz
500 g festkochende Kartoffeln
1 Zwiebel, 500 g Rinderhack
Pfeffer, Muskatnuss
1/8 l Gemüsebrühe, 3 Eier
100 ml Sahne
150 g Reibekäse
Butterflöckchen
Butter für die Form

Den Rosenkohl putzen, waschen und die Strünke kreuzweise einritzen. Die Röschen 10 Min. in Salzwasser kochen. Die Kartoffeln abbürsten und gar kochen. Anschließend pellen und in Scheiben schneiden. Die Zwiebel schälen und würfeln. Das Hackfleisch mit den Zwiebelwürfeln verkneten und mit Salz, Pfeffer und Muskatnuss würzen. In einer Pfanne ohne Fettzugabe anbraten. Den Backofen auf 200°C (Gas Stufe 3) vorheizen. Eine Auflaufform fetten und mit den Kartoffelscheiben auslegen. Zuerst das Hackfleisch, dann den Rosenkohl einschichten. Die Gemüsebrühe mit den Eiern und der Sahne verquirlen. Den Guss mit Salz und Muskatnuss abschmecken und über das Gratin gießen. Den Reibekäse darüber streuen und einige Butterflöckchen darauf setzen. Das Gratin im vorgeheizten Backofen etwa 30 Minuten garen.
Zubereitungszeit: 1 1/2 Stunden

Bauernpfanne

Zutaten:

600 g gekochte Kartoffeln
2 Zwiebeln
150 g Speckwurst (schw. Wurst)
Salz, Pfeffer
Bratfett
Salat nach Saison

Die geschälten Kartoffeln in Scheiben schneiden und mit den kleingewürfelten Zwiebeln gut durchbraten. Wenn die Kartoffeln genügend gebräunt sind, die Speckwurst in Scheiben schneiden und zufügen. Das Ganze nochmals gut erwärmen und mit Salz und Pfeffer abschmecken.

Den frischen Salat nach Geschmack herstellen und zu den Bratkartoffeln reichen.

Karotten-Kartoffel-Gemüse

Zutaten:

300 g Karotten, 500 g Kartoffeln
30 g Fett, 1 Zwiebel
1 Bund Petersilie
1/2 l Suppenbrühe

Zwiebel in Fett glasig dünsten, dann Karotten und Kartoffeln abwechselnd in Scheiben gehobelt in Kasserolle einschichten. Petersilie darüber streuen und Brühe dazugeben.
20 Minuten gar dämpfen.

Das Ganze zerstampfen oder pürieren. Dazu passen gekochtes Siedfleisch, Knackwürstchen oder Saiten, grüner Salat..

Kartoffelknödel nach Großmutters Art

Zutaten:

2 Pfd. Kartoffeln bereits am Vortag gekocht und gerieben
60 g Grieß, 60 g Kartoffelmehl
gehackte Zwiebeln und Petersilie gedämpft
2 Eier
Salz und Muskatnuss
4 Wecken oder Baguette

Das Brot in kleine Würfel schneiden und in Butter andünsten. Anschließend zu den geriebenen Kartoffeln, Grieß, Kartoffelmehl und den geriebenen Gewürzen geben. Alles untereinander gut verarbeiten, große Knödel formen und im Salzwasser 8-10 Minuten langsam kochen lassen. Auf einer heißen Platte servieren und mit Weckmehl abschmälzen.

„Es gibt tausende von Krankheiten, aber nur eine Gesundheit."

Kartoffelpüree

Zutaten:

1 kg mehlige Kartoffeln
1/4-1/2 l warme Milch
1 Essl. Butter, Salz, 1 Prise Muskat
1 Zwiebel, 2 Essl. Butter

Kartoffeln schälen, in Stücke schneiden und in Salzwasser kochen. Mit dem Rührgerät pürieren. Butter, Milch, Salz und Muskat mitschlagen, bis das Püree schaumig ist. Die Zwiebel in Ringe schneiden, im Butter dünsten und über das Püree geben.

Prinzesskartoffeln

Zutaten:

1 kg frisch gedämpfte Salzkartoffeln
80 g Butter, 2 Essl. Mehl
2 Eigelb, 2 ganze Eier
Salz, etwas Muskat

Kartoffeln heiß durchpressen; Butter schaumig rühren, Eigelbe und Eier zugeben; Mehl, Salz und etwas Muskat unterrühren. Kartoffeln zugeben und abschmecken. Auf ein gefettetes Blech kleine Pyramiden spritzen, mit verquirltem Ei bestreichen und im Backofen etwa 10 Minuten bei Mittelhitze backen.

Gemüse im Kühlschrank hält sich länger, wenn Sie das Fach mit Krepp-Papier auslegen. Dadurch wird Kondenswasser aufgesogen.

Blumenkohltörtchen

Zutaten:

1,5 kg Blumenkohl
5 Essl. Petersilie, 2 Eier
8 Essl. Semmelbrösel
Salz, Muskat
Soße:
1/4l Fleischbrühe, 0,4 l Milch
4 Teel. Mehl
4 Essl. gerieb. Emmentaler Käse

Blumenkohl in Röschen teilen und in etwas Salzwasser kernig dünsten. Ca. 1/3 der Röschenmasse entnehmen und warmstellen. Den übrigen Blumenkohl mit 5 Essl. Petersilie zusammen pürieren. 2 Eier und 8 Essl. Semmelbrösel dazurühren, mit Salz und Muskat abschmecken.
Die (etwas feste) Masse in gefettete Tortelett-Formen drücken und bei 200° C 25 Min. backen. Danach aus der Form nehmen und mit den warmgehaltenen Röschen belegen. In eine Auflaufform legen.
Fleischbrühe, Milch, Mehl aufkochen, geriebenen Käse darunterrühren und über die Röschen geben. Bei 200° C weitere 15 Min. überbacken. Auf einer vorgewärmten Platte anrichten.

Zutaten:

3 frische grobe Bratwürste
3 Essl. Öl, 2 Zwiebeln
750 g Pellkartoffeln
3 Gewürzgurken, 3 Eier
3 Essl. Milch

Landhauspfanne

Salz, Pfeffer, Paprika, Schnittlauch. Die Bratwürste heiß überbrühen und von der Pelle befreien. Aus der Masse kleine Bällchen formen und in heißem Öl anbraten. Die gewürfelten Zwiebeln zugeben und glasig werden lassen. Dann die in Scheiben geschnittenen Kartoffeln hinzufügen und von allen Seiten anbraten. Zum Schluss die klein geschnittenen Gurken unterheben. Die Eier mit Milch und den Gewürzen verrühren und über die Kartoffeln gießen und stocken lassen.
Mit Schnittlauchröhrchen bestreut servieren.

Zutaten:

Für 4 Personen
200 g Möhren
200 g Knollensellerie
300 g Kartoffeln
4 Essl. Hafervollkornmehl, fein
2 Eier
Pfeffer, frisch gemahlen
etwas Liebstöckel, Meersalz
Muskatnuss, frisch gerieben
1 Bund Petersilie und Dill
2 Essl. Olivenöl, kalt gepresst

Gemüsebratlinge

Die Möhren, den Sellerie und die Kartoffeln gründlich unter fließendem Wasser bürsten. Den Sellerie und die Kartoffeln schälen.
Den Sellerie, die Möhren und die Kartoffeln grob reiben und mit dem Hafervollkorn und mit den Eiern mischen. Die Gewürze und die fein gehackten Kräuter untermengen.
Bevor die Masse Wasser zieht, kleine Küchlein aus dem Teig formen und in heißem Öl von beiden Seiten goldgelb backen.

Tipp:
Klöße und Frikadellen bleiben durch einen Schuss Mineralwasser herrlich locker.

Zutaten:

150 g mittelgrobes Grünkern Vollkornschrot
50 g Dinkelvollkornschrot
400 ml Gemüsebrühe, 1 Zwiebel
1 Knoblauchzehe, 1 Stange Lauch
3 Essl. Öl, 2 Eier, 4 Essl. Hefeflocken (Bierhefe), 1 Bund Kräuter (Dill, Petersilie, Oregano), Öl

Grünkernbratlinge

Den Grünkern- und den Dinkelvollkornschrot mit der Gemüsebrühe aufkochen, bei kleiner Hitzezufuhr 15-20 Min. unter häufigem Umrühren kochen lassen. Dann auf der ausgeschalteten Herdplatte nachquellen lassen.
Die Zwiebel und Knoblauchzehe schälen und fein hacken. Die Lauchstange putzen und in dünne Streifen schneiden, dann in 1 Eßlöfel Öl kurz dünsten und abkühlen lassen. Die Eier daruntermischen und mit den Gewürzen, den Hefeflocken und den feingehackten Kräutern abschmecken.
Die Gemüsemasse unter das Getreide rühren. Das restliche Öl in einer Pfanne erhitzen. Aus der Masse kleine runde Bratlinge formen und diese von beiden Seiten goldgelb backen.

Zutaten:

8 schmale Stauden Chicorée
2 Essl. Öl, 100 g magerer Speck
8 Scheiben gekochter Schinken
1/2 Teel. Salz
1/4 Teel. weißer Pfeffer
2 Essl. Butterflöckchen
4 Essl. Sahne

Chicorée

Die Chicoréestauden waschen und den bitteren Teil aus dem Strunk herausschneiden. 4 Stücke Alufolie mit dem Öl bestreichen. Den Speck würfeln und die Würfel auf den Schinkenscheiben verteilen. Je 1 Chicoréestaude darauflegen, das Salz und den Pfeffer darüberstreuen und die Schinkenscheiben aufrollen. Jeweils 2 Chicoréerollen auf ein Folienstück legen und die Folienränder hochziehen. Die Butterflöckchen und die Sahne über die Rollen verteilen. Die Päckchen fest, aber nicht straff anliegend verschließen und die Chicorée-Schinken-Rollen im vorgeheizten Ofen bei 210–220° C oder in der Deckelpfanne bei Mittelhitze 30 Minuten garen.
Statt in Alufolie können die Chicorée-Schinken-Rollen auch in einer Jenaer-Glas-Form mit Deckel oder im Römertopf gegart werden.

Zutaten:

1 Chinakohl, 1/2 l Gemüsebrühe
Kräutersalz und Pfeffer
Bohnenkraut, Basilikum
gemahlener Koriander
Muskatnuss, Knoblauch
Zitronensaft
1 Essl. Grünkernmehl, 3 Eier
1 Be. Sahne
100 g geriebener Käse (Bergkäse)
Curry nach Geschmack
Butterflöckchen

Chinakohlgratin

Chinakohl in kleine Stücke schneiden. In der Brühe mit den Gewürzen und durchgepresstem Knoblauch halb garen (10 Minuten). Zitronensaft und Grünkernmehl unterrühren. Masse in eine gebutterte Auflaufform füllen. Eier, Sahne, geriebenen Käse und Curry verrühren, über den Chinakohl gießen. Butterflöckchen daraufsetzen, im Ofen bei 200° C 20 Minuten überbacken.

Zutaten:

Für 4 Personen:
200 g Lauch, 400 g Kartoffeln
4 Essl. Weizenvollkornmehl
1 Prise Liebstöckel und Oregano
Meersalz, Pfeffer frisch gemahlen
Muskatnuss
2 Essl. Olivenöl kalt gepresst

Kartoffel-Lauch-Puffer

Den Lauch putzen, waschen, abtropfen lassen, klein schneiden und in der Butter andünsten. Abkühlen lassen und evtl. entstandene Flüssigkeit abgießen. Die Kartoffeln gründlich waschen, schälen und grob reiben. Mit dem Lauch, dem Weizenvollkornmehl und den Gewürzen mischen. Aus der Masse sofort kleine Puffer formen und in heißem Öl von beiden Seiten goldgelb backen.

Frühlingsrolle

Zutaten:

Für 4 Personen
400 g Blätterteig, tiefgefroren
80 g Zwiebeln, 20 g Margarine
200 g Lauch, 200 g Möhren
200 g Champignons
(frisch oder Konserve)
2 Eigelb (verquirlt)
Salz, Pfeffer, Worcestersoße
120 g Schnittkäse (45 % F.Tr.)

Blätterteig nach Vorschrift auftauen lassen. Zwiebeln schälen, in kleine Würfel schneiden, in der Margarine glasig dünsten. Lauch und Möhren waschen, putzen, in Streifen schneiden, zu den Zwiebeln geben und halb gardünsten. Champignons blättrig schneiden, dazugeben, unter die Masse rühren und mit Eigelb, Salz, Pfeffer und Worcestersoße würzen.
Schnittkäse in Streifen schneiden und dazugeben. Die Masse auf 2/3 des Teiges verteilen, etwa 3 cm an den kurzen Seiten frei lassen, diese Ränder auf die Füllung schlagen, den Teig von der langen Seite her aufrollen. Die Rolle mit etwas Eigelb bestreichen und auf einem mit kaltem Wasser abgespülten Backblech im vorgeheizten Ofen backen.
Garzeit: ca. 30-34 Minuten
Gasherd: Stufe 3-4
Elektroherd: 200-250° C

Fröhlichkeit ist wia a Kachelofa
an dem man se seine eiskalte Hend
wärma ka.

Schinken-Quark-Auflauf

Zutaten:

250 g Quark,4 Essl. Milch
2 Eier,1 Essl. Grieß
1 Teel. Backpulver,Salz
Paprika,Muskat
100 g Schinken,1 Glas Erbsen
2 Essl. geriebener Käse

Den Quark mit Milch, Eigelb, Grieß, Backpulver und den Gewürzen verrühren. Schinken in Streifen schneiden und mit den Erbsen zur Quarkmasse geben. Steif geschlagenen Eischnee unterheben.
Alles in eine gefettete Auflaufform geben und mit geriebenem Käse bestreuen. Den Auflauf goldbraun backen!

Kartoffelauflauf

Zutaten.

8 große Kartoffeln
250 g Fleischwurst oder Wurstreste
(z.B. Leberkäse, Bierschinken)
1/4 l Milch, 1 Ei, Salz
Kräutersalz, Zwiebelgewürz
60 g Emmentaler
Butterflöckchen
etwas Fett (für die Form)

Kartoffeln garen, noch warm schälen und 4 Stück durch die Kartoffelpresse in eine gefettete Auflaufform drücken. Fleischwurst oder Wurstreste würfeln und über den Kartoffeln verteilen. Restliche Kartoffeln durchpressen.
Backzeit: 10 Min. bei 200° C im vorgeheizten Ofen
In der Zwischenzeit Milch, Ei, Salz, Kräutersalz und Zwiebelgewürz in einem hohen Messbecher verquirlen und über den vorgebackenen Auflauf gießen. Mit geriebenem Emmentaler bestreuen und mit Butterflöckchen belegen.
Das Gericht weitere 30-45 Min. backen.

Tipp: Dazu serviert man Eissalat oder gemischten Salat.

Lauchtorte: Rezept Seite 165

Kartoffelwaffeln

Zutaten:

125 g Mehl, 2 Teel. Backpulver
1 Teel. Salz, 2 Eier, 1/4 l Milch
75 g zerlassene Butter
250 g gekochte, geriebene Kartoffeln
2 gr. geriebene Zwiebeln

Alle Zutaten zu einem glatten Teig verarbeiten und im vorgeheizten Waffeleisen backen.

Beilage: Salat

Rezept ergibt etwa 12 Waffeln.

Pikanter Kartoffelsalat

Zutaten:

4 gekochte kalte Salatkartoffeln (mittelgroß), 100 g Schnittkäse
100 g Schinken, 2 Essiggurken
1 säuerl. Apfel, 1 Paprikaschote
evtl. 1 Tomate, 1 Be. Naturjoghurt
5 Essl. Mayonnaise, 1/2 Teel. Senf
Salz, Pfeffer, 1/2 Zwiebel
frische Kräuter

Tomate häuten und wie die übrigen Zutaten würfeln. Paprikaschote waschen und in feine Streifen schneiden. Joghurt, Mayonnaise, Senf, gehackte Kräuter, Zwiebel und Gewürze verrühren und mit den gewürfelten Zutaten vermengen.
Kühl stellen und durchziehen lassen. Vor dem Servieren nochmals mischen und abschmecken.

Zutaten:

1 mittelgroßer Krautkopf
250 g Hackfleisch
1 Ei, 2 Essl. Semmelbrösel
1 Zwiebel, Salz, Pfeffer
100 g Griebenschmalz
250 ml Wasser
2 Essl. Tomatenmark
125 ml Sauerrahm

Krautwickel

Krautkopf im kochenden Wasser blanchieren. Dabei nach und nach die Blätter lösen. Von den 8 größten den Strunk flach schneiden, kleinere Blätter doppelt nehmen. Aus Fleisch, Ei, Semmelbröseln, den fein geschnittenen Zwiebeln und Gewürzen die Füllung mischen. Klein gehackte Kräuterblätter aus dem Innern des Kopfes darunter mischen. Die Füllung auf die Blätter verteilen, Blätter seitlich einschlagen, dann zusammenrollen und mit Faden umwickeln. Die Wickel im Griebenschmalz scharf anbraten, mit Wasser ablöschen und 60 Minuten schmoren. Zuletzt die Krautwickel auf einer Platte anrichten, die Sauce mit Tomatenmark und Sauerrahm verrühren, gut abschmecken, evtl. etwas binden.
Dazu passt Kartoffelpüree.

Zutaten:

150 g Mehl, 2 Eier
1 gestr. Teel. Salz
bei Bedarf etwas Wasser
500 g Kartoffeln, etwas Butter
gehackte Zwiebeln, Schnittlauch
1 l Fleischbrühe, Siedfleisch

Gaisburger Marsch – Kartoffelschnitz und Spätzle

Aus Mehl, Eier, Salz und Wasser – wie üblich – Spätzle herstellen. Kartoffeln in Würfel schneiden und in der Fleischbrühe garen, Spätzle und gewürfeltes Siedfleisch zugeben, Zwiebeln in Butter helllbelb bräunen und vor dem Servieren mit dem Schnittlauch auf die dicke Suppe geben.

Gaisburger Marsch

Zutaten:

1,5 kg Kartoffeln (mehlig)
1/8 l Sahne, 100 g Butter, 1 Eigelb
Salz, frisch gemahlener Pfeffer,
Muskat, 3 Essl. Öl,1 Blutwurstring
2 große, in Scheiben geschnittene
Zwiebeln, 20 g Butter
3 ungeschälte, in Scheiben geschnittene Äpfel
1 Essl. Mehl, 20 g Butter

Himmel und Erde

Kartoffeln schälen, grob zerteilen und etwa 20 Minuten in Salzwasser garen. Auf ein Sieb gießen und ausdampfen lassen. Durch die Kartoffelpresse drücken. Sahne mit Butter aufkochen und unter das Püree mischen, Eigelb dazugeben und alles verrühren. Mit Salz, Pfeffer und Muskat abschmecken. Öl in der Pfanne erhitzen, Wurstring unter häufigem Wenden 10 Minuten braten. Butter erhitzen, Zwiebeln darin goldgelb andünsten. Apfelscheiben in Mehl wenden, Butter erhitzen und Apfelscheiben darin goldbraun braten. Wurstring in 8 Stücke teilen, mit Zwiebeln und Äpfeln auf dem Püree verteilen.
Getränkeempfehlung: Bier.

Lauchtorte (salzig)

Zutaten:

Teig:
125 g Mehl, 75 g Mondamin
1 Eigelb
125 g Butter oder Margarine
4 Essl. kaltes Wasser, 1 Prise Salz
Zutaten zum Teig verkneten; eine Springform auslegen; 20 Minuten kaltstellen.
Danach 10 Minuten vorbacken.
Belag:
750 g vorbereiteter Lauch
1 Be. saure Sahne
1 gestr. Essl. Mondamin
2 Eier
1 Eiweiß
125 g Schinken
Salz, Pfeffer, Aromat
1 Teel. Kümmel
50 g geriebener Käse

Lauch in Ringe schneiden, andünsten und abtropfen lassen.
Sahne und Mondamin verrühren; Lauch, gewürfelten Schinken und Gewürze zugeben, danach abschmecken.
1 Essl. Semmelbrösel auf den vorgebackenen Boden streuen, den Belag darauf verteilen und mit Käse überstreuen.

Bei 200° C 20-30 Min. backen.

Markt in Riedlingen

Siedige Knöpflesspatzen

Zutaten:

375 g Mehl
oder halb Mehl halb Spätzlemehl
3 Eier, etwas Salz
2 Essl. feingeschnittenen Schnittlauch
oder Zwiebelröhrle
100 g Rauchfleisch

Das Rauchfleisch in knapp 1/4 l Wasser 10 Minuten kochen, in sehr kleine Würfel schneiden. Kochwasser auf der Kochstelle bei kleiner Energiezufuhr belassen. Mit den Knethaken des Handrührgerätes und unter Zugabe von ca. 1/8 l des heißen Kochwassers einen mittelfesten Teig herstellen. Mit dem Spätzleschaber oder einem größeren Messer und Brett den Teig in kochendes Wasser schaben. Die Knöpflesspatzen dürfen ruhig größer als Spätzle sein.
Dazu passt sehr gut ein grüner Salat.

Linsen und Spätzle

Zutaten:

400 g Linsen, 2 kl. Zwiebeln
200 g magerer Bauchspeck
2 Essl. Schweineschmalz
1 Essl. Mehl, Salz, Pfeffer
Essig, Lorbeerblatt
(Saitenwürste)

Die Linsen waschen und über Nacht in kaltem Wasser einweichen. Die Zwiebeln klein schneiden und im Schmalz glasig dünsten. Die Linsen, die Zwiebeln und das Stück Bauchfleisch in heißes, ungesalzenes Wasser geben und weichkochen.
Inzwischen aus Mehl und Fett eine braune Mehlschwitze machen, das Lorbeerblatt dazugeben, mit dem Kochwasser ablöschen, die Linsen hinzufügen und mit Salz, Essig und Pfeffer abschmecken.
Der nicht zu weich gekochte Bauchspeck wird in Scheiben geschnitten und (evtl. noch mit heißen Saitenwürsten) auf die angerichteten Linsen gelegt.
Als Beilage serviert man Spätzle.

Saure Bohnenspatzen

Zutaten:

500 g Bohnen, 2 Essl. Schmalz
3 Essl. Mehl, 2 Lorbeerblätter
2 Essl. Essig, 1 Teel. Zucker
1 Teel. Salz
nach Belieben Bohnenkraut
Spätzle aus:
250 g Mehl, 2 Eier, Salz, Wasser

Die Bohnen in 2-3 cm lange Stücke schneiden und in Salzwasser nicht zu weich kochen. Mit Schmalz und Mehl eine hellbraune Brenne herstellen, mit dem Bohnensud ablöschen. Die Gewürze dazugeben und die Brenne 10 Minuten köcheln. Die Bohnen zur Brenne geben und alles zusammen kurz durchkochen. Kurz vor dem Anrichten nochmals abschmecken. Aus den oberen Zutaten Spätzle herstellen und diese extra zu den Bohnen heiß servieren.

Speckweckle

Zutaten:

800 g Weizenmehl
400 g Roggenmehl
700 g (knapp 3/4 l) Wasser
60 g (Hefe),2 Teel. Salz
2 Teel. Kräutersalz
1 Teel. gem. Koriander
2 Teel. Kümmel, 300 g Speck
1 Ei

Die Hefe mit etwas lauwarmem Wasser und Salz glattrühren. Das Mehl in eine Schüssel schütten, in die Mitte eine Mulde drücken und die angerührte Hefe hineingießen. Mit etwas Mehl verrühren. Den Vorteig gehen lassen. Inzwischen den Speck in feine Würfel schneiden. Alles gut miteinander verkneten, ruhen lassen und nochmals durchkneten. Zu einer Rolle formen. In gleichgroße Stücke teilen und etwas durchdrücken. Jeweils eine 20 cm lange (Durch. 2 cm) Rolle formen und zu einer Schlinge legen. Die Teigenden durchziehen. Mit versprudeltem Ei bestreichen, 15 Minuten gehen lassen und bei mittlerer Temperatur backen.

Weckknödel

Zutaten:

6-8 altbackene Wecken
heiße Milch, etwas Fett
100 g Rauchfleisch, Salz, Muskat,
1 Zwiebel, Petersilie
Mutschel- oder Weckmehl bei Bedarf geröstete Semmelbrösel
6 Eier

Die altbackenen Wecken kleinschneiden und mit heißer Milch übergießen. Die Zwiebel hacken und in etwas Fett glasig dünsten. Eingeweichte Wecken, verquirlte Eier, Gewürze, Zwiebel, kleingeschnittenes Rauchfleisch und gewiegte Petersilie vermengen. Ist die Masse zu feucht, noch etwas Mutschelmehl zugeben. Den Teig noch einige Zeit ruhen lassen, damit er fester wird. Von der Masse runde Knödel von etwa 6 cm Durchmesser formen und in kochendes Salzwasser geben. Sollte ein Probekloß zerfallen, noch etwas Mutschelmehl unter den Teig mengen. Die Knödel etwa 15 Minuten leicht kochen lassen. Auf einer Platte anrichten und mit gerösteten Semmelbrösel bestreuen.

Seelen

Zutaten:

(Ergibt 8-10 Seelen)
1 kg Dinkelmehl, 3 gestr. Teel. Salz
1 Würfel Hefe, Wasser nach Bedarf
grobes Salz,Kümmel

Hefe in lauwarmem Wasser auflösen und gehen lassen. Aus Mehl, Salz, Hefe und Wasser einen festeren Teig herstellen und gut kneten. Etwa 1 Stunde gehen lassen, Seelen (lange Stangen) formen, mit Wasser bestreichen und mit Salz und Kümmel bestreuen.
Auf gefettetem Blech bei 220° C ungefähr 25 Minuten backen. In einem Töpfchen etwas Wasser in den Backofen stellen.

Kräuterbrot

Zutaten:

500 g Mehl (Typ 1050)
1 Teel. Zucker oder Honig
1 Essl. Sonnenblumenöl
1 Päck. Trockenhefe, 1 Teel. Salz
40 g Butter
etwa1/4 l warme Milch
2 gehäufte Essl. frischgehackte Kräuter nach Geschmack (Estragon, Thymian, Petersilie Schnittlauch, Dill, Basilikum)

Aus den Zutaten einen Hefeteig bereiten und gehen lassen. Nun mit der Hand nochmals durchkneten und die Kräuter untermischen und in eine gefettete und bemehlte Kastenform füllen. Zudecken, nochmals gehen lassen. Bei guter Mittelhitze ungefähr 45 Minuten backen, auf Gitter auskühlen lassen.
Aus diesem Teig kann man auch Brötchen formen, sie dürfen aber nur 20 Minuten backen.
Das Kräuterbrot mit frischer Butter servieren.

Zitronenwaffeln

Zutaten:

15 g Hefe, 40 g Zucker
100 g Butter, 250 g Mehl
1/8 l saure Sahne, 1/8 l Milch
2 Eier, geriebene Schale einer halben Zitrone
Puderzucker, 1 Prise Salz

Zur schaumig gerührten Butter gibt man den Zucker, die Eier, Salz, Zitronenschale, das Mehl und die saure Sahne. Die in lauwarmer Milch aufgelöste Hefe wird erst jetzt in den Teig eingerührt. Diesen nun so lange mit dem Rührlöffel schlagen, bis er Blasen wirft und sich von der Schüsselwand löst. Das Ganze noch ca. 30 Minuten gehen lassen und dann portionsweise im gefetteten Waffeleisen hellgelb ausbacken. Zum Schluß mit Puderzucker bestreuen.

Landfrauen-Strudel

Zutaten:

1 Packung Tiefkühl-Blätterteig
etwas Mehl, je 150 g Sellerie
Porree und Möhren
einige Petersilienstielchen
Fondor
250 g gemischtes Hackfleisch
100 g Brät, 1 Ei
Paprikapulver
Hackfleischwürze, Salz
Cayennepfeffer
2 Spritzer Tabasco
150 g Schafskäse
3 Essl. Schnittlauchröllchen
75 g Emmentaler Schmelzkäse
(Scheiben)

Den Blätterteig auftauen lassen. Das feingeschnittene Suppengemüse im heißen Salzwasser knackig kochen, gut abtropfen lassen, mit etwas Fondor würzen und abkühlen lassen.

Den Blätterteig auf etwas Mehl zu einem Rechteck von ca. 40x30 cm ausrollen. Hackfleisch, Brät und Ei vermengen, mit den Gewürzen sehr pikant abschmecken und auf die Blätterteigplatte streichen (Rand freilassen). Das Gemüse darüber geben, den zerbröckelten Schafskäse und den Schnittlauch darauf verteilen. Den Teigrand mit etwas Eiweiß bepinseln. Den Rand einschlagen und die Teigplatte aufrollen. Den Strudel auf ein mit kaltem Wasser überspültes Backblech geben, mit Eigelb bestreichen und im vorgeheizten Backofen bei 200° C ca. 40 Minuten backen. Emmentaler in Dreiecke schneiden, den Strudel damit belegen und weiterbacken, bis der Käse anfängt zu schmelzen.

Beilagen: Blattsalat, Senf- der Meerrettichsauce.

Für Kinder: Ketchup

Hast du Zeit
zu einer Bitte,
so habe auch Zeit
zu danken.

Ambrosius

Erntedankfest in Riedlingen

Pfannkuchenauflauf

Zutaten:

Für 4 Personen
250 g Hackfleisch, 1/2 Teel. Salz
1/4 Teel. Pfeffer, 1 Zwiebel
400 g gekochtes Geflügelfleisch
2 Essl. Margarine
Für den Pfannkuchenteig:
250 g Mehl, 2 Eier
1/4 l Milch,1/4 l Wasser
1 Prise Salz, 125 g Margarine
Für die Soße:
40 g Butter, 30 g Mehl
1/4 l Sahne, 2 Eigelb, Salz, Pfeffer
100 g ger. Emmentaler
175 g Spargelspitzen
100 g Champignons
1 Essl. Petersilie

Hackfleisch mit Salz und Pfeffer würzen, Zwiebel fein hacken und beides in heißer Margarine anbraten. Geflügelfleisch in Würfel schneiden und zugeben. Mehl, Eier, Milch, Wasser und Salz zu einem Teig verrühren. Margarine in einer separaten Pfanne erhitzen und dünne Pfannkuchen ausbacken. Die Pfannkuchen mit dem Hackfleischgemisch füllen, zusammenrollen und nebeneinander in eine Auflaufform legen. Butter schmelzen, Mehl einrühren, kurz aufkochen lassen und von der Kochstelle nehmen. Sahne, Eigelb, Salz, Pfeffer einrühren und den Käse unterrühren. Die Soße über die Pfannkuchen gießen. Spargelspitzen und Champignons darauf verteilen.

Backzeit: 25–30 Min. bei 225° C

Das fertige Gericht mit gehackter Petersilie bestreut servieren.

Tipp: Dazu serviert man Salat und einen Weißwein.

Schleifernudelsuppe

Aus 150 g Mehl, 1 Ei, 1 Eigelb einen festen Nudelteig herstellen, wenn nötig etwas Wasser zugeben. Aus diesem Teig bereiten Sie Schupfnudeln zu. In kochendem Salzwasser 10 Minuten garen, abgiessen.

Zutaten für die Suppe:
600 g geschälte grob gewürfelte Kartoffeln, 20 g Butter oder Margarine, 1 Essl. Mehl, 1 kl. gehackte Zwiebel, 1 l Brühe.
In der Brühe die Kartoffelwürfel in 20 Minuten weich kochen, abseihen und Brühe auffangen. Die Kartoffeln durch die Presse drücken oder zerstampfen.
Fett in einem Topf zerlassen. Mehl und gewürfelte Zwiebel darin hell anschwitzen. Mit der Brühe ablöschen. Kartoffelmus und Schupfnudeln zugeben, abschmecken.
Vor dem Servieren wird die Suppe mit in Schweineschmalz gerösteten Zwiebelwürfeln abgeschmälzt.

Zopfbrot mit Kirbe-Butternudla

Zutaten:

Hefezopf, 1 kg Dinkelmehl
0,6 l lauwarme Milch
1 Würfel Hefe, 2 Teel. Zucker
2 Teel. Salz
100 g Butter
Rosinen und/oder
Zitronenschale nach Belieben

Aus den Zutaten einen mittelfesten Teig kneten, schlagen bis er sich von der Schüssel löst (sehr wichtig). Gut 1 1/2 Stunden am warmen Ort gehen lassen. Einen Zopf flechten, mit Eigelb bestreichen und nochmals 20-25 Minuten gehen lassen.
Backen: Erst 10 Minuten bei 220° C dann 20-25 Minuten bei 175° C – untere Schiene.

Tipp: Damit die Zutaten alle die gleiche Temperatur haben, stellt man sie am besten ein paar Stunden vorher in die Küche. Die 1 1/2fache Menge an Zutaten ergibt 2 schöne große Zöpfe, die gerade auf ein normales Backblech passen. Ein Zopf wird gleich gegessen, der andere als Vorrat tiefgekühlt.

Kirbe-Butternudla

Zutaten:

1/2 Pfund Butter
1 Glas Honig

Die Butter wird durch die Spätzlespresse gedrückt und in einer schönen Glasschüssel angerichtet. Darüber träufelt man flüssigen Honig. Ist der Honig fest, wird er, zusammen mit der Butter durchgepresst. Ein unvergleichlicher Genuss als Brotaufstrich zum Zopfbrot!

Anmerkung: Zopfbrot mit Kirbe-Butternudeln wurde früher, wie aus der Bezeichnung ersichtlich, am Kirbetag, also an Kirchweih, von den Bauersleuten dem Gesinde als Dank für den eifrigen Einsatz bei der Ernte und den anfallenden Arbeiten auf dem Hof serviert.

Brätklößchen

Zutaten:

250 g Kalbsbrät
1 Essl. Milch, 2 kl. Eier
2 gestr. Essl. Semmelbrösel
oder Mehl
evtl. Salz und Muskat
2 Essl. gedünstete Zwiebel

Brät und Milch glatt rühren, Eier nach und nach zugeben, Semmelbrösel und Gewürze unterrühren.
Teig in Spritzbeutel (ohne Tülle) füllen. Jeweils 5 cm lange Stränge ins kochende Wasser spritzen, abschneiden, 10 Minuten leise ziehen lassen. Mit dem Schaumlöffel herausnehmen und abschrecken.

Flädlespiralen

Zutaten:

Teig:
80-100 g Mehl, 2 Eier
1/4 l Milch,Salz
Fett zum Ausbacken
Fülle:
100 g TK-Spinat
1 Essl. ger. Zwiebel
250 g Brät, Salz, Muskat

Flädleteig herstellen und dünne Flädle ausbacken. Zutaten für Fülle verrühren, auf die Flädle verteilen, glatt streichen, locker aufrollen, in Alufolie verpacken und ins kochende Salzwasser legen. 15 Minuten leise garen. Abkühlen lassen und in 0,5 cm breite Streifen schneiden.
Suppeneinlagen für die Vorratshaltung vorgefrieren.

Kürbissuppe

Zutaten:

1 kleine Zwiebel
1 kleine rote Paprika, 2 Essl. Öl
300 g Kürbisfleisch
1 kleine Knoblauchzehe
1 kleines St. frischer oder getrockener Ingwer
1/4 Teel. gemahlener Koriander und Curry
je eine Prise Nelken, Piment, Paprika und Muskat
800 g Gemüsebrühe
100 g Sahne, Kräutersalz

Zwiebel, Paprika und Kürbisfleisch würfeln und im Öl andünsten. Die Gewürze, bis auf Muskat, hinzufügen. Das Ganze unter ständigem Rühren leicht anbraten, dann mit der Gemüsebrühe auffüllen. Etwa 20 Minuten leicht köcheln lassen. Sahne zugießen und alles pürieren. Muskat in Suppe geben und mit Kräutersalz abschmecken.

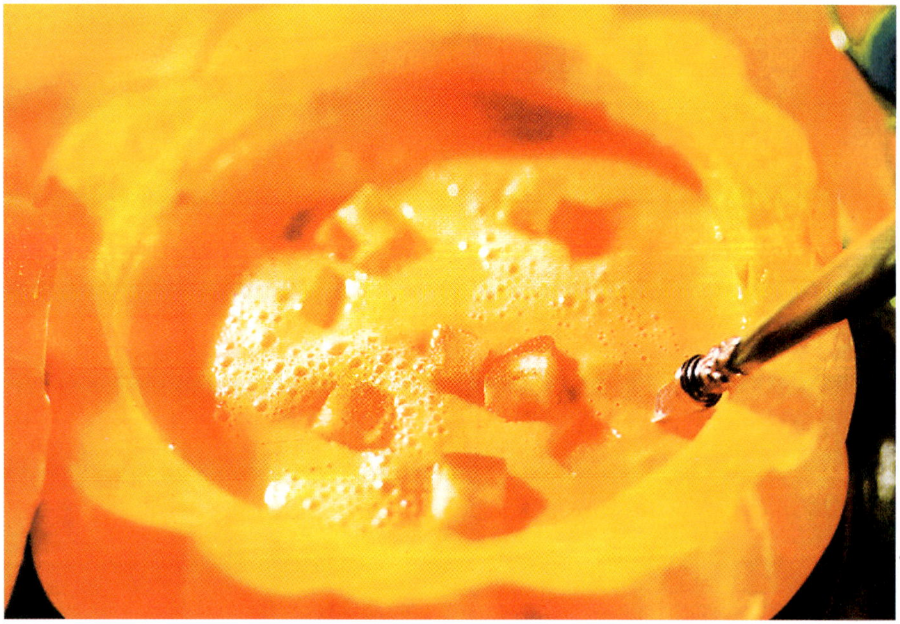

Kürbissuppe

Zutaten:

2 Schalotten oder Zwiebeln
1 Knoblauchzehe, 1 Essl. Kerbel
1 Essl. Petersilie
1 Essl. Sauerampfer oder Zitronenmelisse
1 Essl. Basilikum, 40 g Butter
1/2 l Fleischbrühe, 100 g Sahne
4 kleine Scheiben Weißbrot
40 g Knoblauchbutter

Kräuterrahmsuppe

Schalotten würfeln, Knoblauchzehe mit Kräuter hacken. Alles in Butter andünsten, Brühe und Sahne zugießen, pürieren und aufkochen lassen. Die Brotwürfel in der Knoblauchbutter goldgelb rösten. Anschließend in 4 Tassen verteilen und die Suppe aufgießen.

„Sind im Oktober viel Spinnen im Haus, weht der Winter mit hartem Graus".

Zutaten:

750 g in der Schale gekochte Kartoffeln, 2 gelbe Rüben
1 sehr kleine Sellerieknolle
1 Zwiebel, 50 g Räucherspeck
Suppengrün, 1,5 l Fleischbrühe
Salz, Pfeffer, Thymian
100 ml saure Sahne, 4 Kochwürste

Kartoffelsuppe

Kartoffeln schälen und würfeln. Gelbe Rüben und Sellerie schälen und in Würfel schneiden und Zwiebel schälen, vierteln und in feine Streifen schneiden, Speck würfeln und im Suppentopf auslassen, die Zwiebeln darin glasig dünsten, mit der heißen Fleischbrühe ablöschen. Das vorbereitete Gemüse und die Kartoffeln zugeben, ebenso das Suppengrün und die Gewürze. 30 Minuten bei kleiner Flamme köcheln lassen. 10 Minuten vor Ende der Garzeit die in Scheiben geschnittenen Würstchen zugeben, zuletzt die saure Sahne unterziehen.

Zutaten:

250 g Quark, 4 Eier
2 Essl. Butter, 2 Essl. Speisestärke
Salz, Pfeffer, Saure Sahne
4-5 Bratwürste oder nach Belieben auch ca. 300 g Schützen- oder Schinkenwurst
1 kl. Dose Champignons
Petersilie, Schnittlauch

Quarkauflauf nach schwäbisch-alemannischer Art

Buttter mit Eigelb verrühren, Speisestärke, Quark und saure Sahne zufügen und gut verrühren. Wurst und Pilze fein schneiden, Petersilie und Schnittlauch hacken, unter die Quarkmasse heben und das Ganze mit Salz und Pfeffer abschmecken. Eiweiß zu festem Schnee schlagen, unterheben und die Masse in eine gut gefettete Auflaufform füllen.

Backzeit: ca. 30-40 Min. bei ca. 200° C

Den Auflauf heiß servieren.

Tipp: Als Beilage reicht man Salat.

Nudelauflauf mit Salami und Schinken

Zutaten:

150 g Salami, 150 g Schinken
1 kl Zwiebel
1 kl. Dose Champignons
ca. 300 g Makkaroni
150 g geriebener Käse
1 kl. Dose Schältomaten
Salz, Pfeffer, Thymian, Oregano
nach Belieben Butterflöckchen

Zwiebel, Salami und Schinken zerkleinern und kurz andünsten. Tomaten zufügen und etwas einkochen lassen. Champignons zerkleinern und zugeben, mitkochen lassen und das Ganze würzen. Makkaroni in ca. 5 cm lange Stücke brechen, in Wasser gar kochen und unter die Wurst-Tomatenmischung heben. Die Masse in eine Auflaufform füllen, mit Käse bestreuen und mit Butterflöckchen belegen.

Backzeit: ca. 25 Min. bei 200° C

Variante: Statt Salami und Schinken können auch beliebige Wurstreste verwendet werden.

Überbackene Spinatspätzle

Zutaten:

150 g Spinat, 250 g Mehl
2 Eier, 1 Teel. Salz
Soße:
2 Zwiebeln, 250 g Champignons
20 g Butter, 150 g Crème fraîche
Salz, Pfeffer, 150 g Emmentaler

Aus Spinat, Mehl, Eier und Salz Spätzle zubereiten. Für die Soße Zwiebeln, Champignons und Butter 5 Min. dünsten. Crème fraîche unterrühren, mit Salz und Pfeffer abschmecken. Spätzle in eine gefettete Auflaufform geben, Pilzsoße darübergießen. Emmentaler über die Spinatspätzle geben.

Bei 225° C überbacken bis Käse braun ist.

Grüne Nudeln

Zutaten:

ca. 400 g grüne Nudeln
verschiedene Gemüse, z.B. Erbsen, Karotten, Bohnen, Broccoli
Blumenkohlröschen
1 Dose Champignons
2 Scheiben gek. Schinken
evtl. 1 Dose Gemüsemais
1 Be. Sahne, 1/4 l Milch
Pfeffer, Gewürzsalz

Nudeln abkochen. Gemüse (Menge nach Belieben) bissfest dünsten. Champignons blättrig schneiden, Schinken in Scheiben schneiden. Champignons, Schinken und Gemüsemais unter das gedünstete Gemüse mischen. Sahne und Milch dazugeben, erhitzen und mit Pfeffer und Gewürzsalz abschmecken. Alles unter die Nudeln mischen, geriebenen Käse darüber streuen.

Spätzle-Hack-Auflauf

Zutaten:

150 g Spinat
250 g Mehl
2 Eier, Salz
Daraus einen Spätzlesteig herstellen.
250 g Champignons
40 g Butter, 375 g Tomaten
2 Zwiebeln
500 g Hackfleisch
200 g mittelalter Gouda
20 g Mehl
20 g Margarine
1/4 l Milch

Champignons in Scheiben schneiden und in Butter dünsten. Tomaten in Scheiben schneiden, Zwiebeln würfeln. Hackfleisch mit den Zwiebeln anbraten. Gouda grob reiben, die Hälfte zum Überbacken weglassen.
Aus Mehl, Margarine, Milch und Käse eine Käsesoße herstellen, mit Pfeffer, Salz und Muskatnuss würzen.
Hälfte der abgetropften Spätzle in einer gefetteten Auflaufform verteilen. Hackfleisch, Champignons, Tomaten und Käsesoße darüber geben, mit restlichen Spätzle abdecken.
Alufolie darüber und bei 200° C ca. 30 Minuten backen. Nach 20 Minuten Alufolie entfernen, restlichen Käse darüberstreuen, abdecken und noch 10 Minuten backen.

Dazu kann grüner Salat oder auch gemischter Blattsalat gereicht werden.

Spätzle-Grundrezept

Zutaten:

500 g Mehl
4 Eier
2 gestr. Teel. Salz
1 Tasse Wasser

Aus Mehl, Eiern, Salz und Wasser einen festen Teig bereiten, den man kräftig schlägt. Den Teig mit einem Spatzenhobel oder Spätzlesdrücker portionsweise in kochendes Salzwasser drücken. Spätzle nach einmaligem Aufkochen mit einem Drahtschöpfer aus dem Wasser nehmen, abtropfen lassen und in eine Schüssel geben.
Auf diese Weise wird der ganze Teig verarbeitet.

Krautspätzle

Zutaten:

500 g Mehl, 4 Eier
1 gestr. Teel. Salz, Wasser
1 Dose (750 g) Sauerkraut
100 g gerauchter Bauchspeck
1 kl. Zwiebel
Schweineschmalz

Spätzle herstellen, siehe Grundrezept.

Zwiebel und Bauchspeck kleinschneiden und im Schmalz anrösten. Das ausgedrückte Sauerkraut dazugeben und zusammen goldgelb rösten. Ungefähr die gleiche Menge der Spätzle extra anrösten und zum Schluß mit dem Sauerkraut vermischen.
Wer will, kann noch Pfeffer darüberstreuen. Heiß servieren.
Statt rohem Kraut kann auch bereits gekochtes Sauerkraut verwendet werden.

Grüne Knöpfle

Zutaten:

1 kg Mehl, 3 Eier
2 Bund Schnittlauch oder
Zwiebelröhrchen, Salz
2 Eier zum Überbacken
etwas Backfett

Das Mehl, die Eier, kleingeschnittener Schnittlauch und Salz wird mit kochendem Wasser zu einem festeren Teig verarbeitet.
Mit einem Esslöffel kleine Knöpfle (Knödel) in kochendes Salzwasser geben und etwa 10 Minuten köcheln. Dann abseihen und kalt abschwenken. Knöpfle in heißem Fett gut anbraten, die Eier verquirlen und über die Knöpfle geben. Nochmals kurz anbraten.
Mit frischem Salat servieren.

Schnitzknopf

Zutaten:

Zum Hefeteig:
500 g Mehl, 30 g Hefe
2 Essl. Zucker, 2 Eier
knapp 0,25 l Milch
abgeriebene Zitronenschale
Übrige Zutaten:
50 g Butterschmalz
100 g Zucker, 50 g Mehl
400 g gemischtes Dörrobst
1 l Wasser, 0,5 l Wein
Zitronensaft
Zwetschgenwasser
etwas Zimt und Zucker

Den Hefeteig zubereiten, das Dörrobst im Wasser garkochen, Zimt hinzufügen. Zucker und Butterschmalz karamelisieren, das Mehl zugeben und bräunen, mit Dörrobstsud ablöschen.
Den Hefeteig gut gehen lassen, in die Sauce setzen und 30 Minuten bei geschlossenem Topf köcheln lassen. Schnitzknopf herausnehmen und aufschneiden. Sauce mit Wein, Zucker, Zitronensaft und Zetschgenwasser abschmecken und mit dem Dörrobst servieren.

Altheim

Großes Engagement in Sachen Dorfsanierung zeichnet die 2.200 Einwohner zählende Gemeinde Altheim bei Riedlingen mit ihren Teilorten Heiligkreuztal und Waldhausen aus. Aus dem barocken Gasthof „Adler" wurde das neue Rathaus; das barocke Pfarrhaus und die 1861 erbaute Schule bilden mit Kirche, alten Fachwerkhäusern und Neubauten ein sehenswertes Ensemble im Zentrum des schmucken Dorfes.

Kunstsinn war und ist den Altheimern eigen. So ließen sie ihre 1486 geweihte Martinskirche von dem bedeutenden Maler Franz Joseph Spiegler und dem berühmten Stukkateur Joseph Anton Feuchtmayer barockisieren. Altheim liegt an der Westroute der Oberschwäbischen Barockstraße. Das spätgotische Hungertuch, das in Fragmenten erhalten und ausgestellt ist, gilt als besondere Rarität.

Aber auch zahlreiche Kunstwerke namhafter Künstler der Neuzeit zieren die Gemeinde. Der 1987 verstorbene Bildhauer Prof. Josef Henselmann schuf den Hl. Martin mit Gänsen vor der Kirche, den Storchenbrunnen und das Wappentier, den Biber, beim Rathaus sowie die Mariensäule im Bürgergarten und den Alamannengedenkstein auf dem Friedhof. Von seinem Enkel, Dr. Josef Alexander Henselmann, stammen die Bremer Stadtmusikanten bei der neuen Grundschule, der Goldesel am Kirchplatz und die im Jahr 2000 geschaffene große Christophorusstatue, die am westlichen Dorfeingang grüßt. Prof. Pater Ivo Schaible, München, gestaltete das beeindruckende Kirchenportal, den Osterleuchter, den Johannesbrunnen vor dem Gemeindehaus und den Auferstehungschristus an der Leichenhalle. Die Brunnenfigur vor der Oswaldkapelle in Waldhausen und die Fenster der Kapelle stammen ebenfalls von ihm.

„Unsere Türen stehen weit offen – unsere Herzen noch mehr", mit diesem Wort aus klösterlicher Tradition grüßt die Gemeinde Altheim ihre Besucher.

Heiligkreuztal - Dorf und Kloster

Das Dorf mit dem ehemaligen Zisterzienserinnenkloster liegt nahe bei der früheren Oberamtsstadt Riedlingen an der Donau. Das Kloster wurde im Jahre 1227 gegründet und im 16. Jh. im heute noch vorherrschenden spätgotischen Stil um- und ausgebaut. Es vertritt in selten exemplarischer Weise den Typus einer geschlossenen zisterziensischen Klosteranlage. Elemente der Romanik, Spätgotik, Renaissance und des Barock verbinden sich in seinen Mauern mit modernen Elementen der liebevollen Renovierung zu einem unverwechselbaren Stil. Zu den Sehenswürdigkeiten des Klosters zählen das Münster mit dem prachtvollen Chorfenster (um 1312), die berühmte „Christus-Johannes-Minne" (1310), der kreuztragende Christus von Hans Multscher (um 1460), die Schmerzensmutter mit dem „Trostengelchen", wie auch die spätgotischen Fresken des Meisters von Meßkirch. Im Klausur- und Äbtissinnengebäude finden sich erneuerte Stucksäle, eindrucksvolle Refektorien, der Kapitelsaal oder der Kreuzgang mit spätgotischen und barocken Wandgemälden, wertvolle Schluß- und Konsolsteine, Grablegen, romanische Rundbogenfenster und das Epitaph der Reformäbtissin Veronika von Rietheim.

Im Kloster Heiligkreuztal ist heute eine Bildungsstätte untergebracht, deren Trägerin die Stefanus-Gemeinschaft ist. Ihr Anliegen ist, Frauen und Männer zu befähigen, aktiv Kirche und Welt mitzugestalten. 135 Betten sowie 18 Tagungs- und Meditationsräume stehen für das breit gefächerte Angebot aus dem hauseigenen Jahresprogramm und für Gastgruppen zur Verfügung. Eine Oase der Ruhe, der Begegnung, des Neuaufbruchs ist das Kloster für seine Gäste. Viele gewinnen den Eindruck, sie berühre dort etwas Besonderes. Vielleicht ist es der vielschichtige Dialog von Vergangenheit, Gegenwart und Zukunft, der überall zu spüren ist.

Die Unterbringung in Klosterzellen, das Speisen in Refektorien, das Wandeln im Kreuzgang, das Erleben von Gebet und Meditation in Kapitelsaal, Helenakapelle oder Münster ergeben eine ganz eigene Atmosphäre und lassen sechs Jahrhunderte klösterlichen Lebens spürbar werden. Ebenfalls in die Klosteranlage integriert ist das Geistliche Zentrum Heiligkreuztal in Trägerschaft der Diözese Rottenburg-Stuttgart. Sehenswert sind die „Oberschwäbische Galerie" mit zeitgenössischen Kunstwerken im Äbtissinnengebäude, das Makonde-Museum (afrikanische Holzschnitzkunst) im Kornhaus und das Museum in der Bruderkirche. Beim Wanderparkplatz Heiligkreuztaler Wald gelegen ist der „Hohmichele", einer der höchsten Grabhügel Mitteleuropas aus der Hallstattzeit mit 14 m Höhe.

Langenenslingen

Mit seinen neun Teilorten liegt Langenenslingen in reizvoller Lage im westlichen Kreisgebiet, angrenzend an die Landkreise Sigmaringen und Reutlingen. Sie ist die flächengrößte Gesamtgemeinde des Landkreises Biberach und zählt 3.500 Einwohner. Während sich Langenenslingen, Andelfingen und Wilflingen noch am Fuße der Schwäbischen Alb befinden, liegen die Ortsteile Billafingen, Dürrenwaldstetten, Egelfingen, Emerfeld, Friedingen und Ittenhausen bereits auf der Hochfläche. Dadurch ergibt sich innerhalb des Gemeindegebiets ein Höhenunterschied von 540 bis 803 m über dem Meeresspiegel. Der Hauptort Langenenslingen war früher ein langgestrecktes Strassendorf. Dieses Bild hat sich aber durch hinzugekommene Wohngebiete und Gewerbeansiedlungen grundlegend verändert.

Ein Blick in die Ortsgeschichte zeigt, dass Langenenslingen sehr früh besiedelt war. Darauf weisen Grabhügel aus der jüngeren Steinzeit, das „keltische Lager" im „Bannwald", die aufgefundenen Reste einer römischen Villa und alemannische Reihengräber aus dem 6./7. Jahrhundert hin. Erstmals urkundlich erwähnt wurde der Ort im Jahre 935. Die politische Zugehörigkeit wechselte seit dieser Zeit mehrfach. Trotz des enormen Rückgangs kleinerer landwirtschaftlicher Betriebe und dem Erhalt nur einiger weniger Höfe im Haupterwerb blieb der ländlich strukturierte Charakter der Gemeinde erhalten. Ein reges Vereinsleben mit nicht weniger als 48 Vereinen in der Gesamtgemeinde erschließt den Bewohnern vielfältige Freizeitmöglichkeiten.

Eine Besonderheit der Gemeinde ist im kirchlichen Bereich gegeben: Langenenslingen und Billafingen sind der Erzdiözese Freiburg zugeordnet, die restlichen Ortsteile gehören zur Diözese Rottenburg-Stuttgart. Die evangelischen Gemeindemitglieder gehören zur benachbarten Kirchengemeinde Pflummern.

Sehenswürdigkeiten in der Gesamtgemeinde sind die Kirche St. Mauritius (1737) mit altem Pfarrhaus und das Schloss (1576/78) in Langenenslingen. Die Kirche St. Jakob d. Ä. (1781/82) mit Fresken von J. Zick steht in Dürrenwaldstetten, die Burgruine Schatzberg in Egelfingen. Vielbesucht ist die Wallfahrtskirche St. Ursula in Ensmad bei Ittenhausen. In der Kirche St. Johann Nepomuk in Wilflingen sind besonders die Altäre aus Stuckmarmor von J. M.Feichtmayr (um 1730) sehenswert.

Die Schlossanlage der Freiherren und Schenken von Stauffenberg in Wilflingen beherbergt in ihrem ehemaligen Forsthaus (dem sog. „Jüngerhaus") eine literarische Gedenkstätte für Ernst und Friedrich Georg Jünger. Der Schriftsteller Ernst Jünger lebte hier von 1950 bis zu seinem Tod im Jahre 1998. Eine Besichtigung des Museums mit der unter anderem beachtlichen Käfersammlung Jüngers ist empfehlenswert.

Zwiefalten

Der staatlich anerkannte Erholungsort liegt inmitten herrlicher Wälder am Südrand der Schwäbischen Alb und an der Oberschwäbischen Barockstraße. Er verdankt seine Bedeutung dem 1089 gegründeten ehemaligen Benediktinerkloster. Mittelpunkt des Wallfahrtsortes ist das Münster (erbaut 1739-65), das mit seiner prachtvollen Innenausstattung zu den bedeutendsten Kunstwerken des süddeutschen Barocks zählt. Erbaut wurde es von Johann Michael Fischer. Die herrlichen Deckenfresken stammen von Franz Joseph Spiegler. Mit verschwenderischer Fülle einzigartiger Stukkaturen hat Johann Michael Feichtmayr das Gotteshaus ausgestattet. Ein besonderes Schmuckstück ist das von Joseph Christian aus Riedlingen gefertigte Chorgestühl. Über dem Kreuzaltar thront das Gnadenbild der Gottesmutter, ein Kleinod der Spätgotik aus dem 15. Jahrhundert, in Barock überarbeitet. In den Sommermonaten finden im Münster geistliche Konzerte und Orchestermessen statt.

Sehenswerte barocke Kapellen gibt es in den Zwiefalter Teilorten Gauingen, Gossenzugen, Hochberg, Mörsingen, Sonderbuch und Upflamör.

Bei Upflamör, nahe Zwiefalten ist ein keltischer Ringwall zu besichtigen – die Heuneburg – aus der Hallstattzeit (7.-5.Jh.v.Chr.), allerdings nicht zu verwechseln mit der Heuneburg bei Hundersingen. Die Friedrichshöhle, auch Wimsener Höhle genannt, ist die einzige mit dem Boot befahrbare Quellhöhle Deutschlands. Sie ist Ursprung der Zwiefalter Aach und heute noch in der Entstehungsphase, denn hier fließt das Karstwasser ab, das die Höhle durch Korrosion und Erosion gebildet hat und noch weiter bildet. Über dem großen Höhleneingangsportal erinnert eine Tafel an den Besuch (1803) des Kurfürsten Friedrich von Württemberg, dem späteren König.

Nach alter klösterlicher Brautradition wird in der örtlichen Brauerei gebraut. Die Gastronomiebetriebe bieten täglich fangfrische Forellen aus dem klaren und fischreichen Wasser der Zwiefalter Aach an. Wen es eher nach Holzofenbrot und würzigem Ziegenkäse gelüstet, dem sei ein Besuch auf dem nach ökologischen Gesichtspunkten bewirtschafteten Ziegenhof Loretto empfohlen. Ein Ausflug zur Lorettokapelle am südlichen Albrand hoch über Zwiefalten lohnt sich, denn von hier aus genießt man bei klarem Wetter einen einzigartigen Ausblick bis hin zu den Allgäuer Alpen.

Zwiefalten ist ein beliebtes Ausflugsziel mit reichhaltigem Freizeitangebot und ausgedehnten Wandermöglichkeiten, sowie einem Radwegenetz mit Anschluß an Donauradweg, Bodensee-Radweg und Schwäbische-Alb-Radwegen.

Als närrischer Ort hat Zwiefalten bei den Freunden der schwäbischen Fasnet einen Namen. Tausende zieht es zum Höhepunkt des historischen Brauchtums am Fasnetssonntag nach Zwiefalten – zum Straßenumzug und dem „Rällesprung."

Hutzelbrot

Zutaten:

350 g getrocknete Birnen (Hutzeln)
150 g getrocknete Feigen
100 g getrocknete Zwetschgen
1/2 l Wasser, 250 g Weizenmehl
20 g Hefe, 80 g Zucker
1/4 Teel. Salz, 1 Teel. Zimt
1/4 Teel. Nelkenpulver
abgeriebene Schale einer Zitrone
60 g gehackte Mandeln
80 g geschälte, ganze Haselnüsse

Birnen, Feigen und Zwetschgen über Nacht in Wasser einweichen und am nächsten Tag grob hacken. Mehl in eine Schüssel sieben und in die Mitte eine Mulde drücken. Hefe in die Mulde bröckeln, mit 1/8 l lauwarmer Einweichflüssigkeit der Früchte auflösen und 10 Min. gehen lassen. Danach Zucker und Gewürze zufügen, einen feuchten Hefeteig schlagen und 10 Min. gehen lassen. Früchte, Mandeln und Nüsse einarbeiten, den Teig zu einem länglichen Brot formen, auf ein Backblech setzen, zugedeckt 60 Min. gehen lassen.

Backzeit: 60 Min. bei 180°C

Gruiba-Plätzle

Zutaten:

200 g goldgelbe, frische Grieben
1 Messerspitze Salz
1 Teel. Backpulver
120 g Zucker, 2 Essl. Rübensirup
500 g Mehl, 1 Ei

Grieben durch den Fleischwolf drehen und mit den restlichen Zutaten zu einem Hackteig verarbeiten. Den Teig messerrückendick ausrollen. Plätzchen ausstechen, nach Belieben mit Eigelb bestreichen und goldgelb backen.

Hinweis:
Gruiba-Plätzle sind echte „Notzeit-Brötle".
Dieses Rezept stammt aus den, im Volksmund als „schlechte Zeit" bezeichneten Kriegs- und Nachkriegsjahren.

Schweinefilet im Blätterteigmantel

Zutaten:

400 g Schweinelende, 250 g Brät
1/2 Zwiebel, 1/2 Bund Petersilie
2 Eier, 2 Essl. Semmelbrösel
Salz, Pfeffer, Muskat, Senf
300 g Blätterteig

Zwiebel und Petersilie hacken, evtl. andünsten und mit Brät, Eier, Semmelbrösel und Gewürzen verrühren. Filet häuten, würzen und anbraten.
Den aufgetauten Blätterteig längs und quer leicht auswellen, Verzierungen abrädeln.
Die Hälfte der Brätmasse in Fleischgröße auf die Teigplattenmitte streichen. Filet auflegen, mit restlicher Brätmasse überstreichen, Blätterteig übereinanderschlagen und auf ein mit Backpapier ausgelegtes Backblech setzen, mit Eigelb bestreichen und mit den Teigstreifen verzieren, diese ebenfalls mit Eigelb bestreichen.

Bei 200° C 45 Min. backen.

Schweinerollbraten

Zutaten:

für 8 Personen
2 kg Schweinenacken, Salz
schwarzer Pfeffer
200 g Sonnenblumenkerne
je 1 Bund Petersilie und Majoran
3 Knoblauchzehen
100 g geriebener Parmesankäse
1/8 l Fleischbrühe
1 Zwiebel, 1 Möhre

Die Knochen vom Metzger auslösen lassen und für die Sauce mitnehmen. Das Fleisch waagrecht so tief einschneiden, daß man es auseinanderklappen kann. Rundherum mit Salz und Pfeffer einreiben, 125 g Sonnenblumenkerne, die Kräuter und den Knoblauch im Blitzhacker zerkleinern. Mit dem Käse und 6 Essl. Brühe zu einer streichfähigen Paste mischen. Etwa 3/4 der Paste auf dem Fleisch verteilen. Das Fleisch aufrollen und mit Küchengarn zum Rollbraten binden. Mit den Knochen, der restlichen Brühe, der geschälten Zwiebel und der Möhre in einen Schmortopf legen. Den Topf schließen. Das Fleisch im vorgeheizten Backofen bei 250° C 15 Minuten schmoren, dann im offenen Topf bei 180° C in etwa 1 1/2 Std. weich garen. Den Ofen wieder auf 200° C schalten. Den Braten mit der restlichen Paste bestreichen und in 15 Min. überkrusten. Die Sauce nach Wunsch entfetten. Die restlichen Sonnenblumenkerne in einer Pfanne ohne Fett rösten Den Rollbraten damit bestreuen.

Dazu passen Kartoffelklöße und gemischter Salat.

Gegrillte Spießchen

Zutaten:

750 g zarte Fleischstückchen
(Schwein, Huhn, Kalbs- oder
Rinderfilet, Leber)
oder verschiedene Fischsorten
Würstchen
verschiedenes Gemüse (Paprika,
Tomaten, Zucchini, Auberginen)
verschiedene Obstsorten
(säuerliche Äpfel, Ananas,
Bananen, Birnen)
Gewürze:
Salbei, Lorbeerblätter, Basilikum

Das Fleisch würfeln und abwechselnd mit Gemüse, Obst und Kräutern aufspießen.
Dazu Metallstäbchen einfetten oder nasse Holzstäbchen benutzen. Wenn zeitlich möglich, die Spieße in eine Marinade aus Öl, Zitrone, Petersilie, Knoblauch und beliebigen Gewürzen für 1 oder 2 Stunden einlegen.
Die Spieße der Reihe nach auf den Grillrost legen und auf Schiebeleiste 4 über die Fettpfanne in den Ofen schieben. Die Grillstufe mit Luftumwälzung auf 200°C einstellen und ca 25 Min. Grillen.
Nach der Hälfte der Garzeit die Spieße wenden.

Wenn die Lampe einer Freundschaft mächtig leuchtet,
versäume nicht Öl nachzugießen,
sonst könnte sie einmal ausgebrannt sein.

Feiner Fleischsalat

Zutaten:

300 g magerer, gegarter Schweinebraten, 200 g gekochter Schinken
3 Gewürzgurken
2-3 säuerliche Äpfel
2-3 gekochte Kartoffeln (vom Vortag)
1 Zwiebel, Petersilie
1 Tasse Mayonnaise oder Sauerrahm
1 Be. Joghurt,
Salz, Pfeffer, Essig, Senf

Alle Zutaten in gleichmäßige Würfel schneiden, Zwiebel fein hacken. Mayonnaise oder Sauerrahm und Joghurt, Essig, Senf und Gewürze verrühren und mit den gewürfelten Zutaten vermischen, durchziehen lassen, abschmecken

Apfelbaum

„Günzburger Krone"

Zutaten:

1 Ring Fleischwurst (ca. 500 g)

Die Fleischwurst auf einer Seite über Kreuz einschneiden bei 200° C, 20 Minuten im Backofen garen.

Apfelsauerkraut

Zutaten:

500 g Sauerkraut
2 Äpfel, 1 Zwiebel, 1 Tasse Wasser
Alles zusammen garen
Die Günzburger Krone auf eine Platte legen, das heiße Kraut in den Ring füllen. Mit Tomaten und Petersilie garnieren. Dazu Stangenweißbrot.

A gueter Moscht
heilt jeden Schmerz,
er ischt des Schwaben Perle.
Dr Wein erfreut
des Menschen Herz,
dr Moscht de ganze Kerle!

Würstchenspieße

Wiener Würstchen und Weißwürste in Stückchen bzw. Scheiben schneiden und abwechselnd mit Stückchen geräuchertem Bauchspeck auf Schaschlikspieße stecken und in heißem Fett rundherum braten.

Dazu schmeckt gut ein saftiger Kartoffelsalat.

Hackbraten mit Eierfüllung

Zutaten:

für 8 Personen
25 g durchwachsener Räucherspeck
2 Zwiebeln, 1/2 Bund Petersilie
750 g gemischtes Hackfleisch
1 altbackenes Brötchen, 1 Ei
Muskat, je 1/2 Teel. Rosenpaprika und Majoran, Salz
4 hartgekochte Eier

Speck würfeln, ausbraten, Zwiebelwürfel 5 Min. darin dünsten, zuletzt geh. Petersilie 1 Min. mitdünsten, kalt stellen. Hackfleisch mit eingeweichtem und ausgedrücktem Brötchen, Ei, Muskat, Paprika, Majoran und Salz gut vermengen.
Zwiebel-Speck-Würfel untermischen. Kastenform mit gefetteter Alufolie auslegen. Die Hälfte vom Hackfleisch einfüllen. Eier in die Mitte legen und mit Hackfleisch auffüllen. Etwas andrücken. Bei 200° (Gas Stufe 3) 35 Min. im vorgeheizten Backofen garen. Danach noch 20 Min. in der Backröhre stehen lassen.

Mit Gemüsen und Kartoffelpüree oder kalt zu Mixed Pickels und Brot reichen.

Lendenbraten

Zutaten:

1 Schweine- oder Kalbslende (gehäutet)
Reste vom Häuten
Pfeffer, Salz, Zwiebel, Möhren
1 kg Kalbsbrät (vorgewürzt)
1 Schweinenetz (vorbestellt)
Muskat,1 Dose Champignons
1 Bündel Petersilie

Die Lende würzen und mit den Hautresten, Zwiebel und Möhren in einer Pfanne etwa 10 Minuten anbraten, herausnehmen und abkühlen lassen. Nun das Kalbsbrät mit den Gewürzen, kleingeschnittenen Champignons und feingehackter Petersilie vermengen, auf dem ausgebreiteten Schweinenetz verteilen, die Lende darauflegen und einwickeln.
Das Ganze wird bei 220° C etwa 45 Minuten im Backofen gebacken.

Hackbraten auf Kartoffelgratin

Zutaten:

500 g gem. Hackfleisch, 1 Semmel (eingeweicht und ausgedrückt)
je 1/2 Teel. Salz, Senf, Pfeffer,
Muskat, 1 Bd. Petersilie, 1–2 Eier
200 g Hartkäse (in dicke Streifen schneiden), 1 Teel. Majoran
3/4–1 kg Kartoffeln
1/8 l Sahne oder Milch

Zutaten zum Fleischteig mit dem Knethaken des Handrührers vermengen, bis sich alles gut verbindet.
Fleischteig in die Mitte einer gebutterten Auflaufform geben und zu einem Laib formen; Käsestreifen der Länge nach in die Mitte eindrücken, Fleischteig evtl. nachformen.
Kartoffeln schälen, mit dem Durchlaufschnitzler raspeln, Gewürze und Sahne zugeben, vermengen; Kartoffeln um den Hackbraten verteilen, mit restlicher Sahne übergießen.
Als Variante können auch Rauchfleischwürfel über die Kartoffeln gestreut werden.

Bei 200° C 60–70 Min. mit Deckel garen; 20 Min. vor Ende der Garzeit den Deckel abnehmen.

Schnitzel in Zwiebel-Sahne-Sauce

Zutaten:

500 ml Sahne
2 Päck. Zwiebelsuppe
4 magere Schweineschnitzel
Salz, Pfeffer

Sahne mit Zwiebelsuppe in einer feuerfesten Form verrühren und 30 Min. quellen lassen. Schnitzel salzen, pfeffern und in die Sauce legen. Die Form mit Alufolie abdecken und in den Backofen schieben.
Garzeit: 2 Stunden bei 180°

Die Alufolie entfernen und das Gericht weitere 30 Min. überbacken, bis eine leichte Kruste entsteht.

Tipp:
Dazu schmecken Salzkartoffeln und grüner Salat.

Hinweis:
Die lange Garzeit ist unbedingt erforderlich, um der Sauce ihren kräftigen Geschmack zu geben und die Schnitzel herrlich zart werden zu lassen.

Spargel mit Schinken und Käse

Zutaten:

Für 4 Personen
1 kg Spargel, 1 Teel. Zucker
200 g Butter, 200 g Emmentaler
200 g gekochter Schinken
100 ml Bechamelsauce
1 Prise Salz, 1 Prise Pfeffer
1 Prise Muskatnuss

Spargel waschen, sorgfältig schälen und in leicht gezuckertem Wasser mit 10 g Butter halbgar kochen, danach abgießen und abkühlen lassen. Spargel mit je 1 Scheibe Käse und einer Scheibe Schinken umwickeln, mit Zahnstochern feststecken und in eine gefettete feuerfeste Form legen. Die Röllchen mit Bechamelsauce übergießen, mit Butterflöckchen belegen und zuletzt mit Salz, Pfeffer und Muskat bestreuen.

Backzeit: 20 Min. bei 200° im vorgeheizten Ofen.

Das fertige Gericht heiß servieren.

Jägerpastete

Zutaten:

Für 4 Personen
500 g Hackfleisch,
5 große Zwiebeln, 100 g Speck
2 große Äpfel, Salz, Pfeffer, Paprika
1/2 abgeriebene Zitronenschale
1/2 Teel. Kümmel, 2 Tomaten

Kartoffelpüree aus ca. 750 g Kartoffeln
Die Zwiebeln in Scheiben schneiden und mit klein geschnittenem Speck braun anbraten. Dazu kommen Apfelspalten mit Schale, das Hackfleisch und die Gewürze. Alles etwas durchbraten, dann in eine feuerfeste Form geben, darüber die in Scheiben geschnittenen Tomaten, zuletzt mit Kartoffelpüree abdecken. Etwa eine halbe Stunde backen. Dazu gibt es Salate oder Gemüse.

Schwabentopf

Zutaten:

4 kl. Scheiben Schweinefilet
4 kl. Scheiben Kalbsfilet
4 kl. Scheiben Rinderfilet
Salz, schwarzer Pfeffer, Butter
Zwiebelringe, Rotwein
1 Essl. Bratenfond
3 Essl. Tomatenmark
3/8 l Sahne

Filetscheiben mit Salz und Pfeffer würzen und in Butter bei nicht zu starker Hitze braten, danach das Fleisch warm stellen. Zwiebelringe in Butter braten, mit Rotwein ablöschen und Bratenfond, Tomatenmark sowie Sahne zufügen. Fleisch in die Soße geben und bei geringster Hitze ca. 15 Min. durchziehen lassen.

Tipp: Dazu serviert man Spätzle und Salat.

Schweinerücken „Apollonia"

Zutaten:

Für 4 Personen
5 Schweinerückensteaks, a 80 g
4 Äpfel geschält, entkernt
Pommes frites
Sauce Hollandaise

5 Steaks braten, Äpfel auch braten und auf die Steaks legen, Hollandaise darauf geben, überbacken. Dazu passen Pommes frites mit Kirschen garniert und Kopfsalat in Rahmsoße.

Schweine-Rollbraten im Kräutermantel

Zutaten:

2 kg abgehangenes Schweinefleisch (aus Hals oder Schulter)
1 zerdrückte Knoblauchzehe
6 Essl. Öl, Salz, weißer Pfeffer
4 Teel. scharfer Senf
1/2 Teel. Paprikapulver edelsüß
2 zerdrückte Knoblauchzehen
1/2 Teel. Basilikum, 1/2 Teel. Bohnenkraut, 1/2 Teel. getr. Thymian
3 Zwiebeln, 5 Tomaten

Schweinefleisch mit einer zerdrückten Knoblauchzehe einreiben und mit einem Bindfaden fest zur Rolle zusammenknoten.
Öl, Salz, Pfeffer, Senf, Paprikapulver, zerdrückte Knoblauchzehen, Basilikum, Bohnenkraut und getr. Thymian zusammenrühren und das Fleisch gut damit einreiben. Zugedeckt über Nacht ziehen lassen. Einen Römertopf 10 Minuten wässern, 3 Zwiebeln in Achtel und 5 Tomaten in dicke Scheiben schneiden und in den Topf geben. Das Fleisch darauflegen, das Kräuteröl über das Fleisch geben und ca. 2 1/2 Std. bei 250° C im geschlossenen Tontopf braten. Am Schluß noch 10 Minuten den Topf ohne Deckel im Backofen lassen, damit das Fleisch eine schöne braune Kruste bekommt. Danach aus dem Topf nehmen und vorsichtig die Bindfäden lösen. Das Bratengemüse auf eine vorgewärmte Platte legen und die Fleischscheiben darauf anrichten.

Geschnetzeltes im Ofen

Zutaten:

30 g Butterschmalz, 1 Zwiebel
400 g Schweineschnitzel
200 g Sahne
3 Essl. geriebener Käse

Schnitzel in feine 2 cm breite Streifen schneiden und in dem erhitzten Butterschmalz kurz anbraten; Zwiebelwürfel kurz mitbraten, salzen und pfeffern. eine feuerfeste Form mit Butter ausstreichen, Fleisch und Käse lagenweise einschichten, mit Sahne übergießen, Deckel auflegen; bei 200° C 20 Minuten garen.

Reis und frischen Salat dazu reichen.

Lenden-Medaillons

Zutaten:

1 Schweine-Lende, 1/2 Zwiebel
1/8 l Rotwein
1 kl. Dose Champignons
etwas Soßenbinder
200 ml süße Sahne

Lende in 8 gleiche Teile schneiden, würzen und in Butterschmalz ausbraten.
Zwiebel würfeln und andünsten. Mit Rotwein und etwas Wasser ablöschen. Champignons, Soßenbinder und Sahne zugeben.

Wälzt das Schwein
sich in den Lachen,
so brauchst du es ihm
nicht nachzumachen.

Emmentaler Schinkenpastete

Zutaten:

125 g Butter, 3 Eier, 250 g Schinken
150 g Emmentaler, 250 g Mehl
1/10 l Rahm, 1 Essl. Backpulver
Salz, Pfeffer, Muskat
1 Teel. Senf, Petersilie

Aus den genannten Zutaten einen Rührteig erstellen und in eine gefettete Kastenform füllen.

Backofen: 200–210° 50–60 Min.
(Heißluft: 170–180°)

Gefüllte Keule vom Damwild

Zutaten:

Keule 1,5 kg
150 g Wildfleisch, 50 g Kalbfleisch, 50 g Schweinefleisch
2 cl. Wacholderschnaps
4 Wacholderbeeren
1 Prise Muskatblüte
2 dl. süße Sahne
Pistazien
30 g gekochter Schinken in Würfel geschnitten
1 Essl. Tomatenmark
Sellerie
Zwiebel, Karotten, Lorbeerblätter
1/4 l Crème fraîche

Wild-, Kalb- und Schweinefleisch mit Wacholderschnaps, zerdrückten Wacholderbeeren und Muskatblüte vermengt 12 Stunden im Kühlschrank stehen lassen. Fleisch durch die feine Scheibe des Fleischwolfes drehen, in den Mixer geben und die Sahne nach und nach unterziehen.
Die zerkleinerten Pistazien und den gewürfelten Schinken untermengen und wieder kühlstellen. Die Röhrenknochen aus der Keule lösen, ohne das Fleisch zu zerschneiden. Die Keule mit der Farce füllen, würzen, in ein Schweinenetz einschlagen und scharf in Öl anbraten. Die zerkleinerten Knochen mit in die Bratpfanne geben und im vorgeheizten Backofen bei 200° C 25–30 Minuten braten lassen. Häufig mit Wasser übergießen, herausnehmen und warmstellen. Gemüsewürfel und Tomatenmark zum Bratsatz geben und bräunen. Mit etwas Rotwein ablöschen, durchkochen lassen und dann durch ein Sieb passieren. Die Sauce abschmecken, Crème fraîche und Sahne dazugeben, die Keule in ca. 1 cm dicke Scheiben schneiden und anrichten.

Als Beilage Mandelbällchen oder Spätzle.

Pikanter Hackfleischstrudel

Zutaten:

300 g gefrorene Blätterteigscheiben
50 g gerauchter Bauch
1 Zwiebel, 1 grüne Paprikaschote
500 g Hackfleisch, 1 Ei
Salz, Pfeffer, 2 Essl. Ketchup
1/2 Dose Champignons
150 g Käse

Blätterteigscheiben auseinanderlegen und ca. 30 Minuten antauen lassen.
Gerauchten Bauch und Zwiebel würfeln, andünsten. Paprika waschen, entkernen und kurz mitdünsten. Hackfleisch, Ei, Salz, Pfeffer und Ketchup gut verrühren, Champignons und die Speck-Zwiebelmischung untermengen. Blätterteigscheiben aufeinanderlegen, zu einem Rechteck auswellen, (einige 1 cm breite Streifen zum Verzieren abrädeln), mit der Hackfleischmasse bestreichen (2 cm Teigrand frei lassen) und mit 150 g geriebenem Käse bestreuen. Teigränder einschlagen, aufrollen und auf ein mit Backpapier ausgelegtes Backblech setzen. Rolle mit Eigelb bestreichen und mit den Teigstreifen verzieren.
Bei 200° C 30 Minuten backen.

Frische Salate dazu reichen.

Damwildrücken „Herbstliche Art"

Zutaten:

Für 8 Personen
2,4 kg Hirschrücken
8 rote Kirschen, 8 Walnüsse
8 Champignonköpfe
250 g Gänseleberparfait
300 g Blätterteig
400 g Weintrauben blau, weiß
1 Ananas
1 Glas (500 g) Senffrüchte
5 Orangen, 1 Zitrone, 1 Kiwi
400 g Waldorfsalat
Bratzeit: 10–15 Minuten.

Die Rückenfilets sauber auslösen und enthäuten, würzen mit Salz, Pfeffer und in einer Pfanne oder Bräter ca. 10 Minuten gut anbraten, herausnehmen und im Kühlhaus oder Kühlschrank gut auskühlen lassen. Den Rücken (Kakasse) ebenfalls anbraten und auskühlen lassen. Die ausgekühlten Rückenfilets in 4–5 mm dicke Scheiben schneiden und auf den Rückenknochen legen. Man sollte darauf achten, daß die Scheiben gleichmäßig gelegt werden.

Danach das Gänseleberparfait auf der Mitte des Rückens garnieren, gleichmäßig mit einem Champignonkopf und einer halben Kiwischeibe belegen.

Aus dem dünn ausgerollten Blätterteig Weinblätter schneiden. Als Vorlage kann ein echtes Weinblatt verwendet werden. Die modellierten Blätter mit Eigelb und Milch bestreichen und goldgelb bei 180° C im Ofen backen.

4 Orangen halbieren und vom Fruchtfleisch befreien und mit Waldorfsalat füllen, garnieren mit Walnüssen und 1 Kirsche. Die Ananas 2 cm vom Stauden abschneiden, aushöhlen und mit Senffrüchten füllen. Den fertigen Rücken auf ein Brett oder Platte setzen, mit gefüllten Orangen, Blätterteigblättern und Weintrauben garnieren.

Gespickter Damhirschbraten

Zutaten:

Für 8 Personen:
2 kg aus der Keule (Unterschale oder Nuss), 600 g Maronen
Gratinfarce, 3 Eigelb
1/2 l Pfeffersauce
100 g Spickspeck
Bratzeit: 1 1/2 Stunden.

Das Fleisch spicken, würzen und braten. Von den Maronen Püree bereiten, mit Gratinfarce vermischen und mit Eigelb binden und erkalten lassen. Aus der Masse kleine Birnen formen, mehlen, panieren und in der Friteuse bei 180° C backen. Den Braten mit diesen Kroketten garnieren und die Sauce dazu servieren.

Gratinfarce:
150 g fetten Speck
250 g Geflügel-, Wild- oder Kalbsleber
1 Teel. gehackte Petersilie
1 Prise Thymian, 1 Prise Lorbeerpulver, Salz, Pfeffer

Den Speck würfeln und in der Pfanne schmelzen lassen. In das Fett die kleingeschnittene Leber geben, rasch blutig anbraten, Petersilie beifügen, kurz anlaufen lassen und sofort vom Feuer nehmen. Im Mörser stoßen, durch ein Sieb passieren und in eine kleine Schüssel füllen. Mit geöltem Papier abdecken.

Hirschfilet in Wacholdersahne

Zutaten:

Für 4 Personen:
800 g Hirschfilet
300 g Hirschknochen
zum Anbraten
Gemüsewürfel (Sellerie, Karotten, Zwiebeln), 1 Essl. Tomatenmark
1/2 l Wasser, 2 Nelken
2 Lorbeerblätter
10 Wacholderbeeren
etwas schwarzer Pfeffer ganz
Salz, Pfeffer, Öl, Butter
4 cl Wacholderschnaps

Das Hirschfilet häuten und zur Seite stellen. Die abgezogenen Reste mit den feingehackten Knochen in Öl bei 220° C im vorgeheizten Backofen 15 Minuten braten. Das in Würfel geschnittene Röstgemüse dazugeben und ebenfalls anbraten; mit Tomatenmark bräunen. Mit dem Wein ablöschen bis eine schöne braune Farbe entsteht, dann den restlichen Wein und das Wasser dazugeben. Die Gewürze im Mörser zerstoßen, hinzufügen und alles auf die Hälfte einkochen lassen. Dann die Sahne hinzufügen, mit Salz und Pfeffer abschmecken. Wacholderschnaps zugeben. Das mit Salz und Pfeffer gewürzte Hirschfilet in Öl 5-8 Minuten anbraten. Das Fleisch in Scheiben schneiden und auf Wacholdersauce anrichten.

Pfifferlinge, Spätzle und Preiselbeeren eignen sich vorzüglich als Beilage.

Hirschkalbsbraten

Zutaten:

Für 8 Personen:
(Kochzeit ca. 1 1/2 bis 2 Stunden)
2 kg Hirschkalbfleisch
Margarine und Speckwürfel (geräucherter Bauchspeck)
5 Zwiebeln
1- 2 Knoblauchzehen, Salz
Wildgewürz
2 Be. süße Sahne
1/2-1 Fl. Rotwein
Schwarzbrotrinde

Das Fleisch kurz waschen, trockentupfen und salzen. Danach in Margarine und Speckwürfel anbraten und dann herausnehmen. In der Zwischenzeit Zwiebeln feinhacken, Knoblauchzehen hacken und glasig dünsten. Sahne dazugeben, aufkochen lassen unter ständigem Rühren, bis es dicklich (gelb) geworden ist. Wildgewürz dazugeben und mit Rotwein ablöschen. Zur Verfeinerung können noch Schwarzbrotrinden dazugegeben werden. Danach das Fleisch hinzugeben (es muß ganz mit der Soße bedeckt sein). Zwischendurch kann dann noch Rotwein zugegeben werden. Kurz vor Beendigung der Garzeit können noch Ananasstükke und auch Saft hinzugefügt werden. Soll die Soße etwas dicklich sein, dann kann noch etwas Sahne mit Speisestärke vermischt hinzugefügt werden. Vor dem Servieren die Soße abseihen und abschmecken.

Hammellauf in Egelfingen

Seit 40ig Johr ischt dr Hammellauf
z'Egelfenga an ganz beliebta Brauch.
Zerscht des ischt bildlich nochgewiesa
war er em freia, vor am Schuppa, uf da Wiesa.
Ma ischt do halt arg wetterabhängig gsei
drom ischt ma mit dr Zeit noch en d'Halla nei.
A'gnomma ischt der Hammellauf sehr
d'Leit kommat vo weit rom – überall her.
Für d'Musik hot sich des beizeita rentiert
weil der ehemalig Landrat ond EVS-Boss
Dr. Steuer da Hammel spendiert.
Solang ich Schäfer be sait er als Ehramitglied beizeita
weat des mit der Hammelspende für d'Musik so bleiba.
An Kaschta Bier spendiert no d'Sonnabrauerei
druzau na no dr Musik 2 guate Flascha Wein.
Am Morga mit am Früahschoppa fangt des Fescht schau a
a deftaga Blosmusik a guats Essa schliaßt sich a
Oma 2 kommt schau de zwoit Kapell
ond oma viere ischt de 3. zur Stell.
Kuacha ond Torta haud d'Fraua backa,
lautr guate ond leckre Sacha.
Ond oma viere ischt d'Halla grammlet voll
weil jetzt dr Hammelauf steiga soll.
Em Krois vrtoilt stellt ma 4 Holzblöckla na
ond zu jedem an gschtandana Ma.
Do hot jeder a vrschloßes Kuvert mit ama Preis
daß em Moment koinr, wo dr Hamml ischt, woiß.
Dr Hammel ischt schau voana ans Glandr na bonda
ond d'Musik spielt auf – jetzt lauft ma a paar Ronda.
Natürich lauft jedr an dr Kassa vrbei
2 Mark pro Lauf, ha des muaß sei.
Dr Krois ischt guat voll ond d'Spannong dia steigt
bisas endlich an jesas Böllerknall geit.
Für da Abgschlagana ischt d'Fraid vrbei
dr Nächste nemmt da Preis mit hoi.
A kleis Mädle da Hammel zur Halla naus ziaht
der Opa der hot sich vor Fraid nemme kriagt.
Natürlich weat jetzt no a Weile Remmi Demmi gmacht
a paar Viertela tronka ond gsonga ond glacht.

Rita Fritz

Feiner Jäger-Topf

Zutaten:

500 g Wildfleisch
50 g durchwachsener Speck
200 g Zwiebeln
400 g Pfifferlinge
300 g Kartoffeln
200 g Möhren, 20 g Margarine
1/2 Teel. Salz, 1 Msp. Pfeffer
1/4 l kräftige Bouillon
(evtl. aus gekörnter Brühe)

Das Fleisch in grobe, den Speck in feine Würfel schneiden. Die Zwiebeln schälen und ebenfalls in feine Würfel schneiden. Die Pilze putzen. Die Kartoffeln und Möhren schälen und in Scheiben schneiden.

Nun in einer feuerfesten Form die Speckwürfel mit der Margarine auslassen und darin die Fleisch- und die Zwiebelwürfel anbraten. Salz und Pfeffer miteinander mischen. Dann die Pilze, die Kartoffeln- und die Möhrenscheiben auf das Fleisch schichten und zwischen jede Schicht etwas von dem Salz-Pfeffer-Gemisch streuen. Die Brühe dazugießen und alles fest zugedeckt bei milder Hitze in etwa 60 Minuten garschmoren lassen. In der Form servieren.

Dazu passen: Preiselbeeren und Rotwein.

Unser Tipp: Für Eintöpfe und viele andere Gerichte mit langer Garzeit empfiehlt sich ein Schnellkochtopf. Die Zeit verkürzt sich auf ein Drittel.

Damhirschragout „Förster Art"

Zutaten:

Für 6 Personen
1,2 kg Fleisch ohne Knochen
(Schulter, Hals, Brust)
40 g Mehl
2 dl Weißwein und Rotwein
1 Teel. Tomatenmark
8 Wacholderbeeren
1 Kräuterbündel
1 dl Öl
40 g Butter
750 g Steinpilze
2 kl. Zwiebeln

Zubereitung: 1 1/2–2 Stunden.
Backofentemperatur 200–220° C
(gilt für jeden Wildbraten)

Das Fleisch in Ragoutstücke schneiden und zuvor einige Stunden in Rot- und Weißwein marinieren, gut abtropfen, in heißem Öl bei lebhafter Hitze anrösten, mit Mehl bestäuben, leicht bräunen lassen und mit der Weinmarinade und soviel Bouillon oder Wasser auffüllen, daß das Fleisch gerade bedeckt ist. Gut durchrühren, mit Salz, Pfeffer und den zerdrückten Wacholderbeeren würzen, das Tomatenmark und das Kräuterbündel hinzugeben und zugedeckt im Ofen langsam garschmoren. Wenn das Fleisch gar ist, in eine saubere Kasserolle legen, die Sauce darüber passieren und die in dicke Scheiben geschnittenen, in halb Öl halb Butter, mit gehackten Zwiebeln sautierten Steinpilze hinzufügen und alles zusammen noch kurze Zeit kochen lassen. Vor dem Servieren die Sauce entfetten und anrichten.

Als Beilage empfehlen sich Spätzle oder Nudeln, Preiselbeeren und Salat.

Zugaben:

(Als Vorspeise oder kleiner Imbiß geeignet)
400 g gebr., kaltes Wildfleisch
1/2 kl. Dose Pfifferlinge
1/2 kl. Dose Ananasstücke
1 Teel. Meerrettich (a.d.Glas)
1 Essl. Cognac (Weinbrand)
2 Essl. Cumberlandsoße, Salz

Wildsalat „Hubertus"

Bratenfleisch in kleine Würfel schneiden und mit den abgetropften Pfifferlingen, Ananas, Meerrettich und Cognac gut mischen. Den Salat mit Salz und Cumberlandsoße abschmecken und in kleinen Glasschälchen anrichten.

Tipp: Dazu reicht man Toast oder Baguette.

Zutaten:

(Für 4 Personen):
für Lammrollbraten:
1 ausgebeinte Lammbrust
Salz, schwarzer Pfeffer
3 altbackene Brötchen
200 g Brie, 100 g Rosinen
50 g Zitronat, 1/8 l Milch
1/2 Teel. Rosmarin
1 Teel. Thymian, 2 Eier
3 Essl. Butterschmalz
1/2 l Rotwein, 1/8 l Portwein
4 cl Weinbrand
200 g Crème fraîche

Gefüllter Lammrollbraten

Lammbrust mit Salz und Pfeffer würzen. Brötchen würfeln, mit Rosinen und Zitronat vermischen und mit lauwarmer Milch übergießen. Gewürfelten Brie, Kräuter und Eier zufügen und gut vermengen. Lammbrust füllen und mit Küchengarn verschnüren. Das Fleisch im Butterschmalz braten. Mit Rotwein und Portwein ablöschen und in den auf 170° C vorgeheizten Backofen (Gas Stufe 1) schieben. Braten mehrmals wenden und nach ca. 30 Minuten aus dem Backofen nehmen. Bratensatz mit Weinbrand und Creme fraiche aufkochen und durch ein Sieb gießen.

Schweinefilet gefüllt

Zutaten:

1 Schweinefilet (ca. 600 g)
80 g Walnusskerne
1 Eiweiß, 2 Teel. Senf
Pfeffer aus der Mühle, Salz
1 Essl. Öl
100 ml Brühe (Instant)
100 g Sauercreme/Schmand
1-2 Teel. brauner Saucenbinder
Zahnstocher

Walnüsse hacken. Die Hälfte mit Eiweiß, Senf und Pfeffer verrühren. Das Fleisch längs einschneiden, mit Salz und Pfeffer würzen und die Innenseite mit der Nusspaste bestreichen. Das Filet mit Zahnstocher zusammenstecken, pfeffern, salzen und in dem Öl rundherum braun anbraten. Brühe und Schmand zugeben und alles unter gelegentlichem Wenden zugedeckt 10 bis 15 Minuten schmoren. Das Fleisch zum Warmhalten in Alufolie wickeln. Die Sauce mit Salz und Pfeffer würzen. Restliche Walnüsse zugeben, Saucenbinder einstreuen, einmal aufkochen lassen und zu dem in Scheiben geschnittenen gefüllten Filet servieren.

Dazu passen Salzkartoffeln und Weißwein.

Feldhase gebraten

Zutaten:

1 Hase mit Schlegel
40–60 g Speck zum Spicken
Salz, 60–80 g Fett
1 Zwiebel, Wurzelwerk
3/4 l Flüssigkeit
4–6 Essl. sauren Rahm
1–2 Teel. Stärkemehl

Gut abgelegenes Fleisch mit feuchtem Tuch abreiben, häuten, spicken, salzen. In heißem Fett erst die Schlegel anbraten, Bratzutaten zugeben, nach 10 Minuten den Rücken zugeben und ebenfalls in heißem Fett anbraten, in der Röhre unter öfterem begiessen und langsam langsamem auffüllen der Soße garbraten. 10 Minuten vor Ende der Garzeit den Braten mit Rahm begießen, etwas bräunen lassen, Soße binden, durchseihen und abschmecken. Garzeit etwa 3/4 Stunde, älteres Wild länger (bei jungem brechen die Knochen leicht).

Hackfleischtorte

Zutaten:

640 g Tatar (Rohgewicht)
2 Eier, Salz, Pfeffer, Paprika,
Thymian, 200 g Zwiebeln
2 Knoblauchzehen
1 Bund Petersilie
400 g Kartoffeln, gekocht
400 g Tomaten, 1/8 l Tomatensaft

Tatar mit Eiern und Gewürzen vermischen, Zwiebeln, Knoblauch und Petersilie fein hacken und unter den Fleischteig kneten. Gut abschmecken. Den Boden einer Springform (Durchmesser 24 cm) mit Backtrennpapier auslegen. Die gekochten Kartoffeln in Scheiben schneiden und damit den Boden belegen. Den Fleischteig darauf verteilen, die in Scheiben geschnittenen Tomaten kreisförmig auflegen und mit Tomatensaft begießen. Im vorgeheizten Backofen bei 220° C ca. 30-35 Minuten backen.

Marinierte Rotwein-Leber

Zutaten:

(Für 4 Personen):
4-6 Scheiben Rindsleber
1/8 l Rotwein, 1 Essl. Öl
2 Essl. Butter, 2 Essl. Mehl
1 Essl. gehackte Petersilie
Salz, schwarzer Pfeffer, Oregano, Majoran

Leberscheiben 60 Minuten in Rotwein marinieren. Zwiebelscheiben in Öl und Butter leicht anbraten. Leberscheiben aus der Marinade nehmen, abtrocknen und in Mehl wenden. In der Pfanne auf beiden Seiten etwa 4 Minuten anbraten, dann würzen. Rotwein-Marinade über die Leber gießen und in geschlossener Pfanne noch 5-8 Minuten schmoren.
Mit Petersilie bestreut anrichten.

Schweinefilets mit Sherry-Sahne-Soße

Zutaten:

Für 4 Personen:
500 g Schweinefilet
10 g Butterschmalz
1 Teel. gem. Zimt, Salz, Pfeffer
200 g Creme fraiche, 6 Essl. Sherry
1 Teel. eingelegter grüner Pfeffer

Das Schweinefilet in 4 cm breite Stücke schneiden. Das Butterschmalz in einer Pfanne erhitzen und die Fleischstücke darin von jeder Seite etwa 3-5 Minuten anbraten. Danach mit Zimt, Salz und Pfeffer würzen und auf einer Platte warm stellen. Creme fraiche, Sherry und grünen Pfeffer in das Bratfett geben. Die Soße aufkochen lassen und abschmecken. Schweinefilet und Soße anrichten.
Dazu: Glasierte Möhren und Kartoffelbällchen.

Herbststimmung

Schweinerückensteak mit 5-Kräuter-Soße

Zutaten:

(Für 4 Personen):
4 Schweinerückensteaks á 150 g
50 g Butterschmalz
1 Becher Creme fraiche
je 1 Essl. feingehackter Schnittlauch, Petersilie, Sauerampfer, Pimpernell und Kerbel
1 Spritzer Zitronensaft
Salz, Pfeffer aus der Mühle

Die Schweinesteaks mit Pfeffer einreiben und in heißem Butterschmalz von beiden Seiten etwa 3 Minuten anbraten, leicht salzen und warm stellen. Creme fraiche mit den Kräutern und dem Zitronensaft vermengen und mit dem Salz und Pfeffer würzen. Die Steaks mit der Kräutersoße servieren.
Zubereitungszeit: 15 Minuten.
Beilage: Tomatensalat.

Tipp:
Fleisch mit Öl übergossen, hält sich länger im Kühlschrank und wird weicher.

Mostbraten

Zutaten:

(Für 6-8 Personen):
2 kg Schweinehals
2 Lorbeerblätter
4 Gewürznelken
10 Wacholderbeeren
3 Zweige frischer Thymian
6 schwarze Pfefferkörner zerdrückt
2 mittelgroße Zwiebeln
1 Karotte
1 kleine Sellerieknolle
1 kleine Lauchstange
2 Liter guten Most
Salz, Mehl, weißer Pfeffer, Schweineschmalz, evtl. 1 Becher Rahm
Für die Altschwäbische Panade:
100 g Paniermehl
2 Essl. Zucker
2 Messerspitzen Gewürznelken

Fleisch mit dem gewaschenen, ungeschälten, in große Würfel geschnittenen Wurzelgemüse und den Gewürzen etwa 3 Tage in Most einlegen, mehrmals wenden. Danach Fleisch abtropfen lassen, mit Salz und weißem Pfeffer würzen, in einen mit Schweineschmalz bestrichenen Bratentopf geben und in den Ofen schieben (Holzbackofen auf 250° C, Elektrosteinbackofen Oberhitze auf 250° C, Unterhitze auf 230° C heizen, Ofen ausschalten.
Nach 20 Minuten das Wurzelgemüse dazugeben. Mehrmals mit Beize übergießen.
Nach 1 Stunde und 40 Minuten Fleisch herausnehmen und etwas ausdampfen lassen. Den noch heißen Braten in der Panade wenden. Panade gut andrücken und auf einem Rost im Ofen goldbraun backen (ca. 20 Minuten). Bei gewünschter Bräune Fleisch mit Alufolie abdecken und kurz vor dem Herausnehmen wieder entfernen.
Mostfond mit Mehl binden, kurz aufkochen lassen und anpassieren. Mit Sahne verfeinern und abschmecken. Dazu passen Spätzle und frische Salate.

Marinade für gegrilltes Fleisch

Zutaten:

1/2 l Öl, 1 Teel. Paprika
1 Teel. Worcestersauce
1 Teel. Zitronensaft
2 Knoblauchzehen feingehackt
4 Essl. gem. Kräuter

Alle Zutaten miteinander vermischen und Fleisch über Nacht darin marinieren. Während des Grillens ab und zu damit bepinseln. Salz und Pfeffer aus der Mühle nach dem Grillen über das Fleisch streuen, dann bleibt es saftig.

Tipp:

*In das Paniermehl -
egal für Fisch, Fleisch oder Geflügel -
gebe ich etwas geriebenen Käse.
So bekommen die Teile eine
köstliche wohlschmeckende Kruste.*

Schweineröllchen mit Käse überbacken

Zutaten:

8 dünne Schweineschnitzel
1-2 rote Paprika, 2 Zwiebeln
Salz, 1 Essl. Butter
2 Essl. Tomatenmark
oder 3-4 geschälte Tomaten
1/2 Be. Jogh., 1 Essl. Speisestärke
8 Scheiben Schmelzkäse, Pfeffer
Creme fraîche nach Belieben

Die Paprikaschoten in Streifen schneiden. Die Zwiebeln feinhacken. Die dünngeklopften Schweineschnitzel mit Salz bestreuen und mit den Paprikastreifen belegen. Zusammenrollen und mit Zahnstocher feststecken. Fett in einer Pfanne erhitzen, die Schweineröllchen gut anbraten, die Zwiebeln dazugeben und kurz mitbraten. Tomatenmark oder kleingeschnittene Tomaten und evtl. noch etwas heißes Wasser zugeben und zugedeckt etwa 30 Minuten leise schmoren lassen, dann die Röllchen auf einer Platte anrichten, mit den Käsescheiben bedecken und bei 180 ° kurz überbacken. Inzwischen Joghurt mit der Speisestärke verrühren und die Soße damit binden. Mit Pfeffer und Creme fraîche verfeinern.

Koteletts mit Überraschung

Zutaten:

4 Schweinekoteletts
1 Zwiebel, 4 Essl. Champignons
2 Essl. gehackte Kräuter
Petersilie, Schnittlauch
1-2 Eigelb, Salz
Pfeffer, Bratfett

Mit einem scharfen Messer in jedes Kotelett eine tiefe Tasche schneiden. Gehackte Zwiebel, Champignons und Kräuter mit 2 Eigelb verrühren und die Koteletts damit füllen. Koteletts zunähen oder mit Fleischnadeln oder Zahnstocher schließen. Mit Salz und Pfeffer einreiben. Das Bratfett in einer großen Pfanne erhitzen, die gefüllten Koteletts einlegen und auf jeder Seite 10 Minuten braten. Vor dem Servieren Fäden bzw. Zahnstocher oder Nadel entfernen.

Federseeschnitzel

Zutaten:

Menge für 10 Personen:
10 Schnitzel oder Kotelett
Panade (Mehl, Eier, Semmelbrösel)
375 g gekochter Schinken
750 g Zwiebeln,
Salz, Pfeffer, Paprika
2 Be. Sahne, 1 Be. saure Sahne

Schnitzel panieren und ausbacken. Zwiebelwürfel einschmoren, Schinkenwürfel kurz mitdünsten, mit Salz, Pfeffer und Paprika würzen, Sahne und saure Sahne untermischen. Schnitzel mit Sahnemischung in Auflaufform einschichten und 24 Std. kühl stellen, durchziehen lassen. Bei 200° C 1/2 Std. mit Deckel und 1/2 Std. ohne Deckel garen.

Tipp: Größere Mengen auf tiefes Backblech einschichten und mit Folie abdecken!
Läßt sich sehr gut für ein Fest vorbereiten.

Gebackene Schinkenrollen

Zutaten:

4 Scheiben gekochter Schinken
oder milder Rohschinken
2 Scheiben Toastbrot
1/2 Tasse heiße Milch
2 Eier
1/2 Teel. geriebene Muskatnuss
1/2 Teel. Paprikapulver, 1 Essl. Öl
2 gestr. Essl. Semmelbrösel
2 Essl. gehackte Petersilie
2 Essl. gehackter Schnittlauch
1 Teel. gekörnte Brühe

Die Schinkenscheiben so auf dem Küchenbrett ausbreiten, daß keine Risse zu sehen sind. In einer Rührschüssel die grob zerschnittenen Toastscheiben mit heißer Milch übergießen und einige Minuten durchziehen lassen.
Mit einem Schneebesen die Eier, die Gewürze, das Öl, die Brösel, die Petersilie und den Schnittlauch einrühren. Zum Schluß die gekörnte Brühe in sehr wenig warmem Wasser lösen und nach Geschmack hinzufügen. Diese Masse jetzt auf die Schinkenscheiben dick aufstreichen. Die Scheiben aufrollen und auf ein Backblech legen, dicht nebeneinander, damit die Röllchen nicht aufgehen. Im mittelheißen Ofen 20 Minuten lang backen. Praktisch ist es, als Unterlage ein Stück Alufolie zu benutzen. Man kann sie an den Seiten hochschlagen und die Röllchen damit fest aneinanderdrücken.

Dazu passen: Gemüse, Kartoffeln und Frankenwein.

Hausmegsa

Herr ischt des a Üblzeit
ih sags ui glei – mir megsat heit.
D'Muattr machts Fuier en Kessl nei
dr Vattr hollat da Zubr vom Schuppa rei.
Noch richt ma Kübl, Loitr, Strick glei na
daß der Megser komma ka.
Jo der kommt mit am Schußaparat schau henta rei
Vattr hol dia Sau no glei
Au Tochtr kraigt s megsa zum vrspüra
de sial muaß gau gleich Bluat rom rühra.
Ond dr Nene heinat henda dus
weilr Knoblauch ond Zwiebl schela muaß.
Kurzum ällas ischt em Element
no hots dia Megserei gau gschwend.
Brüha, schaba noch hengt ma se auf
sche magr komt se wirklich raus.
S'Rauchfloisch, d'Schnitzl, ällas duat ma sortiera
Schpackschneida ond da Wuschttoig probiera.
An Riesekessl Kraut hot d'Muatr na dau
jo ond an Haufa Kesselschpack braucht ma au.
Dr Vattr led da Karle zom assa ei
dr Herbe, dr Conne, dr Albert ond dr Josef, send au drbei.
Bis dia kommat ischt schau s'smeischte gschaffat
no weat amol früher Feirobad gmacht.
S'Floisch en d'Gfriere doa – ond d'Wuscht vrsorga
des ka ma sowieso eischt Morga.
Dr Karle hot a frischbachas Brot vo seira Frau drbei
des schneid ma auf ond duats au noch nei.
Jetzt sottatr sea wia dia älle assat
ond sich vo gar nicht störa lassat.
Natürlich hollat ma a Möschtle rauf
ond a Vrtoilrschnäpsle oba drauf.
Spätr hollat ma de frisch Wuscht no rei
dr Megsr seit, fraissat dia Sau doch glei.
Doch do machat mir eis gar nichts draus
wennse gassa ischt, hollat ma wiedr oine raus.
Denn des sagat ihr doch au
oi Fraid daf au dr Baur hau.

Rita Fritz

Schweinesteak mit Rosmarin

Zutaten:

4 dicke Schweinesteaks
1/2 Teel. Salz
1/2 Teel. Knoblauchsalz
4 kl. Scheiben gekochter Schinken
4 gleichgroße, dünne Käsescheibchen, 1 Teel. Rosmarin
1 gestr. Essl. Mehl, 2 Eier
4 gestr. Essl. geriebener Käse
1 gestr. Teel. Paprikapulver
50 g Butter

Die Steaks vom Fleischer nicht klopfen lassen, damit Sie einen Mittelschnitt bis zur Hälfte jedes Steaks anbringen können. Das taschenartige Steak nun aufklappen, Salz und Knoblauchsalz dünn einstreuen, je eine Scheibe Schinken und Käse aufeinandergelegt einschieben und dazu etwas zerriebenen Rosmarin. Dann das Steak wieder in seine ursprüngliche Form bringen. Das Mehl, die Eier und den geriebenen Käse zu einer Paste verrühren, Paprikapulver zusetzen und, wenn diese Paste zu dicklich werden sollte, mit etwas Wasser sämig machen. Darin die Steaks wenden, so daß sie mit einer Teigkruste versehen sind, und in der Butterpfanne bei kleiner Hitze goldbraun backen. Wenn die Hitze zu groß ist, bräunt die Außenseite zu schnell und das Fleisch bleibt halbgar. Die Bratzeit beträgt etwa 12 Minuten.

Dazu passen: Blumenkohl, Schwarzwurzeln, Spargel, Bratkartoffeln und italienischer Rotwein

Man kann den Weg
vom Herzen zum Kopf
auch ohne Landkarte finden.

Feine Fleischtorte

Zutaten:

Für 6–8 Personen
Pastetenteig:
350 g Mehl, 150 g Butter
1 Teel. Salz, 5 Essl. Wasser, 1 Ei
Füllung:
500 g Hackfleisch (Schweine-, Kalb- oder Rind), 1 Ei, 1 Brötchen
250 g Brät, 100 g Sahne, Salz
Pfeffer, Muskatnuss, 1 Zwiebel
70 g Speck, 1–2 gelbe Rüben
1 kl. Stange Lauch, Petersilie

Aus den Zutaten für den Teig einen Mürbteig kneten und mit 2/3 der Teigmasse eine Springform oder Kastenform auslegen (Springform – 3 cm Rand), kalt stellen.
Für die Füllung Speck kleinschneiden, auslassen und kleingeschnittene Zwiebel und Gemüse dazugeben und kurz mitdünsten.
Hackfleisch mit Brät, eingeweichtem Brötchen, Sahne, Ei und Gewürzen verkneten und abgekühlte Speck-Gemüsemasse dazugeben.
Füllung auf Mürbteig streichen. Den restlichen Teig in der Größe der Springform ausrollen (2 kleine Löcher ausstechen) und auf die Füllung legen. Mit Eigelb bestreichen, evtl. mit Teigresten verzieren. Bei 200° C 60 Minuten backen.

Rahmgeschnetzeltes vom Schwein

Zutaten:

500 g mageres Schweinefleisch
1–2 Essl. Fett, Salz, Pfeffer
1 Zwiebel
1 gestr. Teel. Paprika und Curry
50 g Sahne, 1 Essl. Bratensoße
4 Scheiben Ananas o. Äpfel
4–6 Birnen aus der Dose
evtl. etwas Weißwein

Fleisch in kleine Würfel schneiden und würzen. In heißem Fett anbraten. Bevor es ganz fertig ist, wird die feingeschnittene Zwiebel dazugegeben und glasig gedünstet. Dann löscht man mit Wasser ab, bindet mit der Bratensoße und gibt die Sahne dazu.

Zum Schluß werden die kleingeschnittenen Früchte dazugegeben und zum Verfeinern wird die Soße mit Fruchtsaft oder Weißwein abgeschmeckt.
Dazu kann man Reis, verfeinert mit gerösteten Mandelplättchen oder, wenn's kerniger sein soll, Vollkornreis reichen.

Saure Schweinenieren

Zutaten:

250 g Schweinenieren
30 g Fett, 1 Essl. Bratensoße
Salz, Pfeffer, 1 Schuß Essig
1 Zwiebel, 1 Essl. Butter

Die Nieren nach dem Wässern in Scheiben schneiden und in gut heißem Fett in der Pfanne kurz anbraten. Mit Salz und Pfeffer würzen. Bratensoße in einer Tasse Wasser auflösen und zu den Nieren geben. Essig nach Geschmack hinzufügen, nun die in Scheiben geschnittene Zwiebel in Butter rösten und über die Nieren geben.

Dazu reicht man Spätzle und Salat.

Gefüllte Schweineröllchen

Zutaten:

Für 4 Personen:
8 Schweineschnitzel
(aus der oberen Schale á 75 g)
Pfeffer aus der Mühle
200 g Blattspinat, 1 Zwiebel
Salz, Pfeffer, 200 g Bratwurstbrät
100 g Champignon
20 g Butterschmalz
1 Knoblauchzehe
1/8 l Weißwein, trocken
150 g Sahne
abgeriebene Schale einer
unbehandelten Zitrone

Schweineschnitzel auf einem Küchenbrett nebeneinanderlegen, mit Pfeffer würzen. Spinat waschen, kurz in heißem Wasser blanchieren und auf die Schnitzel verteilen. Zwiebeln schälen, halbieren und in Streifen schneiden. Auf den Spinat geben, mit Salz und Pfeffer ein wenig würzen. Bratwurstbrät in 8 Portionen teilen, jeweils flachdrücken und auf die Zwiebel-Spinat-Füllung legen. Schnitzel der Länge nach aufrollen, mit Rouladennadeln oder Klammern zusammenhalten.

Champignon putzen und in Scheiben schneiden. Fett in einer Pfanne erhitzen und mit abgezogener Knoblauchzehe ausreiben. Schweineröllchen darin rundherum anbraten, mit Weißwein ablöschen und ca. 40 Minuten bei 175° C schmoren. 10 Minuten vor Ende der Garzeit die Champignons zugeben und garziehen. Nach und nach Sahne angießen, mit abgeriebener Zitronenschale und etwas Zitronensaft würzen.
Dazu: Spätzle oder Sahnekartoffeln.

Schwäbischer Salat

Zutaten:

200 g Ochsenmaulsalat
200 g Fleischsalat
200 g Schwarzwurst
200 g Weißer Schwartenmagen (Preßsack)
200 g Emmentaler Käse
1 Zwiebel, Schnittlauch, Öl
Kräuteressig, Senf, Knoblauch
Salz, Pfeffer, Zucker

Wurst und Käse in kleine Streifen schneiden bzw. würfeln. Gut mischen. Gewürze nach Belieben unterrühren.

Schafherde

Wachholderheide

D'Ährafalder dia send leer,
d'r Wend blosat übr d'Stoppla her.
Mancher Bauer ackrat schau,
do ischt d'Landschaft öd ond brau.
Ganz dussa, mos suchst it vil geit,
Wachholder a deam Hang dem Stilla,
dr Hemmel wölbt sich drüber weit,
dand Schof da Honger stilla.
Ganz riabig stoht der Schäfer do,
ond batet leise vor sich na.

Am ganza Hang send d'Schof vrstrait,
mit ihram schena weißa Kloid.
Drzwischa staud Wachholderbüsch,
stachlig, ruppig, jedr Wisch.
Bloe Beerla kascht erkenna,
stolz schtaudse en dr Äagat denna.
Uff dr Alb lautse johraus, johrei,
Hoimat, oifach Hoimat sei.

Rita Fritz

Kasseler mit Sauerkraut

Zutaten:

750 g geräucherter Kasseler Rippenspeer mit Knochen
1 Möhre, 2 Zwiebeln
1 Lorbeerblatt, 2 Pfefferkörner
2 Äpfel, 2 Essl. Schmalz
3 Tassen Sauerkraut, Salz
2 Tassen Bouillon
1 Tasse herber Rotwein
1 Tasse saure Sahne
1 gestr. Teel. Speisestärke
Pfeffer

Das Fleisch mit der Fettseite nach unten in eine Bratenpfanne legen. Die Möhre schaben und die Zwiebeln schälen. 2 Tassen heißes Wasser über das Fleisch gießen. Das Lorbeerblatt, 1 Zwiebel, die Pfefferkörner und die Möhre zufügen. Die Pfanne in den auf 220° C vorgeheizten Backofen stellen. Das Fleisch 30 Minuten braten, dann umdrehen und weitere 30 Minuten braten. In der Zwischenzeit die zweite Zwiebel würfeln. Die Äpfel schälen, vom Kerngehäuse befreien und in feine Scheiben schneiden. Das Schmalz in einem Topf zerlassen. Das Sauerkraut und die Zwiebelwürfel in dem heißen Fett anbraten. Die Apfelscheiben, 1/2 Teel. Salz und die Bouillon zufügen. Das Kraut zugedeckt bei mäßiger Hitze 30-40 Minuten garen. Das Fleisch aus der Pfanne nehmen und warm stellen. Den Bratenfond mit dem Rotwein lösen und durchsieben. Die saure Sahne mit der Speisestärke verrühren und die Sauce damit binden. Mit Salz und Pfeffer abschmecken.

Martinsbrezel

Zutaten:

1 kg Mehl, 10 g Salz, 50 g Zucker
40 g Butter, 2 Eier
1/2 Würfel Hefe
1 gute Tasse lauwarme Milch

Alle Zutaten gut und kräftig durchkneten, den Teig 10 Minuten ruhen lassen, in etwa 120 g schwere und 40 cm lange Stücke formen.
Zur Brezel schlingen und auf ein gefettetes Blech legen. Nochmals 15 Minuten gehen lassen, mit Eigelb bestreichen und mit etwas Hagelzucker bestreuen.
Bei 180° C etwa 15 Minuten backen.

Martinsgans

Zutaten:

1 junge Gans, 1 Zwiebel
Pfeffer, Salz, Beifuß
etwas Mehl
1-2 Essl. saure Sahne
Füllung:
4 gr. säuerliche Äpfel
50 g Korinthen
50 g gehackte Mandeln
1 Essl. Zucker

Die ausgenommene, gewaschene und abgetrocknete Gans von innen und außen gut mit Pfeffer, Salz und Beifuß einreiben. Äpfel schälen und vierteln, mit den Korinthen, Mandeln und Zucker vermengen und die Gans damit füllen. Zunähen, Flügel und Keulen mit Zwirnfaden festbinden. Die Gans mit der Brust nach unten in den Bräter legen, eine gute Tasse Wasser und die halbierte Zwiebel dazugeben und in den Backofen schieben. Die Gans etwa 40–50 Min. braten, das Geflügel drehen, nach Bedarf 1–2 Tassen heißes Wasser dazugeben und weitere 1–2 Stunden (je nach Größe) braten. Während der Bratzeit die Gans wiederholt mit dem Bratenfond begießen. Die fertige Gans tranchieren und warm stellen. Die Füllung wird als Beilage gereicht..
Zur Soße den Bratenfond, wenn nötig, entfetten, mit knapp 1/4 l Wasser ablöschen, aufkochen, mit Mehl binden. Mit Salz, Pfeffer und Beifuß nachwürzen und zum Schluß.1-2 Essl. saure Sahne darunterziehen.

Fruchtige Gänsekeulen

Zutaten:

75 g getrocknete Pflaumen
75 g getrocknete Aprikosen
4 Gänsekeulen à 400 g
Salz, Pfeffer, Majoran
2 Essl. Öl, 1 Zwiebel
3/8 l trockener Weißwein
75 g Creme fraîche, 1 Prise Zucker

Backobst in Wasser einweichen. Keulen würzen und in heißem Öl anbraten, herausnehmen. Bis auf einen kleinen Rest Bratfett weggießen. Zwiebel darin anbräunen, Keulen zugeben und mit Wein ablöschen. 1 Std. zugedeckt schmoren lassen. Danach abgetropftes Backobst zufügen und weiter 1 Std. schmoren. Bratenfond nochmals entfetten, mit Sahne aufkochen und binden, abschmecken.

Mit einigen Rumtopffrüchten und Reis oder Nudeln servieren.

Gans mit Äpfeln

Zutaten:

(Für 4 Personen):
1 kleine Gans, 1 Prise Salz
1 Glas Apfelwein, 1 Strauß Beifuß
4 Äpfel, 2 Essl. Butter
etwas Zitronensaft
125 g Gänseleber,125 g Steinpilze
Pfeffer, 4 Tomaten, 50 g Butter

Gans salzen, Haut einstechen, braten, Beifuß und Apfelwein hinzugeben, 2-2 1/2 Stunden rösten. Nach dem Erkalten in Portionen schneiden, in Butter dünsten, Zitrone dazu. Gänsefleisch auf Äpfeln anrichten. Gänseleber und Steinpilze dünsten, würzen, in Tomatenhälften anrichten.

Ente – Heiligkreuztaler Art

Zutaten:

(Für 6-8 Personen):
1 junge Ente, etwa 2500 g
Salz, weißer Pfeffer,
gemahlener Majoran
nach Belieben Weißwein

Die Ente mit dem Salz, Pfeffer und Majoran einreiben und auf ein Backblech legen, mit der Brust nach unten in den Ofen schieben und mit 1/8 l Wasser ablöschen. Nach 30 Minuten die Ente auf den Rücken drehen und öfters mit dem eigenen Saft übergießen. Eventuell dazu etwas Weißwein nachgießen. Wenn die gewünschte Bräune erreicht ist, die Ente mit Alufolie abdecken und kurz vor dem Herausnehmen wieder entfernen. Nach dem Ausbacken knusprig braun servieren.

Holzbackofen:
Auf 230° C heizen, Ente 100 Minuten backen.

Elektro-Steinbackofen:
Oberhitze auf 230° C, Unterhitze auf 200° C heizen. Ofen ausschalten, Ente einschieben, 100 Minuten backen.

Saucenvorschlag:
Fond aus dem Backblech.

Beilagenvorschlag:
Serviettenknödel und Rotkraut.

Martinsente

Zutaten:

1 fleischige Jungente
100 g Butter, 1 Essl. Cognac
1 Teel. Majoran
1 Msp. gemahlener Kümmel
Zur Füllung
Entenleber, 1 Brötchen
125 g fein geschnittener Speck
100 g Sardellenfilets
einige Stiele von Steinpilzen
je 1 Msp. Muskat und Thymian
2 Lorbeerblätter

Die bratfertig hergerichtete Ente wird innen mit Salz, Majoran und Kümmel eingerieben. Dann die Füllung vermengen aus Entenleber, dem aufgeweichten Brötchen, Speck, Sardellenfilets, Steinpilzstielen und, den restlichen Gewürzen und hineingeben.
100 g Butter im Bratentopf zerlaufen lassen und die Ente bei geöffneter Pfanne von allen Seiten ein wenig anbraten. Erst jetzt auf die Brustseite legen und bei geschlossenem Topf eine Viertelstunde bei mittlerer Hitze braten (170° C). Dann die Ente wenden, mit dem Bratensaft übergießen und auf der anderen Seite weitere 15 Minuten braten.
Nochmals begießen, wieder umdrehen. Diese Prozedur sollte mehrmals wiederholt werden, bis ein leichter Druck auf die Schenkel zeigt, daß sie gar ist. Zum Schluß wird die Ente von allen Seiten mit Cognac bepinselt und ein letztes Mal für wenige Minuten ins Rohr geschoben.

Als Beilagen werden Rotkraut und Salzkartoffeln gereicht.

Sankt Martin ist ein harter Mann
für den, der nicht bezahlen kann.

Gefüllter Saumagen

Zutaten:

1 Saumagen
Salz
500 g Hackfleisch, 250 g Brät
2 Eier, Salz, Pfeffer, Muskat
1 Prise Paprika, 2 Essl. Mehl
2 Essl. Mutschelmehl
1 alte Semmel, Petersilie
1 gr. Zwiebel, 1 Essl. Fett

Zwiebel und Petersilie klein schneiden und im Fett glasig dünsten. Eingeweichte Semmel ausdrücken, mit den gesamten Zutaten einen Fleischteig herstellen und gut durcharbeiten. Pikant würzen.
Der Saumagen wird mit Salz gut gereinigt, gewaschen, mit dem Fleischteig nicht zu prall gefüllt und zugebunden. Er wird etwa 2 Stunden im Salzwasser gekocht (Sicomatic 1 Std.).
Der erkaltete Saumagen wird in Scheiben geschnitten und diese von beiden Seiten angebraten.
Man kann auch den ganzen Saumagen im Backofen noch etwa 1 Stunde von allen Seiten knusprig braten.

Kraut eischneida

'S Vieh ghört vo dr Woid rei en Stall
ond s'Kraut en's Faß'nei om St. Gall!
Mit de Krautsköpf, dick ond kugelrond
füll d'Standa – Sauerkraut isch g'sond
ond schmeckt au guat, kalt oder warm,
s'hot vill Vitamin ond schützt da Darm,
bei Verdauungsproblem hilft Sauerkraut,
s'isch grad a Fraid, wia's oin durehaut.
Nemm Faß, Stampfer ond Krauthobel her,
dea Wentervorrat macha ischt it schwer,
a Standa voll Kraut ond ebbes em Kamee,
dr Wenter ka komma mit Eis ond Schnee.
Bei Honger ond Kälte dure nix bessers kenna,
als en Krauthafa, wo suttret em Ofa denna.

Wissenswertes. Der hohe Gehalt an Vitamin C in Sauerkraut erreichte schon vor Jahrhunderten historische Bedeutung, als man entdeckte, daß man damit Skorbut, auch „Pest der Meere genannt", vermeiden konnte. Vorher wurde oft die Hälfte der Mannschaft auf Schiffen von Skorbut dahingerafft. Im 17. Jahrhundert wurde bei der deutschen und englischen Marine Vorschrift, große Mengen von Sauerkraut-Fässern mitzuführen, um die Mannschaft gesund zu erhalten. Der hohe Vitamin-C-Gehalt hilft bei Frühjahrsmüdigkeit. Es sind viele Vitalstoffe, wie Vitamin A, B1, B2, B12, D, E und K enthalten.

Hanna Nuber

Sauerkraut: 40 kg Weißkraut – 200 g Salz – Wacholderbeeren – Kümmel
Das geputzte, von den Strünken befreite und fein gehobelte Kraut wird lagenweise in den Gärtopf geschichtet, mit etwas Salz vermischt und mit einem Holzstampfer fest eingestampft. Dazwischen streut man die Gewürze. Zum Schluß wird ein Leinentuch daraufgelegt, darüber ein Holzbrettchen und das Ganze mit einem sauberen Granitstein beschwert. Das Tuch muß öfters ausgewaschen werden.

Sauerkraut mit Molke oder Weinkraut: 25 kg Kraut – 150 g Salz – 1/2 l Buttermilch oder Molke – Wacholderbeeren – Kümmel – Dill
Das feingehobelte Kraut in Lagen gut einstampfen, bis Zellsaft über Beschwerungsstein steht. Zugießen von abgekochtem Salzwasser (1 Ltr./15 g Salz) bzw. etwas Molke möglich.
Weinkraut wird auf die gleiche Weise hergestellt, statt Molke wird jedoch 1 Ltr. naturreiner Weißwein zugegeben. Genussreife nach ca. 4–6 Wochen.

Schupfnudeln mit Kraut (Buabaspitzla): 1 Pfund Mehl – 1 Teel. Salz – und ca. 3/8 Ltr. Wasser zu einem festen Nudelteig verarbeiten. Kleine Teigstücke nehmen und mit der Hand Nudeln von ca. 5 cm Länge formen (schupfen). Die Nudeln sollen in der Mitte dicker sein und an den Enden spitz zulaufen. Nachdem sie auf dem Nudelbrett eine Weile abgetrocknet sind, werden sie in Salzwasser gargekocht und mit Sauerkraut in heißem Schmalz gut angebraten.

Krautkrapfen: Einen Nudelteig bereiten und dünn auswellen. 1 Pfund Sauerkraut mit einer gehackten Zwiebel und 150 g geräuchten Bauchspeckwürfeln dünsten, nach dem Auskühlen auf dem Nudelteig verteilen, diesen aufrollen, ca. 5 cm dicke Stücke schneiden und in heißem Fett anbraten. Mit 1/4 l Wasser aufgießen, etwas salzen und bei geschlossenem Topf ca. 20 Minuten köcheln lassen, bis eine Kruste an den Krapfen entsteht. Vor dem Servieren mit Butter und Zwiebeln abschmälzen.

Zutaten:

Teig:
1 Paket tiefgefrorener Blätterteig oder Quarkblätterteig
Fülle:
400 g Hackfleisch, 2 Essl. Ketchup
Salz, Pfeffer
1 feingeschnittene Zwiebel
200 g grünen und roten Paprika
2 Eier, 60 g Camenbert

Hackfleischpastete

Hackfleischmasse herstellen, auf die Teigplatte streichen. Paprika und Käse darüberstreuen, Platte aufrollen. Nun die Hackfleischrolle auf ein nasses Blech setzen, oben im Abstand von 2–3 cm einschneiden, mit Eigelb bestreichen und im vorgeheizten Ofen bei 240° C etwa 1/2 Stunde backen.

Um Martin (11. November)
schlachtet der Bauer sein Schwein.
Das muß bis zu Lichtmeß (2. Februar)
gegessen sein.

Zutaten:

1 Lende, 1 kl. Zwiebel
1 Dose Pilze, 1 Be. Schmand
1/8 l Rotwein

Lendchen „Jägerin"

Lende in 3–4 cm große Stücke schneiden, leicht klopfen und gut würzen mit Bratengewürz. Fett in der Pfanne erhitzen und die Lendchen gut anbraten. Lendchen auf einen Teller geben und die gewürfelte Zwiebel in das Fett geben, mit Rotwein ablöschen. Pilze und Lendchen zugeben und ca. 10–15 Minuten leicht köcheln lassen und die Soße mit Schmand oder Sahne abschmecken.

Beilagen: Spätzle oder gebutterte Bandnudeln oder Reis, feines Gemüse und Salate.

Zutaten:

300 g mageres Kalbshackfleisch
120 g Zwiebel, in Würfel geschnitten
1 Knoblauchzehe, gehackt,
1 Essl. Öl, 1 Teel. Butter
2 Brötchen ohne Rinde
1/8 l Milch
3 Essl. Kürbiskerne, geröstet und gehackt, 2 Eigelb, 1 Ei
Salz, Pfeffer, Muskat
1 Essl. Petersilie, gehackt

Hackfleischklößchen

Das Hackfleisch in eine Schüssel geben. Zwiebelwürfel und gehackten Knoblauch in heißem Öl mit Butter in einer Pfanne glasig dünsten, auskühlen lassen und zu dem Hackfleisch geben. Die Brötchen ohne Rinde in grobe Würfel schneiden und in warmer Milch einweichen. Dann zerdrücken und zu dem Hackfleisch geben. Nun die gehackten Kürbiskerne, das Eigelb und das Ei ebenfalls zu dem Hackfleisch geben, vermischen und mit Salz, Pfeffer und Muskat abschmecken. Zum Schluß die gehackte Petersilie unterrühren. Aus der Masse kleine Klößchen formen, auf einen Teller legen und im Kühlschrank kurz ziehen lassen.
Anschließend die Klößchen in reichlich Salzwasser langsam ca. 10 Minuten köcheln lassen, herausnehmen und als Einlage in der Kohlrabischaumsuppe servieren.

Lebkuchen von Kunsthonig

Zutaten:

500 g Kunsthonig
250 g Zucker, 125 g Orangeat
125 g Zitronat
200 g geriebene Nüsse oder Mandeln, 20 g Zimt, 10 g Nelken
3 Eier, 1/4 l Milch, 750 g Mehl
1 1/2 Pack. Backpulver
Zur Glasur:
250 g Puderzucker, Zitronensaft

Kunsthonig auf warmer Platte zergehen lassen, dann alle Zutaten beigeben. Eier mit Milch schlagen, unterrühren. Zuletzt das Mehl mit Backpulver beimengen. Etwa 1 cm dick aufs Blech streichen. Bei 200° C etwa 20 Minuten backen. Noch heiß nach Belieben schneiden und gleich glasieren.

Regnet's an Sankt Nikolaus
wird der Winter streng und graus

Hefe-Nikoläuse

Zutaten:

500 g Mehl, 1/8 l warme Milch
80 g Fett, 60 g Zucker, 2 Eier
1 Würfel Hefe, 1 Prise Salz
etwas Zitronensaft
Eigelb zum Bestreichen

Aus den Zutaten einen Hefeteig herstellen und in ungefähr 80-100 g Stücke teilen. Die Teigteile länglich formen und einen Kopf (evtl. Mütze) einkerben. Körper flachdrücken, mit Messer links und rechts Arme einschneiden, unten Beine einschneiden und die Teile etwas rund formen.
Augen und Knöpfe aus Rosinen anbringen. Nach Belieben eine Rute in den Arm stecken und mit Eigelb bestreichen.
Bei mittlerer Hitze backen.

Adventszopf

Zutaten:

450 g Mehl, 1 Würfel Hefe
1/4 l saure Sahne, 100 g Butter
50 g Zucker, 1-2 Eier
50 g Rosinen, 1 Essl. Rum
100 g gehackte Mandeln
Zum Bestreuen:
1 Eigelb, Mandelblättchen

Die zerbröckelte Hefe in etwas erwärmter Sahne und einer Prise Zucker gehen lassen, das Mehl in eine Schüssel geben, eine Vertiefung machen, den Vorteig hineingeben, mit Mehl bedecken und in der Wärme zugedeckt 1/2 Stunde gehen lassen.
Butter, Zucker, Eier, Rum, Rosinen und die Mandeln zusammenarbeiten, mit der restlichen Sahne unter das Mehl mengen und gut durchkneten. Drei Würste formen, die zu einem geraden oder runden Zopf zusammengeflochten werden.
Diesen nochmals etwa 30 Minuten auf dem Backblech gehen lassen, mit Eigelb bestreichen und mit Mandelblättchen bestreuen.

Im vorgeheizten Rohr bei 200 Grad ungefähr 40 Minuten backen.

Echter Heidesand

Zutaten:

200 g Butter, 100 g Puderzucker
50 g Marzipan-Rohmasse
1 Teel. Vanillinzucker
abgeriebene Schale
einer 1/2 Zitrone, 250 g Mehl
1 Eigelb, 1 Tasse Zucker

Die möglichst weiche Butter mit dem Puderzucker, dem Marzipan, dem Vanillinzucker und der Zitronenschale verrühren. Das Mehl über die Buttermasse sieben und unterkneten. Aus dem Teig gleich große Rollen von ca. 5 cm formen, die Rollen in Alufolie wickeln und über Nacht im Kühlschrank ruhen lassen. Die gekühlten Teigstangen mit dem verquirlten Eigelb bestreichen und im Zucker rollen. 1/2 cm dicke Scheiben abschneiden und auf ein gefettetes Backblech legen.
Backzeit: ca. 10-15 Minuten bei 190° C.

Zündholz und Kerze

Es kam der Tag, da sagte das Zündholz zur Kerze: „Ich habe den Auftrag, dich anzuzünden." „Oh, nein", erschrak die Kerze, „nur das nicht. Wenn ich brenne, sind meine Tage gezählt. Niemand mehr wird meine Schönheit bewundern." „Das heißt, du willst ein Leben lang kalt und hart bleiben, ohne zuvor gelebt zu haben?" fragte das Zündholz. „Aber brennen tut doch weh und zehrt an meinen Kräften", flüsterte die Kerze unsicher und voller Angst.
„Es ist wahr", entgegnete das Zündholz. „Aber das ist doch das Geheimnis unserer Berufung: Wir sind berufen, Licht zu sein. Was ich tun kann, ist wenig. Zünde ich dich aber nicht an, so verpasse ich den Sinn meines Lebens. Ich bin dafür, Feuer zu entfachen. Du bist eine Kerze. Du sollst für andere leuchten und Wärme schenken. Alles, was du an Schmerz und Leid und Kraft hingibst, wird verwandelt in Licht. Du geht nicht verloren, wenn du dich verzehrst. Andere werden dein Feuer weitertragen. Nur wenn du dich versagst, wirst du sterben."
Da spitzte die Kerze ihren Docht und sprach voller Erwartung: „Ich bitte dich, zünde mich an".

Schoko-Orangenplätzchen

Zutaten:

100 g kandierte Orangenschalen
100 g Mandelstifte, 150 g Zucker
50 g Honig, 150 g Creme-fraiche
60 g Mehl, Öl für das Blech
200 g Schokoladen-Kuvertüre

Die Orangenschalen in kleine Würfel schneiden und mit den Mandelstiften mischen. In einen Topf mit dickem Boden den Zucker, den Honig und Crème-fraîche geben. Das Ganze unter rühren 5 Minuten köcheln lassen. Jetzt Orangenwürfelchen, Mandelstifte und Mehl unterarbeiten. Kleine Häufchen mit einem Teelöffel auf das geölte Blech setzen und bei 200° C ca. 20 Minuten backen. Anschließend mit Schokoladen-Kuvertüre überziehen.

Orangenstäbchen

Zutaten:

200 g Marzipanrohmasse
250 g Margarine,
200 g Puderzucker
2 Pack. Vanillinzucker,2 Eier
2 Pack. Orange-back oder abgeriebene Schale von 3 Orangen
400 g Mehl, 100 g Stärkemehl
Aprikosenmarmelade oder Orangengelee, 100 g Schokoadenglasur

Marzipan, Fett, Puderzucker und Eier schaumig rühren. Marzipan vorher etwas zerkleinern, es muß sich auflösen. Die restlichen Zutaten dazugeben. Wenn der Teig zur fest ist, den Saft von 1-2 Orangen dazurühren. Ein Blech fetten. Den Teig in einen Spritzbeutel füllen. 3-4 cm lange Stangen spritzen. bei 175° C ca. 10 Minuten backen. Sofort vom Blech nehmen. Auf einem Rost auskühlen lassen. Dann immer zwei Stangen mit Aprikosenmarmelade oder Orangengelee zusammenkleben. Den Schokoguß auflösen, entweder bis zur Hälfte oder beide Enden eintauchen. Trocknen lassen. Die Stäbchen werden später sehr saftig.

Vanillekipferl „Großmutters Art"

Zutaten:

250 g Butter
140 g Mandeln
140 g Zucker
1 Päckchen Vanillinzucker
300 g Mehl

Die Butter schaumig rühren. Dann nach und nach den Zucker, die Mandeln und das Mehl zugeben. Die Masse verkneten. Mit der Hand kleine Hörnchen formen und bei 180° C ca. 10-15 Minuten backen. Etwas abkühlen lassen. In Vanillinzucker wenden.

Zutaten:

175 g Butter, 125 g Zucker
250 g feines Mehl, 3 Eiweiß
125 g feingeriebene Mandeln
1 ausgekratzte Vanillinschote
Schokoladenkuvertüre

Zartes Teebeäck

Butter und Zucker schaumig rühren. Mandeln, Eiweiß, Vanillin und Mehl einarbeiten. Mit einer Teigspritze verschiedene Formen auf ein mit Trennpapier belegtes Backblech spritzen. Bei mittlerer Hitze goldgelb backen. Nach Belieben mit Hilfe einer Pergamenttüte, der man eine kleine Spitze abgeschnitten hat, feine Streifen aus aufgelöster Kuvertüre spritzen.

Zutaten:

1 kg Honig, 125 g Zucker
2 Eier, 250 g Butter
125 g gehackte Mandeln
125 g Zitronat, 20 g Zimt
20 g Anis, 20 g Koriander
1 Messerspitze Muskatblüte
1 Messerspitze gemahlene Nelken
abger. Schale von 1 Apfelsine
abgeriebene Schale von 1 Zitrone,
1 1/2 kg Mehl
4 Päckchen Backpulver
ganze Mandeln zum Verzieren
Schokoladenguß oder Kuvertüre

Spitzkuchen

Den Honig auflösen. Alle Zutaten nacheinander dazugeben. Wenn der Teig abgekühlt ist, das Backpulver hinzufügen. Den mittelfesten Teig in 16 Teile teilen, auf 4 Backblechen in Rollen (längs) backen. Abkühlen lassen. Zuerst die Unterseiten mit Guß bestreichen. Nach dem Trocknen die Oberseite bestreichen und gleichmäßig mit ganzen Mandeln belegen. Dann in spitze Dreiecke schneiden und die Schnittkanten bestreichen. Die Spitzkuchen mindestens 14 Tage in einer Dose „reifen" lassen!

Zutaten:

125 g Butter
200 g gemahlene Mandeln
150 g Zucker
1 Prise Salz
4 Essl. Milch
20 g Mehl

Florentiner

Butter, Mandeln, Mehl, Salz und Zukker in einen Topf geben und mit Milch vermischen. Bei schwacher Hitze erwärmen und gut durchrühren. Ein gefettetes Backblech mit Backpapier auslegen, darauf mit 2 Teelöffeln kleine Häufchen geben und dabei darauf achten, daß genügend Platz zwischen den Häufchen bleibt, da die Plätzchen flach auseinander laufen.
Backzeit: ca. 10-12 Minuten bei 175° C.
Tipp: Florentiner können mit geschmolzener Schokolade glasiert werden.

Himbeersterne

Zutaten:

125 g Puderzucker
250 g Butter, 1 Eigelb
375 g Mehl
Himbeergelee

Alle Zutaten zu einem Mürbteig verarbeiten. Sterne ausstechen und auf ein gefettetes Blech legen.
Backzeit: ca. 10-15 Minuten bei 175° C.
Himbeergelee erhitzen, Sterne bestreichen und je 2 Sterne zusammensetzen und glasieren.

Glasur: 150 g Puderzucker, Zitronensaft.

Feine Hafercrossies

Zutaten:

200 g Vollmilchkuvertüre
10 g Butter
60 g gehackte Mandeln
1 Päck. Vanillinzucker
60 g knusprige Haferflaks

Vollmilchkuvertüre im Wasserbad zergehen lassen. In einer Pfanne Butter, Mandeln und Vanillinzucker goldbraun rösten und etwas abkühlen lassen. Haferflaks mit einer Küchenrolle zerkleinern und alle Zutaten mit der flüssigen Schokolade verrühren. Von der Schokoladenmasse mit zwei Teelöffeln kleine Häufchen auf ein Stück Pergamentpapier setzen und die Hafercrossies einige Stunden erstarren lassen.

Kokos-Kugeln

Zutaten:

200 g Kuvertüre
50 g Kokosfett, 75 Butter
75 g Puderzucker
50 g Kakao 1-2 Essl. Sahne
100 g fein gewürfeltes Orangeat
250 g Kokosraspeln

Kuvertüre, Kokosfett und Butter bei schwacher Hitze schmelzen und zu einer geschmeidigen Masse verrühren. Den gesiebten Puderzucker und Kakao sowie die restlichen Zutaten untermischen. Aus der erkalteten Masse Kugeln formen und in Schokostreuseln oder in bunten Streuseln wenden.

Nougatringe

Zutaten:

Teig:
150 g Butter, 210 g Mehl
100 g Zucker, 1 Päck. Vanillezucker
4 Essl. süße Sahne
Nougatcreme:
150 g grob gehackte Haselnüsse
160 g weiche Butter
360 g weicher dunkler Nougat
1 Päck. Orange-back
Glasur:
ca. 500 g Vollmilchkuvertüre
Zum Verzieren:
40 g weiße Schokolade
1-2 Tropfen Wasser

Aus den genannten Zutaten einen Mürbeteig herstellen, kaltstellen, ausrollen und Ringe ausstechen, für die Plätzchen ca. 5 cm Ø, zur Kaffeetafel ca. 7–8 cm. Auf einem gefetteten Backblech bei ca. 180° C hellgelb backen. Auskühlen lassen.
Für die Nougatcreme die Haselnüsse in einer heißen Pfanne hellbraun anrösten. Butter, Nougat und Orange-back schaumig schlagen, bis eine spritzfähige Masse entstanden ist. In einen Spritzbeutel mit Lochtülle füllen und auf die Unterseite der Ringe spritzen. Die abgekühlten Haselnüsse darüberstreuen, leicht andrücken, kühl stellen. Für die Glasur die Kuvertüre schmelzen und die Nougatringe damit überziehen (oder die Ringe mit einer Gabel eintauchen). Abtropfen lassen und auf Pergamentpapier zum Trocknen legen.
Die weiße Schokolade im Wasserbad schmelzen, mit dem Wasser glattrühren und in ein kleines Pergamentpapiertütchen füllen. Eine winzige Spitze abschneiden und die Ringe mit feinen weißen Schokoladelinien verzieren.
Die Ringe sind sehr gut auf Vorrat herzustellen und halten sich frisch in einer Dose verpackt
etwa 8–10 Wochen. In einem kühlen Raum aufbewahren.
Anmerkung der Redaktion: Wenn der Teig zu weich ist, kleine Kugeln formen und mit der Gabel flach drücken.

Ischler

Zutaten:

500 g Mehl, 200 g Zucker
200 g gemahlene Haselnüsse
375 g Butter oder Margarine
2 Eigelb, etwas Rum
säuerliche Marmelade oder Gelee
(am besten Johannisbeergelee)

Den Teig zusammenkneten und ca. 1 Std. kaltstellen. Dann den Teig dünn ausrollen und kleine Kreise ausstechen. Ca. 10–15 Minuten bei 150° C im Heißluftherd backen. (175°C im herkömmlichen Herd).
Noch heiß mit säuerlicher Marmelade bestreichen und 2 Kreise (Ischler) zusammensetzen. Wenn erkaltet, mit Schokoladenglasur bepinseln.
Man kann auch noch gehackte Pistazien darauf streuen.

Linzer Plätzchen

Zutaten:

210 g Butter (keine Margarine, der Teig wird damit nicht fest genug)
170 g Mehl
100 g feiner Grießzucker
100 g ungesch. geriebene Mandeln
1 Prise Nelken, 1 Teel. Zimt
Marmelade zum Füllen
halbierte Nüsse zum Verzieren

Einen gebröselten Mürbeteig herstellen und kaltstellen. Gut messerrückendick auswellen und wieder kaltstellen. Runde Plätzchen ausstechen. Bei Mittelhitze vorsichtig backen, je zwei Plätzchen mit Marmelade aufeinandersetzen, mit Schokoladenglasur überziehen und mit halbierten Haselnüssen verzieren.
Die Plätzchen schmecken gut gekühlt am besten.

Gefüllte Kakaoplätzchen

Zutaten:

250 g Mehl
50 g Speisestärke
1 Teel. Backpulver
1 gehäufter Essl. Kakao
125 g Zucker
2 Tr. Bittermandelöl
1 Ei, 1 Essl. Milch
125 g Margarine
Für die Füllung:
125 g Kokosfett, 65 g Zucker
1 Päck. Vanillezucker
1 Teel. Kakao
einige Tropfen Rum-Aroma
1 Ei, 1 Essl. starker Bohnenkaffee
50 g gemahlene Mandeln
Für den Guß:
100 g Puderzucker
1-2 Essl. heißer, starker Bohnenkaffee
2 Essl. zerlassene Butter

Mehl, Speisestärke, Backpulver und Kakao mischen und sieben. Zucker, Backöl, Ei, Milch und Margarine zugeben und alles zu einem Knetteig verarbeiten. Den Teig ausrollen, Plätzchen ausstechen und auf ein Backblech legen.

Backzeit: 10 Min. bei 200° C
Für die Füllung Kokosfett schmelzen und erkalten lassen. Restliche Zutaten zufügen und je zwei erkaltete Plätzchen mit der Füllung zusammensetzen.

Zutaten für den Guß verrühren und die Plätzchen damit bestreichen.

Ist Weihnachten kalt
kommt der Winter hart
und der Frühling bald

Zutaten:

160 g Butter, 4 Eier, 500 g Zucker
500 g Mehl, 60 g Kakao
1 1/2 Tassen Milch
1/2 Päck. Backpulver
200 g Puderzucker
100 g Schokolade, 200 g Butter
3 Essl. Wasser, 6 Essl. Rum
(250 g Kokosraspel)

Domino – Kokoswürfel

Butter, Eier und Zucker schaumig rühren, Mehl, Kakao, Milch und Backpulver unterheben. Auf großem Blech 20–30 Minuten bei 175° C backen. Nach dem Backen in Würfel schneiden. Puderzucker, Schokolade, Butter, Wasser und Rum zusammen aufkochen, die Würfel darin wenden und in Kokosraspel wälzen und trocknen lassen.

Ein guter Rat für Haus und Herd
ist oft zehn blanke Taler wert.

Zutaten:

200 g Butter, 100 g Zucker
4 Eigelb, 100 g Marzipan
abgeriebene Schale einer Zitrone und Orange, 250 g Mehl
Aprikosenmarmelade
Schokoladenglasur

Orangenstangen

Rührteig zubereiten, mit Spritzbeutel oder Fleischwolfaufsatz 3 cm lange Stangen oder Streifen aufs Blech spritzen und bei 175° C 20 Minuten backen. Mit Aprikosenmarmelade 2 Stangen zusammenkleben und die Enden in Schokoglasur tauchen.

Zutaten:

375 g Mehl, 120 g Zucker
200 g Butter oder Margarine
2 kl. Eier, 1 1/2 Teel. Backpulver
Für die Füllung:
200 g geriebene Mandeln
225 g Zucker
abgeriebene Schale einer Orange
Saft von 3 Orangen
Für die Glasur:
100 g Puderzucker
3 Essl. Orangensaft

Gefüllte Orangenschnitten

Die erstgenannten Zutaten zu einem gehackten Mürbeteig verarbeiten und einige Zeit kühl stellen. In der Zwischenzeit Mandeln mit Zucker und Orangenschale mischen und so viel Orangensaft zugeben, daß die Masse streichfähig wird. Teig in zwei Rechtecke ausrollen und eine Teigplatte auf ein gefettetes Backblech legen. Füllung darauf streichen und mit der zweiten Teigplatte abdecken. Ränder fest andrücken und die Oberfläche mit einer Gabel mehrmals einstechen.

Backzeit: ca. 20 Min. bei 200°C

Puderzucker mit Orangensaft verrühren und sofort auf den noch heißen Kuchen streichen.Das Gebäck nach ca. 5 Min. in kleine Streifen schneiden.

Duchesse

Zutaten:

4 Eiweiß
250 g Puderzucker
250 g geriebene Haselnüsse
30 g Speisestärke
30 g geschmolzene Butter
Nougatmasse
1-2 Essl. Sahne

Eiweiß zu festem Schnee schlagen. Puderzucker zufügen und weiterschlagen, bis eine steife, glänzende Masse entsteht. Nüsse und Speisestärke unterrühren und die abgekühlte Butter unterziehen. Den Teig in einen Spritzbeutel füllen und kleine Häufchen auf ein mit Backpapier belegtes Backblech spritzen.

Backzeit: ca. 15–20 Min. bei 160° C

Nougatmasse leicht erwärmen und die Sahne unterrühren. Kurz bevor die Masse wieder fest wird, je zwei Plätzchen mit dem Nougat zusammensetzen.

Fürstenschnitten

Zutaten:

250 g Mehl, 125 g Butter
100 g Zucker, 1 Ei, etwas Salz
Zimt, Zitrone, Vanille
Füllung: Himbeermarmelade
Belag:
200 g Marzipanrohmasse
250 g Butter, 250 g Zucker
Zitrone, Salz, 6 Eier, 130 g Mehl
130 g Mondamin
1/2 Päck. Backpulver
Staubzucker

Aus den angegebenen Zutaten einen Mürbteig herstellen, auswellen und ein Backblech damit belegen. Mit einer Gabel mehrmals einstechen.
Backzeit: ca. 10 Minuten bei 200° C.
Marzipan, Butter, Zucker und Aroma schaumig rühren, abwechsend die Eier, Mehl und Mondamin dazugeben. Den Mürbteigboden mit der Himbeermarmelade bestreichen. Den Belag daraufgeben und schön glatt streichen. Nochmals backen.
Backzeit: ca. 20 Minuten bei 180° C
Noch warm vom Blech abschieben und in Stücke schneiden. Leicht mit Staubzucker besieben.

Hefe – Butter – S

Zutaten:

500 g Butter
5 mittelgroße Eier
1/2 Würfel Hefe
Milch nach Bedarf (80–100 ml)
Mehl nach Bedarf (etwa 500 g)

Aus den Zutaten einen Hefeteig herstellen und gut durchkneten. Der Teig darf etwas klebrig sein, sollte sich aber von den Händen lösen. Eine halbe bis eine Stunde in einem Raum mit etwa 15° C Temperatur stehen lassen. Nun aus fingerdicken (kleiner Finger) Rollen schöne, gleich-mäßige S formen und in Hagelzucker mehrmals drehen. Auf gut gefettetem Backblech oder auch auf Backfolie bei 190° C backen. Etwas knusprig gebacken schmecken sie viel besser als noch weich! Die S dürfen nicht zu groß geformt werden, da sie durch die Hefe ja noch aufgehen.

Großmutters Lebkuchen

Zutaten:

500 g Kunsthonig
250 g Zucker, 2 Eier
1 abgeriebene Zitronenschale
2 Teel. Zimt
1/2 Teel. gemahlene Nelken
1 kl. Prise Muskat
100 g feingehacktes Orangeat
100 g gehackte Haselnüsse
1 kg Mehl, 2 Päck. Backpulver
Glasur:
250 g Puderzucker, Zitronensaft

Honig zerlassen, mit Zucker und Eiern gut verrühren. Die gesamten Zutaten dazugeben, das Mehl mit dem Backpulver mischen und alles gut und kräftig zusammenkneten. Teig etwa 1/2 cm dick auswellen und Lebkuchen ausschneiden.

Die Lebkuchen auf ein gefettetes Backblech legen und bei 200-225° C etwa 15 Min. backen.
Nach dem Backen sofort auf ein Gitter legen und noch heiß mit Glasur bestreichen.

Walnuss-Schnitten

Zutaten:

250 g Butter, 200 g Zucker
250 g Mehl
300 g gemahlene Walnüsse
4 Eier, 1 Päck. Vanillinzucker
3 Teel. Backpulver

Die weiche Butter, Zucker, Vanillinzucker und Eier schaumig rühren. Das Mehl mit dem Backpulver mischen und darunterheben. Anschließend die Walnüsse hinzugeben und zu einem glatten Teig verarbeiten. Die Teigmasse auf ein gefettetes Blech streichen und backen.
Backzeit: ca. 10-20 Minuten bei 200° C.
Anschließend mit einer Zuckerglasur überziehen, kleine Streifen schneiden und mit halben Nüssen garnieren.

Walnusstüten

Zutaten:

Teig:
250 g Mehl, 4 Eigelb
2 Essl. saure Sahne, 250 g Butter
Füllung:
250 g Walnusskerne, 4 Eiweiß
250 g Zucker

Einen glatten Mürbeteig kneten und etwa 35 Kugeln daraus formen. Über Nacht auf einem Brett, mit Alufolie abgedeckt, im Kühlschrank ruhen lassen. Auf bemehlter Unterlage dünn und rund (10 cm Ø) auswellen und halbieren. Den Backofen auf 180° C vorheizen. Die Walnüsse grob hacken. Das Eiweiß steif schlagen. Langsam den Zucker einrieseln lassen. Die Walnüsse unter die Creme heben. Auf die Mitte der Teigplatte jeweils ein Häufchen Füllung geben. Die Teigplatten zu Tüten zusammenrollen und auf ein mit Trennpapier ausgelegtes Backblech geben.

Etwa 20 Minuten backen.

Hausfreunde

Zutaten:

175 g Mehl, 75 g Mondamin
65 g Zucker, 1 Päck. Vanillezucker
1 Ei, 165 g Butter
beliebige Marmelade zum Bestreichen
200 g Marzipanrohmasse
150 g Puderzucker
Schokoladenglasur
Walnusshälften

Einen Mürbeteig herstellen, dünn ausrollen und runde Kekse von 4 cm ausstechen. Bei 220° C 5–8 Minuten backen. Nach dem Erkalten mit Marmelade bestreichen. Marzipanrohmasse mit dem Puderzucker verkneten und ebenfalls ausrollen. Mit der 4 cm Ø runden Form ausstechen, auf die mit Marmelade bestrichenen Kekse legen, mit aufgelöster Schokoladenglasur überziehen und je eine Walnusshälfte auflegen.

Reich oder arm,
das Schicksal findet bei jedem das Fleckerl heraus,
wo er kitzelig ist.

Kokoslebkuchen

Zutaten:

500 g Honig, 150 g Zucker, 2 Eier
125 g gemahlene Haselnüsse
750 g Mehl, 1 Päck. Backpulver
1 Päck. Lebkuchengewürz
125 g Orangeat, 125 g Zitronat
Für die Glasur:
250 g Kokosfett, 1 Ei
3 1/2 Essl. Zucker
1 Päck. Vanillezucker
3 1/2 Essl. Milch, 1 Essl. Kakao
1 Fläschchen Rum-Aroma
Kokosraspeln

Honig in einem Topf erwärmen bis er flüssig wird. Eier und Zucker schaumig rühren, gesiebtes Mehl mit Backpulver, Nüssen und Lebkuchengewürz und den abgekühlten Honig zugeben.
Orangeat und Zitronat sehr fein hacken und unterkneten. Den Teig auf einem mit Backpapier belegten Backblech ausrollen.

Backzeit: ca. 20–25 Min. bei 175° C

Das Gebäck auf einem Kuchengitter erkalten lassen und anschließend in Würfel schneiden. Für die Glasur Kokosfett bei geringer Hitze schmelzen. Eier, Zucker und Vanillezucker mischen. Kakao, Rum-Aroma und Milch zufügen und zuletzt Kokosfett unterrühren.

Die Lebkuchenwürfel mit einer Gabel in die Masse tauchen, in Kokosraspeln wenden und auf Pergamentpapier trocknen lassen.

Omas Spitzbuben

Zutaten:

400 g Mehl, 230 g Butter
200 g Zucker, 130 g Mandeln
1 Päck. Vanillezucker, 1 Ei
außerdem: Himbeermarmelade
Zucker

Aus den erstgenannten Zutaten einen Mürbteig herstellen, ausrollen, gezackte Plätzchen ausstechen (die größte von den Terrassenförmchen nehmen) und auf ein gefettetes Backblech legen.

Backzeit: ca. 15 Min. bei 180° C

Je zwei heiße Plätzchen mit Marmelade zusammensetzen und in Zucker wenden.

Quittenhütchen

Zutaten:

200 g Mehl, 50 g Speisestärke
1 gehäufter Teel. Backpulver
100 g Butter, 80 g Zucker
1 Ei, 1-2 Essl. Sauerrahm
außerdem: Quittengelee
Eigelb

Aus den erstgenannten Zutaten einen Mürbteig kneten, ausrollen und runde Plätzchen ausstechen. Mit einem Teelöffel etwas Quittengelee auf jedes Plätzchen setzen und den Rand an drei Stellen zusammendrücken, sodass ein Dreispitz entsteht. Die Plätzchen mit Eigelb bestreichen und hell backen.

Urgroßmutters Nussecken

Zutaten:

65 g Butter, 65 g Zucker
1 Essl. Vanillezucker, 1 Ei
150 g Mehl
1/2 Teel. Backpulver
1 Glas Aprikosenkonfitüre
100 g Butter
100 g Zucker
1 Eßl. Vanillezucker
200 g gehobelte Haselnüsse
Schokoladenglasur

Butter mit Zucker, Vanillezucker und Ei schaumig rühren. Mehl mit Backpulver sieben und unterrühren. Den Teig auf ein gefettetes Backblech geben und mit Aprikosenkonfitüre bestreichen. Butter, Zucker und Vanillezucker kurz aufkochen, Haselnüsse zufügen und die Masse auf die Konfitüre streichen. Das Gebäck noch heiß in Dreiecke schneiden, die beiden langen Ecken in Schokoladenglasur tauchen und trocknen lassen.
Backzeit: ca. 20 Minuten bei 180° C.

Schwäbische Zimthäufele

Zutaten:

250 g Zucker, 2 Eier
2 Eigelb, 15 g Zimt
250 g Mehl, Hagelzucker

Eier, Eigelb und Zucker schaumig rühren. Zimt zugeben und das gesiebte Mehl unterrühren. Den Teig mit einem Löffel als kleine „Häufele" auf ein gefettetes Backblech setzen und mit Hagelzucker bestreuen.

Backzeit: 15 Minuten bei 210° C

Tipp: Zimthäufele sollten frühzeitig gebacken werden, damit sie bis Weihnachten weich sind.

Schokoladenecken

Zutaten:

250 g gehärtetes Kokosfett
250 g Zucker
150 g geriebene Blockschokolade
1 Päck. Vanillezucker
4 mittelgroße Eier
rechteckige Oblaten

Kokosfett im Wasserbad schmelzen und Zucker, Vanillezucker, Ei und Schokolade abwechselnd unter ständigem Rühren zugeben. Die Masse erhitzen, bis alle Zutaten gelöst sind, danach bis zur Streichfähigkeit erkalten lassen. Eine Oblate dünn mit der Masse bestreichen und eine zweite Oblate aufsetzen. Den Vorgang wiederholen, bis 4–6 Lagen erreicht sind. Mit einem Brett beschweren und über Nacht kalt stellen. Am nächsten Tag mit einem scharfen Messer in Würfel, Dreiecke oder Rauten schneiden und kühl aufbewahren.

Schokoladenhäufchen mit Cornflakes

Zutaten:

200 g Milchschokolade
300 g Blockschokolade
25 g Kokosfett
1 Päck. Vanillezucker
200 g Cornflakes

Schokolade zerkleinern und in eine Schüssel geben. Kokosfett und Vanillezucker zugeben und alles im warmen Wasserbad schmelzen, anschließend abkühlen lassen. Cornflakes vorsichtig unter die noch flüssige Schokolade heben und die Masse als kleine Häufchen auf ein mit Backpapier belegtes Brett setzen. Im Kühlschrank oder Keller erstarren lassen und in einer Dose an einem kühlen Ort aufbewahren.

Springerle

Zutaten:

4 Eier, 500 g Puderzucker
500 g Mehl, 1 Essl. Rum
1 Prise Hirschhornsalz
1 Prise Salz
Butter für das Backblech
2 Essl. Anis zum Bestreuen

Eier und Puderzucker in etwa 20 Minuten gut schaumig rühren. Mit Mehl, dem in Rum aufgelösten Hirschhornsalz und dem Salz vermengt zu einem Teig kneten und diesen 1-2 Stunden ruhen lassen.

Auf der mit Mehl bestäubten Arbeitsfläche den Teig etwa 7 mm dick auswellen. Das bemehlte Springerlesmodel auf den Teig setzen und fest andrücken; so dicht an dicht fortfahren mit jeweils frisch bemehltem Model, bis die ganze Teigfläche bedruckt ist. Das eingefettete Backblech leicht mit Anis bestreuen. Die einzelnen Springerle von der Teigfläche abschneiden und mit dem Messer auf das Blech setzen. Mit einem Tuch bedeckt über Nacht trocknen lassen. Am nächsten Tag den Backofen auf 150° C vorheizen und dann die Springerle auf mittlerer Schiene etwa 25 Minuten backen, bis sie „Füßle" haben, also hoch gegangen sind. Damit die Springerle oben weiß bleiben, nach 15 Minuten mit Pergamentpapier abdecken.

Von fertigen Springerle das noch daraufsitzendes Mehl abpinseln und das Gebäck einige Tage in einem kühlen Raum mit einem Tuch bedeckt stehen lassen, damit es zähweich wird.

Tipp: Die Springerle in einer Dose zusammen mit Apfelschnitzen aufbewahren, damit sie nicht zu hart werden.

Schwabenbrötle

Zutaten:

750 g Mehl, 250 g Butter
250 g Zucker
250 g gemahlene Mandeln, 1 Ei
etwas Zitronenschale
1 Teel. Zimt, 1 kl. Prise Nelken
Zum Bestreichen:
Eigelb
etwas gemahlene Mandeln
Hagelzucker

Alle Zutaten werden miteinander verknetet und der Teig etwas kalt gestellt. Man wellt ihn aus und sticht beliebige Figuren aus und läßt sie über Nacht liegen. Am anderen Tag mit Eigelb bestreichen und mit gemahlenen Mandeln und Hagelzucker bestreuen.

Man backt sie bei etwa 150° C hellgelb.

Vanille-Brötle

Zutaten:

4 Eier, 300 g Puderzucker
2 Päck. Vanillinzucker
abgeriebene Schale einer Zitrone
300 g Mehl, 1 Prise Salz

Eiweiß steif schlagen, Eigelb, Zucker und Zitronenschale gut rühren und unter den Eischnee mischen. Nach und nach das gesiebte Mehl darunter heben. Die Masse in einen Spritzbeutel füllen und auf ein gut gefettetes Blech kleine Punkte spritzen. Diese müssen so lange getrocknet werden, bis sie sich verschieben lassen.
Backzeit: ca. 15 Minuten bei 180° C.

Zitronenbäumchen

Zutaten:

250 g Butter, 250 g Zucker
2-3 Eier, 500 g Mehl
Zitronenglasur:
250 g Puderzucker
1-3 Essl. Zitronensaft

Aus den Zutaten einen Mürbteig herstellen und ca. 1 Stunde im Kühlschrank ruhen lassen. Den gekühlten Teig ausrollen und kleine Tannenbäumchen ausstechen.
Backzeit: ca. 10 Minuten bei 220° C.
Nach dem Backen werden die Tannenbäumchen mit Zitronenglasur bepinselt und evtl. mit Haselnüssen und Schokostreusel verziert.

Silvester-Suppe

Zutaten:

1/2 Zwiebel
150 g Schweinehackfleisch, 1 Ei
1-2 Essl. Semmelbrösel
1/2 Teel. Salz
1 Essl. grüner Pfeffer
1/4 Teel Salbei
1 gr Dose Ochsenschwanzsuppe
1/2-1 Glas Rotwein
100 g Erbsen, 100 g Champignons
2 Essl. Tomatenmark
4 Essl. Fleischbrühe
Salz, schwarzer Pfeffer
Paprika, einige Tr. Tabasco
1 Prise Zucker
2 Essl. gehackte Petersilie

Für die Fleischbällchen die Zwiebel fein hacken. Das Hackfleisch mit den Zwiebelwürfeln, dem Ei, den Semmelbröseln und den Gewürzen vermischen und zu walnussgroßen Bällchen formen. Die Fleischbällchen etwa 10 Minuten in wenig sprudelndem Salzwasser gar ziehen lassen. In der Zwischenzeit die Suppe nach Vorschrift erhitzen und den Rotwein, Erbsen, Pilze zugeben. Das Tomatenmark mit der Fleischbrühe verrühren und zur Suppe geben. Suppe mit den Gewürzen pikant abschmecken. Die garen Fleischbällchen zur Suppe geben und mit Petersilie bestreuen und servieren.

Silvesterwind und warme Sonn'
wirft jede Hoffnung in den Bronn.

Bad Saulgau

Die ehemalige Kreisstadt Saulgau wird urkundlich erstmals 819 erwähnt. Wahrscheinlich hat Kaiser Friedrich II. im Jahre 1235 oder 1236 dem Ort, der sich von einer alten alemannischen Siedlung zu einem Marktflecken entwickelte, die Stadtrechte verliehen. Durch Kauf kam sie dann 1299 unter österreichische Landesherrschaft, die bis 1806 dauerte. Im 19. Jahrhundert wurde aus der vorderösterreichischen Landstadt eine königlich württembergische Oberamtsstadt. Im Zuge der Kreisreform 1973 wurde der Kreis Saulgau aufgelöst, neue Landkreise wurden gebildet, Saulgau kam zum Landkreis Sigmaringen.

Seit dem 1. Januar 2000 darf sich die oberschwäbische Kurstadt mit dem Titel „Bad" schmücken. Die Entwicklung als Heilbad begann 1977 mit der Bohrung nach Thermalwasser; es wurde in 646 Metern Tiefe gefunden. 1984 wurde dann das neue Thermalbad eingeweiht und im Laufe der Zeit durch therapeutische Einrichtungen und eine Saunalandschaft erweitert. Inzwischen gibt es drei Kurkliniken: für rheumatologische und orthopädische Erkrankungen, für psychosomatische Störungen und eine Mutter-Kind-Klinik.

Bad Saulgau ist eine liebenswerte Stadt mit Flair. Beim Altstadtbummel entdeckt man schmale Gassen, alte und neue Brunnen und viele Zeugen einer reichen Vergangenheit. Eine prächtige Kulisse für den Wochenmarkt auf dem großen Platz vor der Stadtpfarrkirche St.Johannes bilden guterhaltene Fachwerkhäuser und das neu angelegte Stadtbächle. Der prächtige Maibaum, der zu gegebener Zeit den Marktplatz ziert, beweist das lebendige Brauchtum.

Auf eine überlieferte Tradition im kirchlichen Bereich soll hier näher eingegangen werden. Der Palmsonntag hat in Bad Saulgau einen hohen Stellenwert. Die Palmenprozessionen, die an den Einzug Jesu in Jerusalem erinnern, lassen sich in Deutschland bis ins 9. Jahrhundert zurückverfolgen. 1946 wurde auch in Saulgau dieser christliche Brauch wieder eingeführt. Seither zählt die Palmprozession zu den größten in Oberschwaben. Je nach Region werden die Palmen aus verschiedenen Materialien gefertigt. In manchen Gegenden werden Weidenkätzchen oder Birkenreisbündel verwendet. Eine Besonderheit stellt der Bad Saulgauer Palmen dar, mit dessen Anfertigung in den Schulen, Kindergärten und Familien bereits um Dreikönig begonnen wird. Eine runde Holzstange wird auf 2/3 Länge mit Buchs geschmückt – Sinnbild fortdauernden Lebens. Auf die Stange wird ein meist vergoldetes Kreuz aus Holunderzweigen oder Sperrholz gesetzt. Die Kronen bestehen aus ausgeblasenen, bemalten Eiern, die mit Draht gefaßt werden. Die Eier symbolisieren das Kommen und Werden. Zwischen die Eier werden kleine, aus geschälten Holunderzweigen gefertigte Hölzchen in Kreuzform eingebaut. Ein kleiner Palmen mit zwei Kronen erfordert zum Beispiel vierundzwanzig Eier und 292 Holunderhölzchen, ein sechskroniger entsprechend mehr. Die Kronen erinnern oft an Turmhauben der vielen Barockkirchen Oberschwabens. Manche Palmen entpuppen sich als wahres Kunstwerk, die Eier sind herrlich bemalt mit Frühlingsblumen oder Passionssymbolen. Die Palmen werden am Palmsonntag an der St. Antoniuskirche geweiht, in feierlicher Prozession unter Mitwirkung der Stadtmusik zur Stadtpfarrkirche getragen und dort bis zum Abend aufgestellt. Beim Auszug mit ihren Palmen erhalten die Kinder zum Dank einen sog. Eselring aus Hefeteig.

Festtagssuppe

Zutaten:

Suppe:
ca. 500 g Suppenfleisch
1 Möhre, 1 Stück Sellerie
1 Stange Porree
ca. 1 1/2 l Wasser, Salz
Käse-Windbeutel:
1/8 l Wasser, 30 g Fett
1 Prise Salz, 75 g Mehl
2-3 Eier
1/2 Pack. Kräuterfrischkäse
etwas Sahne oder Milch

Für die Suppe alle Zutaten im Dampfdrucktopf aufsetzen und ca. 30-40 Minuten kochen lassen. Anschließend die Brühe durchsieben. Für die Windbeutel, Wasser mit Fett und Salz erhitzen. Mehl zugeben und solange auf der heißen Kochplatte rühren, bis sich der Teig zu einem Kloß zusammenballt. Topf von der Kochplatte nehmen und ein Ei unter die heiße Masse rühren. Die restlichen Eier nach und nach unterrühren. Aus dem Teig etwa walnussgroße Kugeln auf ein Backblech spritzen. Bei 200-225° C 30-40 Minuten backen. Für die Käsecreme Frischkäse mit Milch oder Sahne verrühren. Die Masse in einen Spritzbeutel mit einer Tülle, die zum Füllen von Berlinern verwendet wird, füllen. In die Windbeutel spritzen. Die Suppe abschmecken, heiß in Teller füllen. Etwas gehackte Petersilie darüberstreuen. In jeden Teller 2-3 kleine Windbeutel setzen.

Käsesuppe

Zutaten:

1 Zwiebel, 1 Essl. Margarine
500 g Hackfleisch
3/4 l Instant-Fleischbrühe
3 Becher süße Sahne
5 Ecken Schmelzkäse
Pfeffer, Salz, Muskatnuss

Die Zwiebeln schälen und fein hacken. Die Margarine erhitzen und die Zwiebelwürfel darin andünsten. Das Hackfleisch zugeben und unter Rühren krümelig werden lassen. Die Fleischbrühe zugießen. Die Suppe zum Kochen bringen und 10 Minuten köcheln lassen. Die Sahne unterrühren und den Schmelzkäse zugeben. Den Käse unter Rühren schmelzen lassen. Die Suppe mit Pfeffer und Muskatnuss abschmecken, bei Bedarf mit Salz nachwürzen.

Zur Käsesuppe knuspriges Stangenweißbrot reichen.

Quarkklößchensuppe

Zutaten:

25 g Butter, 2 Eigelb
100 g Magerquark
40 g Hartweizengrieß
Salz, Pfeffer, Muskat

Butter schaumig rühren, Eigelb hinzufügen. Dann den Quark und den Grieß unterrühren. Mit Salz, Pfeffer und Muskat würzen.

Die Masse mindestens 1 Stunde ruhen lassen. Mit Teelöffeln kleine Klöße abstechen und in die kochende Suppe geben. 10 Minuten ziehen lassen (nicht kochen).

Am besten schmecken Quarkklößchen in Tomatensuppe oder Rinderbrühe.

Hochzeitssuppe

Im oberschwäbischen Raum wird diese Suppe gern als erster Gang beim Hochzeitsessen gereicht. Die Variation der Knödeleinlage kann von Dorf zu Dorf verschieden sein. In der Bussengegend sind mindestens vier verschiedene Knödelarten in einer kräftigen Rindfleischbrühe.

Grießknödel gebacken:

1/8 ltr. Milch
1 Teel. Butter, 1 Prise Salz
50 gr. Grieß, 1 Ei

Milch, Butter und Salz aufkochen, Grieß einstreuen, zum Kloß abrühren, Ei einarbeiten. Aus dieser Masse Knödel abstechen und im schwimmenden Fett hellbraun ausbacken.

Hochzeitszug

Gebackene Erbsen:

150 gr. Mehl
50 ml. Milch, 2 Eier
1 haselnussgroßes
Stück Hefe, 1 Pr. Salz

Aus diesen Zutaten einen dickflüssigen Teig herstellen. Durch ein Sieb mit ca. 8-10 mm großen Löchern direkt in schimmendes Fett streichen. Es geht auch mit einem glatten Spätzleshobel. Vorsicht Spritzgefahr!

Brätknödel:

1/2 Pfund Brät
mit einem Eigelb gut
vermengen, mit Pfeffer und
Muskat würzen

Aus dieser Masse mit einem Eßlöffel Knödel abstechen, direkt in die leicht kochende Brühe geben. 10 Minuten ziehen lassen, herausnehmen.

Leberknödel:

1 kleinen Wecken
in warmem Wasser oder
Milch eingeweicht
250 gr. gehackte Leber
20 gr. flüssige Butter,
gehackte Petersilie
1 Ei, Salz, Pfeffer, Muskat.

Diese Zutaten gut vermengen, sollte der Teig etwas flüssig sein kann er mit Mutschelmehl angedickt werden. 30 Minuten zum Quellen stehen lassen. Ebenso wie die Brätknödel in die leicht kochende Brühe geben, 10 Minuten schwach kochen lassen.
Die restlichen drei Suppeneinlagen in die heiße Brühe geben, nochmals mit geriebenem Muskat wüzen und mit Schnittlauch bestreut servieren.

Feine Schinkenklößchensuppe

Zutaten:

40 g Butter
60 g Semmelbrösel, 1 Ei
je 1 Prise Salz, Pfeffer und Muskat
100 g Schinken, ganz fein geschnitten

Butter schaumig rühren. Restliche Zutaten zugeben und glatten Teig rühren. Aus dem Teig kleine Klößchen formen und diese in 1 l Fleischbrühe (kochend) einlegen. Ca. 20 Minuten ziehen lassen. Mit frischem Schnttlauch überstreuen.

Biersuppe

Zutaten:

40 g Butter, 40 g Mehl
1 l Weißbier, 2–3 Essl. Zucker
etwas Zitronenschale
2 Nelken, 2 Eigelb, Weißbrot

Butter erhitzen, Mehl hell anrösten, mit 1 l Weißbier ablöschen, Zucker und Zitronenschale, Nelken zugeben und kurz aufkochen. Die Suppe durchsieben, 2 verquirlte Eigelb darunter rühren, nochmals aufkochen und über gerösteten Weißbrotwürfelchen anrichten.

Kräuterquark

Zutaten:

Als Brotaufstrich oder zu Pellkartoffeln
250 g Speisequark, 2 Essl. Sahne
3 Essl. Creme fraîche oder saure Sahne, Salz, Paprika, Pfeffer
2 Eßl feingeschnittener Schnittlauch oder gemischte Kräuter
Alles miteinander vermischen.

Verschiedene Quarkbrotaufstriche

Tipp: Frischrahmkäse
Zubereitung: Quark gut verrühren, mit Geschmackszutaten mischen.
Für 250 g Quark jeweils:
1–2 Rettiche
1 Essl. Tomatenmark
1 Essl. Senf
Zwiebel und Kümmel
60 g Schinken
Paprika oder Lachs
etwas Sardellenpaste
1–2 Gurken
verschiedene Kräuter
4 Essl. Marmelade
4 Essl. Sirup

Leberwurstquark

Zutaten:

150 g Quark
150 g Kalbsleberwurst (oder Hausmacherleberwurst)
Pfeffer, Kräuter
Alternative:
250 g Quark, 2 Essl. Mayonnaise
Rauchfleisch, Zwiebel

Zubereitung:
Alle Zutaten verrühren und gut abschmecken.

> *Landleute heiraten nach Land,*
> *Edelleute nach Stand,*
> *Hofleute nach Welt,*
> *Kaufleute nach Geld.*
> *(Alte Weisheit, in vielen Sprachen bekannt)*

Kräuterbutter

Zutaten:

100 g Butter
1 Eßl. feingewiegte Petersilie
1 Eßl. feingeschnittener Schnittlauch, 1 zerdr. Knoblauchzehe
Salz, Pfeffer
je 1 Prise Thymian und Majoran
1 Teel. Zitronensaft

Rühren Sie die Butter, bis sie weich und geschmeidig ist, dann geben Sie die feingehackte Petersilie, Schnittlauch und zerdrückte Knoblauchzehe darunter, abschmecken mit Salz und Pfeffer.

Brennende Aprikosen

Zutaten:

500 g reife Aprikosen
1 Essl. Butter
1 Teel. Zucker
3 Essl. Aprikosenmarmelade
4 cl. Cognac oder Weinbrand
3/4 Glas Weißwein
8 Kugeln Vanille-Eis

Aprikosen schälen, halbieren und entsteinen. Butter und Zucker in die Flambierpfanne geben und so lange auf dem Rechaud erwärmen, bis eine hellgelbe Färbung auftritt. Aprikosen und Aprikosenmarmelade dazugeben. 2 Minuten andünsten. Die Früchte nun mit angewärmtem Cognac begießen und flambieren. Sobald die Flamme erloschen ist, Weißwein angießen. Weitere 3 Minuten köcheln lassen.
Vanille-Eis in vier Portionen aufteilen und in kleine Schüsseln füllen. Die heißen Aprikosen darübergeben.

Pikanter Quarkaufstrich

Zutaten:

250 g Quark, etwas Milch
50 g Salami, 1 Essiggurke
1/2 Paprikaschote, 1/2 Zwiebel
Schnittlauch, Salz, Zucker, Pfeffer
evtl. gehackte Walnüsse

Quark mit Milch glattrühren. Salami, Gurke, Paprika, Zwiebel und Schnittlauch kleinschneiden und zum Quark dazugeben. Mit den Gewürzen pikant abschmecken.

Kräutersalz

150–200 g frische Gartenkräuter (z. B. Oregano, Majoran, Blattsellerie, Liebstöckel, Petersilie, Schnittlauch usw.) waschen, trockentupfen und grob zerkleinern. Mit ca. 800 g Salz mit dem Stabmixer pürieren, auf einem mit Backpapier ausgelegten Blech verteilen und im Backofen bei 50° C drei bis 4 Stunden trocknen, dabei Backofentür spaltbreit geöffnet lassen. In dicht schließenden Schraubgläsern aufbewahren. Mit den verwendeten Kräutern kann der Geschmack des Gewürzes nach individuellem Gusto variiert werden. Wenn das Salz nach dem Trocknen klumpig ist, kurz in den Mixer geben, dann wird es schön fein und streufähig.

Suppengewürz nach Großmutter-Art

Zwiebeln, Lauch, Sellerie, Karotten, Liebstöckel, Petersilie und Knoblauch fein zerkleinern (Fleischwolf oder Mixer). Der jeweilige Anteil an Gemüse ist Geschmackssache. Für ein Kilogramm Gemüse verwendet man 1/2 Kilogramm Salz, das man gut untermischt und verknetet. Die fertige Mischung in Schraubglas (nicht randvoll) füllen. Hält ca. 6-8 Monate. Ein ideales Fleischbrühgewürz, aber auch für Gemüse und für Salate.

Grüne Soße

Zutaten:

150 g sauren Rahm, 150 g Joghurt
150 g Kräuter (Schnittlauch, Petersilie Kerbel, Kresse, Borretsch, Sauerampfer, Zitronenmelisse)
Salz, Zitronensaft oder Essig

Kräuter fein hacken und mit restlichen Zutaten vermischen.

Gott hat den Weisen Sorgen gegeben.
Dafür den Toren sanftes Leben.

Mixed Pickles

Zutaten:

1 kg kleine, feste Gurken
Salzwasser
(auf 1 l Wasser = 75 g Salz)
250 g grüne Bohnen
1 kl. Blumenkohl, 500 g Möhren
1/2 Stange Meerrettich
125 g Perlzwiebeln
3 Lorbeerblätter, 20 Pfefferkörner
10 Pimentkörner, 100 g Zucker
1 1/2 l Wasser, 50 g Salz
3/4 l Essig

Gurken waschen und mit Salzwasser bedeckt 24 Stunden stehen lassen. Dann sorgfältig säubern, abspülen und abtropfen lassen. Blumenkohl, Bohnen, Möhren vorbereiten, in gleichmäßig kleine Stücke schneiden. Gemüse nacheinander in kochendem Wasser knapp garen. Mit geputzten, in dünne Scheiben geschnittenem Meerrettich, Zwiebeln und Gewürzen in Einmachgläser schichten. Zucker mit Wasser, Salz und Essig aufkochen.
Abgekühlt über die Mixed Pickles gießen. Gläser mit Gummiring und Deckel verschließen, sterilisieren. 30 Minuten bei 90° C.
Zubereitungszeit: ca. 50–60 Minuten

Gefüllte Pflaumen

Zutaten:

1 Päckchen Schokoladenvollmilch-Kuvertüre
1 Päckchen getrocknete, entsteinte Pflaumen (am besten ungeschwefelte)
200 g Marzipan oder 1 Päckchen abgezogene ganze Mandeln
Alufolie

Zunächst werden die Pflaumen gewaschen. In die Pflaumen füllt man je nach Geschmack abgezogene Mandeln oder etwa gleich große Stücke Marzipan. Nun taucht man die Pflaumen mit zwei Gabeln in die im Wasserbad geschmolzene Kuvertüre und legt sie zum Antrocknen auf die Alufolie. Um das Abkühlen zu beschleunigen, kann man auch ein Backblech mit Alufolie auslegen und mit den Pflaumen kurz in die Kühltruhe stellen. Die fertigen Pflaumen vorsichtig von der Folie lösen und in ein dicht schließendes Gefäß legen. Sie halten sich ca. 2-3 Wochen.

Tipp:
Hefe- und Biskuitkuchen werden goldgelb, wenn man unter das Mehl ein Päckchen Vanillesoßenpulver mischt.
Mehl aber entsprechend weniger zugeben.

Pfefferminztraum

Zutaten:

1/2 l Milch
200 g Pfefferminzschokolade oder After-Eight
2 Eier, 20 g Zucker
1 Päck. weiße Gelatine
1/4 l Sahne
Verzierung:
Pfefferminzschokolade oder After-Eight
Sahne, Minzblätter

Die Milch mit der zerbröckelten Schokolade erhitzen. Das Eigelb mit dem Zucker schaumig schlagen. Die Schokoladenmilch vorsichtig dazugeben und unter Rühren wieder erwärmen, bis die Masse cremig wird. Die eingeweichte Gelatine in der heißen Flüssigkeit auflösen. Wenn die Masse zu stocken beginnt, den Eischnee und die geschlagene Sahne unterheben. Den Nachtisch mit Sahne, Pfefferminzschokolade bzw. After-Eight und/oder Minzblättern verzieren.

Butter – Sahnetrüffel

Zutaten für ca. 50 Stück

1/4 l Schlagsahne
1/2 aufgeschlitzte Vanilleschote
500 g Vollmilch – Kuvertüre
125 g Butter

400 g weiße Schokolade
50 g Kokosfett
Puderzucker
Zucker oder Kuvertüre

Sahne mit Vanilleschote kurz aufkochen, danach Vanilleschote entfernen. Zerkleinerte Kuvertüre und Butter in der Sahne schmelzen, alles zu einer glatten Masse verrühren und 4 Std. kalt stellen. Danach schaumig schlagen und in einen Spritzbeutel mit großer Sterntülle füllen.
Ein Blech mit Alufolie auslegen, die Trüffelmasse als Tupfer daraufspritzen, mit Puderzucker bestäuben und 1–2 Stunden kalt stellen.
Zerkleinerte weiße Schokolade und Kokosfett im Wasserbad schmelzen. Die Trüffelmasse zu Kugeln formen, in die weiße Schokolade tauchen und mit Zucker oder geschmolzener Kuvertüre verzieren.

Tipp: Butter – Sahnetrüffel schmecken ganz frisch am besten. Sie sollten deshalb erst kurz vor Weihnachten hergestellt und im Kühlschrank aufbewahrt werden.

Butterschwämmchen (Klößchen)

Zutaten:

3 gehäufte Löffel Mehl
1 Prise Salz, Milch, 2–3 Eier
50-80 g Butter oder Margarine

Aus Mehl, Salz und Milch einen Pfannkuchenteig rühren. In einem Topf Butter erhitzen. Pfannkuchenteig hineingeben und mit dem Kochlöffel einen Brandteig machen. Etwas erkalten lassen und mit Handrührer die Eier hinzurühren, bis der Teig glatt ist. Dann mit einem Löffel kleinere Klößchen in die kochende fertige Suppenbrühe einlegen. Deckel auf den Topf geben und leicht kochen lassen. Klößchen gehen bis zum Topfdeckel auf. Wenn der Topfdeckel abgenommen wird gleich servieren.

Gefüllte Glücksschweinchen

Zutaten:

Hefeteig:
500 g Mehl, 30 g Hefe, 60 g Zucker
1/4l lauwarme Milch, 60 g Butter
1 Ei, 1 Prise Salz
1 abgeriebene Zitronenschale
Füllung:
100 g Marzipan-Rohmasse
150 g gemahlene Haselnüsse
70 g Zucker, 3 Eiweiß
1 Eigelb zum Bestreichen

Einen Hefeteig herstellen. Die Marzipan-Rohmasse mit den Haselnüssen, dem Zucker und dem Eiweiß vermengen. Den Hefeteig etwa 4 mm dick ausrollen. 20 Plätzchen von 8 cm Ø und 10 Plätzchen von 4 cm Ø ausstechen. Aus dem restlichen Teig Öhrchen formen. Auf 10 der großen Plätzchen die Füllung verstreichen, die Ränder mit Eigelb gut zusammendrücken.
Aus den kleinen Plätzchen die Schnäuzchen mit Nasenlöchern formen. Mit Eigelb bestreichen und noch etwas gehen lassen. Bei 200° C 15–20 Minuten backen.
Zubereitungszeit: ca. 55–60 Minuten

Haustoast

Gekochte Eier in Würfel schneiden. Käse gerieben, Fleischsalat, etwas Ketchup, Pustasalat, auf Toastbrot legen und goldbraun backen.

Feinschmecker – Toast

Toast geröstet. Kalbsschnitzel gut gebraten.
Gekochtes Ei in Scheiben darauf legen. Hollandaise-Sauce darauf geben. Zum Schluß mit 1 Scheibe Käse belegen und überbacken.

Florida – Toast

Gerösteter Toast mit Butter einpinseln. Mit Schinkenscheibe, Pfirsichspalten und Käse belegen und überbacken.

Müsli-Riegel

Zutaten:

150 g kernige Haferflocken
80 g Haferflakes
50 g halbierte Haselnüsse
50 g Erdnüsse
50 g Sonnenblumenkerne
30 g Kokosraspel, 50 g Butter
80 g Zucker, 80 g Honig
1–2 Teel. Zitronensaft

Haferflocken, Haferflakes, Haselnüsse, Sonnenblumenkerne und Kokosraspel mischen.
Ein Backblech mit Backtrennpapier belegen. Butter, Zucker, Honig und Zitronensaft zum Kochen bringen und 3–4 Minuten karamellisieren. Die restlichen Zutaten einrühren, bis sich eine Honig-Karamellmasse gebildet hat. Riegelmasse zu einer 30 x 30 cm großen Fläche ausstreichen und schmale Riegel schneiden.

Rotweinbirnen

Zutaten:

2,5 kg reife, feste Birnen
3/4 l Rotwein, 1/4 l Wasser
250 g Zucker
1 unbehandelte Zitrone
1-2 Zimtstangen
12 Gewürznelken

Die Zitrone schälen und auspressen. Rotwein, Wasser, Zucker, Zitronenschale und -saft und die Gewürze zum Kochen bringen. Die Birnen schälen. Entweder im Ganzen verwenden oder halbieren und das Kerngehäuse herausschneiden. 4–5 Minuten im Rotweinsud kochen lassen. In die Gläser verteilen, mit dem Sud auffüllen. Die Gläser gut verschließen und bei 75° C 25 Minuten einkochen.
Geeignet für Rinder- oder Wildbraten und zum Garnieren von Wurst- oder Käseplatten.

Zubereitungszeit: 35–40 Minuten

Weizenschrot – Müsli

Zutaten:

1 Portion:
6 Essl. Weizenschrot, 6 Essl. Wasser
250 g Kefir, 300 g Obst nach Wahl und Jahreszeit
2 Teel. Honig oder Zucker
Zitronensaft nach Geschmack

Weizenschrot mit Wasser über Nacht einweichen lassen.
Obst reiben oder klein schneiden. Alles miteinander vermischen.

Apfel – Bananen – Müsli

Zutaten:

200 g Sauermilch (Joghurt)
2 Teel. Honig oder Zucker
2 Äpfel, raspeln oder kleinschneiden
1 Banane in Scheiben
6 Essl. Haferflocken grob
20 g Nüsse, 2 Essl. Leinsaat
Saft von 1 Zitrone

Sauermilch (Joghurt) mit Honig oder Zucker verrühren.
Restliche Zutaten dazugeben und mischen.

Trüffelspitzen

Zutaten:

(etwa 72 Stück)
150 g zartbittere Schokolade
100 g Vollmilch-Schokolade
200 ml Sahne, 100 g Kokosfett
200 g Nuss-Nougat
Gehackte Pistazien

Die Schokolade in Stücke brechen und mit der Sahne und dem Kokosfett unter Rühren erhitzen, bis eine glatte Masse entstanden ist, einmal kurz aufkochen lassen und in eine Schüssel geben. Das in kleine Stücke geschnittene Nuss-Nougat hinzufügen, so lange rühren, bis eine einheitliche Masse entstanden ist. Kalt stellen und ab und zu durchrühren. Die erkaltete Masse mit einem elektrischen Handrührgerät mit Rührbesen durchrühren, bis sie etwas schaumig wird. In kleinen Mengen in einen Spritzbeutel mit gezackter Tülle füllen und in die Pralinen-Förmchen spritzen. Mit Pistazien garnieren.

Zubereitungszeit: 50 Minuten

Schoko-Knusperchen

Zutaten:

(ca. 40 Stück)
100 g Vollmilchschokolade
100 g Bitterschokolade
1 Päck. Vanillinzucker
40 g Mandelstifte
150 g Cornflakes

Schokolade im Wasserbad schmelzen, die restlichen Zutaten unterrühren. Mit 2 Teelöffeln Häufchen auf Pergamentpapier setzen und trocknen lassen.

Zubereitungszeit: ca. 20–25 Minuten

Winterlandschaft

Gesundheitskugeln

Zutaten:

250 g Feigen
100 g Haselnüsse
100 g brauner Zucker
20 ml Rum
100 g Schokoladenglasur oder Nougatschokolade

Die Feigen und Haselnüsse durch den Fleischwolf drehen. Den Zucker und Rum dazugeben und gut vermengen. Kleine Kugeln aus der Masse formen (ca. 30 Stück). Die Schokolade im Wasserbad oder in der Mikrowelle schmelzen. Die Kugeln mit der Schokolade überziehen und auf Pergamentpapier trocknen lassen.

Tipp: Wollen Sie den Schokoladenüberzug der Pralinen noch verzieren? Dafür muß der Überzug noch weich sein, damit die Zutaten haften bleiben. Pulverförmiger Puderzucker und Schokoladenpulver haften am bereits fast fest gewordenen Überzug. Für Schokoraspeln oder Streuzucker ist der Zeitpunkt für's Wälzen eher erreicht.

Feine Haselnusscreme

Zutaten:

für 6–8 Personen
(auch für Kuchen geeignet)
6 Blatt Gelatine, 3 Eigelb
80 g Zucker, 1 Vanillezucker
100 g Haselnüsse, 1/2 l Milch
1/4 l steifgeschlagene Sahne

Nüsse rösten, reiben und mit der kochenden Milch übergießen, zugedeckt 15 Minuten quellen lassen.
Gelatine einweichen. Eigelb und Zucker schaumig rühren, Nussmilch zugeben, unter Rühren erhitzen bis die Masse aufkocht. Von der Herdplatte nehmen, Gelatine darin auflösen und erkalten lassen. Sobald die Masse zu steifen beginnt, Sahne unterheben.
Creme portionieren und mit ganzen Nüssen und Sahne verzieren.

Vanillecreme mit Schnee – Eiern

Wie üblich die Vanillecreme herstellen.
Für die Schnee-Eier etwas Wasser zum Kochen bringen.
Eiweiß zu Schnee schlagen, Zucker zugeben, diese Masse mit einem Löffel abstechen und in Eiform in das kochende Wasser legen und gerinnen lassen. Vorsichtig herausnehmen und auf die Creme legen.
Die Zuckermenge richtet sich nach dem Geschmack.

„Echte" Vanillesoße

Zutaten:

1/2 l Milch (evtl. 1 Ei)
30-40 g Zucker
10-15 g (2-3 Teel.) Stärkemehl
Vanillinzucker oder
1/4 Vanillinstange
1/8 l Sahne

Milch und Zucker und Vanillin zum Kochen bringen. Ei mit Stärke und kalter Milch anrühren und in die kochende Flüssigkeit geben, aufkochen lassen. Sahne steif schlagen und unter die abgekühlte Soße geben.

Feine Weincreme

Zutaten:

4 Eier, getrennt, 80 g Zucker
3/8 l Weißwein, 1/8 l frisch ausgepreßter Orangensaft
1 abgeriebene Orangenschale
4 Blatt weiße Gelatine
1 Essl. Zucker zum Eischnee
Zum Verzieren:
1/4 l Schlagsahne

Eigelb und Zucker schaumig rühren. Wein, Orangensaft und abgeriebene Orangenschale dazugeben. Bei mäßiger Hitze abschlagen bis die Masse dickschaumig ist. Gelatine einweichen, ausdrücken, in der heißen Creme auflösen. Creme kaltstellen, bis sie zu stocken beginnt. Eiweiß zu steifem Schnee schlagen, 1 Essl. Zucker darunterschlagen. Sobald die Creme am Rand etwa 2 cm gestockt ist, schlägt man sie mit dem Schneebesen durch, gibt sie über den steifgeschlagenen Eischnee und mischt sie sorgfältig darunter. Creme kaltstellen. Vor dem Anrichten mit Schlagsahne spritzen oder Schlagsahne dazu servieren.

Diplomaten – Creme

Zutaten:

1/2 l Milch, 50 g Zucker, 2 Eier
1 Essl. Mondamin, 1 Vanillezucker
1/4 l Sahne, 125 g Rosinen
50 g Zitronat, 1 Essl. Zucker
4 Essl. Wasser, 2 Essl. Rum
Schokoladenraspel

Aus Milch, Zucker, Eier, Mondamin und Vanillezucker eine Creme schlagen und zum Kochen bringen, dann abkühlen lassen.
Zitronat klein schneiden und zusammen mit Rosinen, Zucker, Wasser und Rum solange kochen, bis die Flüssigkeit eingekocht ist, danach kalt stellen.
Sahne steif schlagen, unter die abgekühlte Creme heben und die Masse schichtweise mit Rosinen, Zitronat und den Schokoladeraspeln in Gläser füllen. Mit etwas übriggelassener Schlagsahne verzieren.

Die Welt ist allezeit schön

Im Frühling prangt die schöne Welt
In einem fast smaragdnen Schein.

Im Sommer glänzt das reife Feld
Und scheint dem Golde gleich zu sein.

Im Herbst sieht man, als Opalen,
Der Bäume bunte Blätter strahlen.

Im Winter schmückt ein Schein, wie Diamant
Und reines Silber, Flur und Land.

Ja kurz, wenn wir die Welt aufmerksam sehn,
Ist sie zu allen Zeiten schön.

Berthold Heinrich Brockes

Eierlikör – Nougat Creme

Zutaten:

4 Eier, 75 g Zucker
1/4 l kochende Milch
5 Blatt Gelatine, 1 Essl. Kakao
50 g Nougat, 4 Essl. Eierlikör

Eier teilen. Eigelb mit Zucker schaumig rühren, kochende Milch und eingeweichte Gelatine dazugeben. Masse in 2 Hälften teilen. In eine Hälfte wird der Kakao und das Nougat untergerührt, bis alles gelöst ist.
Unter die zweite Hälfte wird der Eierlikör gerührt.
Eiweiß zu steifem Schnee schlagen und unter die Creme rühren.
Lagenweise hell-dunkel in eine Schüssel füllen, mit einer Gabel leicht marmorieren.
Von der kalten Creme Klöße abstechen und mit Eierlikör-Fruchtsoße auf Tellern anrichten.

Wer sonntags einbringt seine Ernt',
hat's Gottvertrauen verlernt.

Karamellpudding

Zutaten:

6 Eier
180 g Zucker
1 ungespritzte Zitrone
1 ungespritzte Orange
4 St. Würfelzucker
3/8 l Sahne
1 gestr. Essl. Puderzucker
Schokoladenspäne zum Verzieren

Die ganzen Eier mit 80 g Zucker schaumig rühren. Die Zitronen- und die Orangenschale mit den Zuckerwürfeln abreiben. Schale und Zuckerwürfel in die Eimasse rühren. Zuletzt 1/4 l Sahne darunterrühren. In einer Kasserolle 100 g Zucker zu hellem Karamell schmelzen lassen.

Eine verschließbare Puddingform mit dem Karamell ausgießen. Die Ei-Sahne-Masse einfüllen. Den Deckel aufsetzen und die Puddingform in ein Wasserbad stellen. Den Pudding 1 1/4 Stunden leicht kochen. Das Wasser soll leise sprudeln. Erkalten lassen und auf eine Platte stürzen.

1/8 l Sahne mit dem Puderzucker steif schlagen. Den Karamellpudding mit der Schlagsahne und den Schokoladenspänen verzieren.

Wer's mag, kann die Sahne für die Eimasse erst steif schlagen und dann zufügen.

Unser Tipp: Sie müssen aufpassen, daß der Karamell nicht zu dunkel wird, sonst schmeckt er bitter.

Sauer-Kirsch-Quark

Zutaten:

500g Quark
5 Essl. Zucker
250-g-Glas Sauerkirschen
Schokostreusel

Quark und Zucker mit etwas Sauerkirschensaft glatt rühren, dann Sauerkirschen unterheben.

In Glasschalen füllen, 1 Stunde im Kühlschrank kühlen.

Kurz vor dem Servieren mit Schokostreusel bestreuen. In die Mitte eine Sauerkirsche legen.

Ambrosiacreme

Zutaten:

5 Blatt Gelatine
etwas roter Fruchtsaft
1/4 l Sauerrahm, 2 Be. Joghurt
70 g Zucker, Saft von 1 Zitrone
1 Vanillinzucker, 1–2 Essl. Rum
2 Eiweiß oder etwas Sahne

Gelatine einweichen, Eiweiß oder Sahne steifschlagen. Sauerrahm und die restlichen Zutaten verrühren und die aufgelöste Gelatine dazugeben. Sobald die Creme deutlich zu steifen beginnt den Eischnee oder die Sahne unterheben.

Joghurtcreme

Zutaten:

3 Eier, 125 g Zucker
3 Be. Joghurt, 1 Zitrone
Vanillinzucker
4 Blatt weiße Gelatine
2 Essl. heißes Wasser
1/8 l Sahne

Schaummasse rühren aus Eigelb, Zucker und Geschmackszutaten.
Eingeweichte Gelatine in heißem Wasser auflösen. Joghurt mit Gelatine mischen und in die Schaummasse geben, kaltstellen. Sobald die Masse zu steifen beginnt, steifgeschlagenen Eischnee und Sahne unterheben.

Eierquarkcreme

Zutaten:

3 Eier, 1/2 l Milch
125-150 g Zucker
1 Päck. Vanillinzucker
1 Päck. Vanillepudding
250 g Quark, 20 g Rosinen

Milch mit Eigelb, Zucker und Puddingpulver verrühren und zu Pudding kochen.
Quark, Rosinen und steifgeschlagenen Eischnee mit dem heißen Pudding vermengen, nochmals etwas erhitzen und erkalten lassen.

Williamsbirne in Burgunderschaum

Zutaten:

Pro Person 1/2 Birne
Eis, 4 Eigelb, 30 g Zucker
4 cl Burgunder
2 cl Cassis (Johannisbeerlikör)

1/2 Birne mit dem ausgestochenen Kerngehäuse nach oben auf einen Teller geben, darauf ein Bällchen Eis legen. Eigelb mit Zucker, Burgunder und Cassis über Wasserbad aufschlagen, bis die Masse cremig ist. Birne und Eis mit dem Sabayon überziehen. Mit Kronsbeeren und Schokoraspeln garnieren.

Joghurt-Sahne-Creme

Zutaten:

2 Be. Joghurt (Natur), 1/4 l Milch
12 Blatt weiße Gelatine
Saft von 2 Zitronen
150 g Zucker, 1/4 l Schlagsahne
Schokostreusel
1 Päck. Vanillezucker

Gelatine einweichen, in etwas Wasser auflösen (langsam erwärmen). Joghurt, Milch, Zucker, Vanillezucker, Zitronensaft verrühren und die aufgelöste Gelatine vorsichtig unterrühren. Wenn es steif wird, die geschlagene Sahne unterheben und sofort in Portionsschalen geben und mit Schokoladenstreuseln verzieren, kaltstellen.

Joghurtcreme „Fürst-Pückler-Art"

Zutaten:

Grundcreme:
2 Naturjoghurt, 80 g Zucker
1 Vanillinzucker
Saft von 1/2 Zitrone
1/4 l Milch
6 Blatt Gelatine
1/4 l Schlagsahne

Gelatine kalt einweichen; Joghurt, Zucker, Vanillinzucker und Zitronensaft schaumig rühren, gelöste Gelatine unter Rühren zugeben, kalt stellen. Sobald die Masse zu steifen beginnt, geschlagene Sahne unterheben. Creme dritteln.

Joghurtcreme: (weiß) als 1. Drittel in die Anrichteschüssel geben, kurz kalt stellen.

Schokocreme: Unter das 2. Drittel 2 gestrichene Essl. gesiebten Kaba heben und auf die weiße Creme geben.

Himbeercreme: Unter das letzte Drittel 100 g zerdrückte Himbeeren heben, auf der Schokocreme verteilen.

Fürst-Pückler-Creme im Kühlschrank steifen lassen, anschließend verzieren.

Pflaumen in Rotwein

Zutaten:

2 kg Zwetschgen, 500 g Zucker
1 l Rotwein, 1/4 l Rum (54%)
Zimt

Zwetschen und Zucker vermischen und über Nacht ziehen lassen. Anderntags mit Rotwein aufkochen und Rum zugeben. Heiß in Gläser füllen und schließen.

Feine Weizenbier-Bowle

2 Dosen Ananas mit Rum tränken und ziehen lassen.
1 Flasche Mineralwasser
1 Flasche Sekt
2 Flaschen Weizenbier
etwas tränken
schmeckt sehr süffig

Bowle „Roter Traum"

1 Dose Ananasstücke
1 kleine Dose Mandarinen
2-3 Orangen in Scheiben
2 Zitronen in Scheiben
1 Stückchen Zimtrinde

Die Zutaten werden mit 1 Flasche leichtem Rotwein übergossen, dazu gibt man 2 Essl. Honig.
Diese Mischung zugedeckt 2-3 Stunden ziehen lassen und dann kurz vor dem servieren Eiswürfel und 1-2 Flaschen Sekt dazugeben.

Mostpunsch

Zutaten:

3/4 l Most, 1/4 l Schwarztee
Rum nach Belieben, Zimt
Nelken

Most erwärmen, nicht kochen. Tee zubereiten. Alle übrigen Zutaten in den Most geben, zuletzt den Tee.

Konfitüren-/Marmeladenherstellung

Pektinreiches Obst:	Äpfel, Quitten, Johannisbeeren, Stachelbeeren
Pektinarmes Obst:	Erdbeeren, Himbeeren, Sauerkirschen
Zum Gelieren:	Pektinarme und pektinreiche Früchte mischen Bei pektinarmen Früchten immer Geliermittel zugeben

Früchtezusammenstellungen:

Erdbeeren – Rhabarber oder Erdbeeren – Pfirsiche

Erdbeeren – Rhabarber – Johannisbeeren – Stachelbeeren

Erdbeeren – Himbeeren – Kirschen – Stachelbeeren

Rhabarber – Bananen

Stachelbeeren – Bananen

Himbeeren – Äpfel – Zimt

Himbeeren – Johannisbeeren

Johannisbeeren – Apfelscheiben

Aprikosen – Pfirsiche – Rhabarber

Sauerkirschen – Aprikosen (pürieren)

Sauerkirschen – Stachelbeeren – Erdbeeren – Himbeeren

Apfelgelee mit Kiwistückchen

Holunder – Birnen oder Zwetschgen

Pfirsiche – Melonen

Schwarze Johannisbeeren – Stachelbeeren

Stachelbeeren – Aprikosen

Brombeeren – Holunder

Brombeeren – Himbeeren

Brombeeren – Äpfel

Marmelade mit besonderen Zutaten:

Rhabarber: Ingwer oder Zimt

Erdbeeren: Orangenlikör, Kirschwasser, Cognac oder Zimt

Kirschen: Kirschwasser, Weinbrand, Rum, abgezogene geriebene Mandeln oder fein gehackte Walnüsse

Himbeeren: Himbeergeist

Johannisbeergelee: Weißwein

Aprikosen: Aprikosenlikör, Whisky, Mandelblättchen

Pfirsich: Maracuja-Likör, Zwetschgenwasser

Apfelgelee: Zimtstange, Nelken oder Vanillestange

Pflaumen: Rum, Whisky oder Weinbrand, Zwetschgenwasser

Schwarze Johannisbeeren: Zimt, Nelken

Eierlikör

Zutaten:

1/2 l Milch, 6 – 7 Eigelb
200 g Zucker
2 Päck. Vanillinzucker
(oder Mark einer Vanilleschote)
150 g 90%igen Weingeist
(Apotheke)

Milch mit Vanillinzucker aufkochen und abkühlen lassen. Eigelb mit Zucker schaumig schlagen und langsam die Milch zugießen. Unter weiterem Schlagen langsam den Alkohol hinzufügen.

Den Likör in Flaschen füllen und verschließen. Bis zum Verzehr kühl aufbewahren.

Zubereitungszeit: ca. 15–20 Minuten

Orangenlikör

Zutaten:

4 Orangen (1 unbehandelte)
200 g Zucker, 1 Prise Zimt
1 Prise Koriander, 1/2 l Cognac

Die unbehandelte Orange dünn schälen, die Schale fein hacken und in eine Glaskanne geben. Orangen auspressen. Den Saft, Zucker und Gewürze zu den Orangenschalen geben, kräftig durchrühren und mit Cognac auffüllen.

Zugedeckt an einem kühlen, dunklen Ort 6–8 Wochen ziehen lassen. Durchsieben und in eine schöne Flasche füllen.

Zubereitungszeit: ca. 15 Minuten

Eierlikör – Genießer

Zutaten:

10 Eidotter
400 g Zucker
1 Prise Ingwer
1 Prise Muskatblüte
1/2 l Weinbrand
1 l Sahne

Eidotter, Zucker, Ingwer und Muskatblüte in eine Schüssel geben und gut verrühren. Den Weinbrand zunächst tropfenweise, dann löffelweise unterrühren. Zum Schluß die gekühlte Sahne unterrühren.

Orangen – Eierdrink

Den können Sie sich gelegentlich als Zwischenmahlzeit, morgens oder nachmittags gönnen. Denn der Orangen-Eierdrink muntert auf und versorgt Sie reichlich mit Mineralstoffen und Vitaminen.

Für 1 Person brauchen Sie:
1 Ei
1 Essl. Zitronensaft
1/4 l frisch gepreßten Orangensaft
flüssigen Süßstoff

So wird's gemacht:
Ei mit Zitronensaft schaumig schlagen. Orangensaft mit Süßstoff süßen. Mit dem Ei verquirlen.
Drink sofort servieren.

Beschwipste Milch

Zutaten:

für 4 Personen
4 Eier, 1 l Milch, 1 Stange Zimt
1 Prise Muskatblüte
2 Gl. Weinbrand zu je 2 cl
Zucker

Milch, Stangenzimt und Muskatblüte zum Kochen bringen. Zucker nach Geschmack einrühren. Eier mit Zucker gut verquirlen und nach und nach den Weinbrand zugeben. Alles mit der heißen Milch aufgießen und heiß servieren.

Holundersprudel

Zutaten:

10 grosse Holunderblüten
10 l Wasser
4-5 Pfd. Zucker
Zitronensaft und Schale einer
1/2 Zitrone, 1/4 l Essig

Alle Zutaten in ein großes Gefäß geben. Fünf Tage ziehen lassen, danach in Flaschen abfüllen (bis 2 cm unter dem Rand) und gleich verschließen.
Vier Wochen gären lassen.

Tipp: Vorsicht beim Öffnen der Flaschen.
Zweckmäßig sind Flaschen mit Dreh- oder Kippverschluß.

Die Gaben der Natur und des Glücks
sind nicht so selten wie die Kunst,
sie zu genießen.

Tee – Saft – Punsch

Tee (Schwarzer Tee)
Orangensaft
Apfelsaft
Zimtstange
Zitronensaft
Etwas Zucker

3 Teile Tee,
3 Teile Orangensaft,
3 Teile Apfelsaft,
alles erwärmen.
Zimtstange, Zitronensaft und Zucker dazugeben.

Holunder–Grog

Zutaten:

1 Teel. Holunderblüten
1 Teel. Hagebutten
1/2 l Wasser
1/2 l Holundersaft
Honig, Zitronensaft

Die Teemischung mit kochendem Wasser überbrühen und etwa 10 Minuten ziehen lassen.
Den Holunderbeersaft erhitzen – aber nicht kochen – und mit dem durch ein Sieb gegossenen Tee mischen.

Mit Honig und Zitronensaft abschmecken und heiß servieren.

Besonders gut an kalten Tagen und bei einer Erkältung!

Glühmost

Zutaten:

1 l Apfelwein
3 Essl. Zucker (nach Geschmack)
1-5 g Nelken
5 g Zimtstangen
Schale von 1/4-1/2 Zitrone

Alles zusammen erhitzen, nicht zum kochen bringen!

Heiß servieren!

Apfelsaft-Punsch

Zutaten:

1 1/2 l Wasser
4 Beutel Schwarztee
1 l Apfelsaft
Saft von 2 Zitronen
Saft von 1 Orange
1 Stange Zimt

Zimtstange im Wasser mitkochen, damit den Tee anbrühen, 5 Minuten ziehen lassen. Apfelsaft erhitzen, Tee dazugießen.

Feuerzangenbowle

Rezept 1:

2 Fl. Weißwein, 1/2 Zitrone
1 Orange, 2 Gewürznelken
1 Stange Zimt
1/2 Fl. trockener Sherry
1/2 Fl. Arrak
1 Zuckerhut

Zitrone und Orange auspressen und mit den Gewürznelken und dem Zimt in den Wein geben.
Das Ganze fast bis zum Kochen bringen. Dann den trockenen Sherry dazugießen. Den Zuckerhut auf die Feuerzange über den Kessel legen. Den Arrak auf den Zucker gießen und anzünden. So lange durch Nachgießen mit Arrak die Flamme erhalten, bis der ganze Zucker in den Wein geträufelt ist. Nun das Getränk mit einer Schöpfkelle in die vorgewärmten Punschgläser gießen.

Rezept 2:

2 Fl. Rotwein, 3 Orangen
1 Zitrone, 3 Gewürznelken
1/2 Fl. hochprozentiger Rum (54%)
1 Zuckerhut

Rotwein in den Kessel geben und die ausgepreßten Orangen, die Zitrone sowie die Gewürznelken dazugeben. Fast zum Kochen bringen. Den Zuckerhut auf die Feuerzange legen und den Rum (wie oben) darüberträufeln.

D'Johreswende

En dr graußa Stuba hockat ma feucht fröhlich zamma,
Kendr, d'Fraua ond au d'Manna.
Irgendwie jo wenns ih sag,
ischas anderscht als an jedam Tag.
Ma macht Spiele jo sischt wirklich nett.
Vor de zwölfe goht heit koinr ens Bett.
So ab halb zwölfe ischt ma echt bewegt
odr sogar aufgeregt.
So zeah vor zwölfe helt mas nemme aus
Kittl a ond naus zum Haus.
Ih hau do schau a ganz bestimmtes Eck
jo ma kennt saga a Vrsteck.
Do dur ih für mi so en Gadanka
für's vrflossne Johr am Herrgott danka.
S'gab schöne ond au schlemme Sacha
arg zum Heina ond zum Lacha.
Em Moment ischt bei eis ällas gsond
des ischt zum Danka echt en Grond.
Zwölfe, d'Turmuhr daut da aischta Schlag
noch schiaßatse, s'weat hell wia am Tag.
Glocka läutat au no glei
s'nuie Jahr ganz friedlich ei.
A guats nuis Johr – a guats nuis Johr
tönt's aus älle Ecka vor.
Ih reim no gschwend am Herrgot ei
wia s'Alt naus ging, sott s'Nui halt sei.
Jo, Herrgott, descht mei eischta Bitt
mai will ih it.

Rita Fritz

Großmutters Hustensaft

500 g dicke Zwiebeln schälen und in Stücke schneiden.
Mit 1/2 l Wasser und 250 g braunem Krustenkandis aufsetzen und 10–15 Minuten schwach kochen lassen.
Durchseihen und stündlich 1–2 Essl. davon nehmen.

Sahne-Karamell-Bonbons

Zutaten:

1/4 l Sahne
50 g Honig
300 g Zucker
1/2 Vanilleschote
2 Essl. Öl

Sahne in einen Topf gießen. Honig und Zucker einrühren, die halbe Vanilleschote zufügen. Langsam zum Kochen bringen. Ständig mit einem Holzlöffel rühren. Köcheln lassen, bis die Masse hellbraun und dickflüssig wird. Zuckerkristalle am Topfrand immer wieder mit einem Pinsel in den Sirup waschen. Zum Prüfen des richtigen Zuckergrades den Holzlöffelstiel in die heiße Masse tauchen, schnell in kaltem Wasser abkühlen und aus der plastischen Masse ein Kügelchen formen. Wenn das gelingt, ist es die richtige Zeit, den Topf sofort in kaltem Wasser kurz abzukühlen. Ein Backblech (ca. 25 c 25 cm eingrenzen) mit Backfolie auslegen, die lauwarme Masse auf das Beckblech gießen und ca. 2 Stunden auskühlen lassen. Dann stürzt man die Masse auf den Küchentisch und zieht die Backfolie ab. Mit einem geölten Messer in Bonbongröße schneiden. Die Rahmkaramelle gleich in Zellophan einwickeln, sonst ziehen sie Feuchtigkeit und kleben sehr, eventuell in eine luftdichte Dose geben.

Fruchtpunsch *alkoholfrei*

Zutaten:

1/2 l Schwarztee
1/2 l Apfelsaft
Saft von 1 Zitrone
Saft von 3 Orangen
Schale einer unbehandelten Zitrone
Zucker nach Geschmack

Schwarztee aufgießen und 5 Minuten ziehen lassen. Abgeriebene Zitronenschale und Säfte zugeben, erhitzen aber nicht kochen lassen.

Honigbonbons

Zutaten:

300 g Haselnüsse
300 g Mandeln
40 g Walnusskerne
500 g Blütenhonig
400 g feiner Zucker
je 1 Teel. Zimt und Koriander
1 Messerspitze gemahlene Gewürznelken

Haselnüsse, Mandeln und Walnüsse sehr fein mahlen. Honig und Zucker in einem Topf auf kleiner Hitze unter ständigem Rühren flüssig werden lassen. Dann nimmt man den Topf vom Herd, rührt die Gewürze, Nüsse und Mandeln darunter, gießt die Masse in ein tiefes Backblech, welches mit Backfolie ausgelegt ist. Die Honigmasse glatt streichen, über Nacht stehen lassen, damit die Masse fest wird. Dann stürzt man die Platte auf den Küchentisch, zieht die Backfolie ab und schneidet die Masse in Würfel.

Aller Augen
warten auf dich, o Herr.
Du gibst uns Speise
zur rechten Zeit.
Du öffnest deine Hand
und erfüllst alles,
was lebt, mit Segen.

❊ ❊ ❊

Wir danken dir,
Herr Jesus Christ,
dass du unser Gast
gewesen bist.

Osterwaren

Ganz ohne Abfall
35 Pfund Zucker
3 1/2 Pfund Syrupp
4 große Maß Wasser
5 kleine Maß Wasser
80 gr. roth

Ein Drittel
12 Pfund Zucker
6 Schoppen Wasser
30 gr. roth
(Bemerkung am Rand:
ohne Syrupp ging gut)

6 Pfund Zucker
3 Schoppen Wasser
15 gr. roth

Osterwaren
wenn zu wenig Abfall da ist
30 Pfund Zucker
7 Pfund Abfall
2 Pfund Syrupp
4 große Maß Wasser
5 kleine Maß Wasser

15 Pfund Zucker
3 1/2 Pfund Abfall
1 Pfund Syrupp
2 große Maß Wasser
2 1/2 kleine Maß Wasser
45 gr. Farb

11 Pfund Zucker
1 1/2 Pfund Abfall
250-300 gr. Syrupp
1 großes Maß Wasser
2 1/2 kleine Maß Wasser
30 gr. Farb

Glasur zu Osterwaren
1/2 Schoppen Eiweiß
3 Pfund Staubzucker
36 gr. Essigsäure

Osterwaren Farben
Caramellenrot
Anilinrot oder Rubin
Carfinfrei Diamant-Fuchsin Nr. 4
Auflösung 20 gr. Anilin, 1/2 Liter Weingeist

Naphtalingelb
Wasserlöslich, arsenfrei
Citronengelb auflösen
1/2 Liter Wasser warm oder heiß
25 gr. Citronengelb, fest rütteln
zuckergelb 1/2 Liter Wasser
25 gr. Zuckergelb stark rütteln

Öhl für Modeln
Olifen-Öhl feinstes Niza

Zuckerhasen
Man nimmt zu 1 Pfund Zucker 1/2 Schoppen Wasser oder wie schon angegeben ist, nimmt man, wenn kein Abfall da ist, 12 Pfund Zukker (Stampfmelis) und 1 Pfund 100 gr. Syrupp läßt es vergehen mit 6 Schoppen Wasser und rührt es fleißig nach und schäumt es sauber ab bis kein Schaum mehr kommt, dann tut man zu einem 10 oder 12 Pfund Zucker 30 gr. aufgelöste Farb hinein wie man es will rot, gelb usw. Rot nimmt man Caramellenrot, gelb Naphtlaingelb, violett oder bläulich Anilinrot dann ist er fertig, wenn er klar und hell ist dann nimmt man ein Schäpflein so ungefähr 1 Schoppen oder ein kleines Gießschäuflein und läßt ihn unter beständigem Abschäumen kochen bis auf 113-114 Grad oder wenn er die Prob hält nämlich wenn man mit der Zuckernadel eintaucht und dann ins kalte Wasser, nämlich er darf nicht an den Zähn kleben und muß sich hart beißen.

Wasser und Masse
das große Maß mißt 5 1/2 Schoppen
oder 2 1/4 Litter
kleines Maß ist 1/2 Schoppen oder
stark 1/4 Litter

Auf 1 Pfund Zucker, mit Abfall 200 gr. kommt 30 gr. Syrupp
Auf 1 Pfund Zucker ohne Abfall 50 gr. Syrupp
Auf 1 Pfund Zucker kommt 3-4 gr. Farb

Wasser und Masse
Zu einem 30 Pfund nimmt man
4 große und 5 kleine Maß das ist:
4 große Maß à 2 1/4 Litter = 9 Litter
5 kleine à 1/4 Litter = 1 1/4 Litter

Die Rezepte sind einem über 100 Jahre alten handgeschriebenen Buch eines Konditors entnommen. Das Buch befindet sich im Besitz der Familie Gehweiler aus Betzenweiler. Der Vater von Eugen Gehweiler betrieb eine Konditorei und Kolonialwarenhandlung bis zu seinem Tod 1952. Die Familie Gehweiler führte diese Konditorei weiter bis 1974. Unvergessen sind für viele hier die Zuckerhasen, das Magenbrot und der Pumpernikel, ebenso wie die Lebkuchen oder Gutsle mit den schönen Bildle zu Nikolaus und Weihnachten.
Die Rezepte für die Zuckerhasen, Magenbrot und Pumpernikel sind Originaltexte aus diesem Konditorbuch. Nachdem die Zuckermasse für die Osterhasen fertig gekocht war, wurden die Formen, Modeln genannt, mit Olivenöl, Sorte feinstes Nizza, eingepinselt, mit einem Schäpfle die flüssige Zuckermasse eingefüllt und gleich wieder ausgegossen, dann zum Abkühlen abgestellt. Die Formen der Zuckerhasen befinden sich heute noch im Besitz der Familie Gehweiler und werden wie ein wertvoller Schatz gehütet.
Wir bedanken uns bei Eugen Gehweiler und seiner Frau Ilse für die großzügige Überlassung der Rezepte.

Herzlichen Dank

spreche ich allen aus, die sich am Zustandekommen dieses Erstlingswerkes der Landfrauen aus dem Raum Riedlingen verdient gemacht haben. Einen herzlichen Dank möchte ich Herrn Peter Heidtmann aus Tettnang, einem erfahrenen Fachmann der Buchszene aussprechen. Ohne seine Mithilfe wären wir des öfteren über die Hürden gestolpert. Mein Dank gebührt allen Ortsvorsitzenden und Bäuerinnen des Landfrauenverbandes, die große Mühe aufgewendet haben um die ortstypischen Rezepte zu sammeln und zu sortieren. Dankbarkeit verbindet uns mit den Gemeinden und Winfried Aßfalg, die mit Bildmaterial und Texten unsere Dörfer und Städte vorstellen und die unser Kochbuch als Förderer finanziell und ideell unterstützt haben. Herausheben darf ich Helmut Müller von der Gemeinde Uttenweiler, der das Projekt von Anfang an intensiv begleitet hat. Hanna Nuber und Rita Fritz haben mit ihren Gedichten zur Bereicherung beigetragen. Dafür ein „Danke"! Gertrud Majer und Christl Lambrecht haben die Texte ihrem prüfenden Blick unterzogen, auch dafür sage ich ein herzliches „Vergelt's Gott". Hanna Nuber hat die Texte der beteiligten Gemeinden überarbeitet. Auch hierfür ein Dankeschön. Die Erarbeitung der kompletten Druckvorstufe lag in den Händen von Digitaldruck Schmid aus Betzenweiler, für den Druck war das Team der Fa. Geiselmann Druck GmbH, Laupheim, verantwortlich. Herzlichen Dank dafür. Dem Kreisbauernverband möchte ich ebenfalls meinen Dank aussprechen.
Zu guter Letzt erwähne ich den Arbeitskreis „Rund um den Bussen", namentlich Herrn Bürgermeister Manfred Weber aus Oberstadion, dessen Hartnäckigkeit bei den Regierungsstellen eine finanzielle Förderung über das EU-LEADER-Programm möglich gemacht hat. Dies verdient Anerkennung und Dank.
Schließlich danke ich all den Käuferinnen und Käufern, die mit dem Erwerb dieses Kochbuches die Landfrauenarbeit unterstützen und damit auch ihr Interesse an den Agrarprodukten von der heimatlichen Scholle bekunden.

Im Namen des
Buchausschusses der Landfrauen
Elfriede Elser
Sauggart

Fach-Register

Aufläufe, Gratins

Beilagen, Soßen

Eierspeisen

Fischgerichte

Fleisch (Rind, Schwein)

Gebäck

Gemüseküche, Mehlspeisen

Getränke

Kuchen, Torten

Obst, Beeren

Salat, Grillen

Spezialitäten, Kunterbuntes

Suppen, Eintöpfe

Süßspeisen, Desserts

Wild, Gcflügel

Stichwort-Index

A

B

C

D

E

F

G

H

I

J

K

L

M

N

O

Sch

St

T

U

V

W

Z